Alexander Hofsommer

Der Truppenvermietungsvertrag zwischen Hessen-Kassel und Großbritannien vom 15. Januar 1776 aus staats- und völkerrechtlicher Sicht

Alexander Hofsommer

Der Truppenvermietungsvertrag zwischen Hessen-Kassel und Großbritannien vom 15. Januar 1776 aus staats- und völkerrechtlicher Sicht

Ein Beitrag zur Geschichte der völkerrechtlichen Organleihe

Tectum Verlag

Alexander Hofsommer

Der Truppenvermietungsvertrag zwischen Hessen-Kassel und Großbritannien vom 15. Januar 1776 aus staats- und völkerrechtlicher Sicht. Ein Beitrag zur Geschichte der völkerrechtlichen Organleihe

Zugl. Univ.Diss., Justus-Liebig-Universität Gießen,
Fachbereich Rechtswissenschaft, 2010

ISBN: 978-3-8288-2873-5

Umschlagabbildung: P. H. Brock, Hessische Garde mit Landgraf Friedrich II. zu Pferd, ausgestellt in der Militär- und Jagdsammlung der Museumslandschaft Hessen Kassel,
Bildquellennachweis: Hessische Hausstiftung, Museum Schloss Fasanerie

Druck und Bindung: CPI buchbücher.de, Birkach

Printed in Germany

Besuchen Sie uns im Internet
www.tectum-verlag.de

MIX
Papier aus verantwortungsvollen Quellen
FSC® C003147

Bibliografische Informationen der Deutschen Nationalbibliothek
Die Deutsche Nationalbibliothek verzeichnet diese Publikation in der Deutschen Nationalbibliografie; detaillierte bibliografische Angaben sind im Internet über http://dnb.ddb.de abrufbar.

„Litteris et armis ad utrumque parati"

Vorwort

Die vorliegende Arbeit wurde im Wintersemester 2010/2011 vom Fachbereich Rechtswissenschaft der Justus-Liebig-Universität Gießen als Dissertation angenommen.

Die Betreuung oblag meinem geschätzten Doktorvater, Herrn Prof. Dr. Thilo Marauhn, M. Phil. (Wales), der mich während meines gesamten Studiums begleitet und mein Interesse am Völkerrecht geweckt hat. Er stand mir nicht nur als wertvoller Gesprächspartner zur Verfügung, sondern hat mir immer auch den gebührenden Freiraum gelassen und mutige Ideen unvoreingenommen unterstützt. Ihm gebührt daher mein herzlicher Dank.

Frau Prof. Dr. Barbara Dölemeyer vom Max-Planck-Institut für europäische Rechtsgeschichte danke ich für die zügige Erstellung des Zweitgutachtens.

Das Entstehen dieser Arbeit wurde durch ein Graduiertenstipendium der Konrad-Adenauer-Stiftung gefördert. Diese finanzielle und ideelle Unterstützung hat ein konzentriertes Arbeiten wesentlich erleichtert, sodass ich mich auch dafür an dieser Stelle bedanken möchte.

Anerkennend zu erwähnen ist weiterhin Herr Jörg Braun. Seine Lösungsvorschläge in Bezug auf die elektronische Datenverarbeitung waren mir stets eine wertvolle Hilfe.

Ganz besonders danken möchte ich meinen Eltern, meinen Geschwistern und meiner Freundin. Ihre Ermutigungen, ihre Geduld sowie ihre Aufmunterungen und ihre Herzlichkeit haben das Umfeld geschaffen, in welchem ich mich erfolgreich mit der Erarbeitung der vorliegenden Thesen befassen konnte. Ihnen ist diese Arbeit gewidmet.

Friedlos, im September 2011 Alexander Hofsommer

Inhaltsübersicht

Inhaltsverzeichnis

Einleitung

Vor knapp 80 Jahren stellte der Historiker Philipp Losch fest: „Es gibt gewisse historische Vorstellungen, die unausrottbar sind. Sieht der deutsche Durchschnittsphilister eine alte Ruine, so weiß er, dass ‚Raubritter' darin gehaust haben, die ihre unglücklichen Opfer im ‚Burgverlies' umkommen ließen. Folterkammern ohne ‚eiserne Jungfrau' sind kaum zu denken, und alle Hessen sind Enkel der ‚nach Amerika verkauften Landeskinder'."[1]

Diese letzte „historische Vorstellung" beruht auf dem Urteil der deutschen Geschichtsschreibung des 19. und frühen 20. Jahrhunderts über einen Vertrag zwischen dem Königreich Großbritannien und der Landgrafschaft Hessen-Kassel aus dem Jahr 1776. In diesem Vertrag, der die Grundlage dafür war, dass der Landgraf von Hessen-Kassel dem König von Großbritannien eine 12.000 Mann starke Truppe zur Niederschlagung des Aufstandes in den amerikanischen Kolonien zu Verfügung stellte, sahen nationale und liberale Literaten rund 100 Jahre nach seinem Abschluss das eklatanteste Beispiel einer willkürlich absolutistischen, moralisch verwerflichen Ausbeutungspraktik einer bedenkenlos selbstsüchtigen Duodezfürstenherrlichkeit. Die Truppen, die zum Großteil aus zum Militärdienst „gepressten Landeskindern"[2] bestanden hätten, wären nicht im Interesse ihres Vaterlandes zum Einsatz gekommen, sondern zur Unterdrückung derjenigen, die im 18. Jahrhundert als erste Selbstbestimmung und einen nationalen Staat freier Bürger forderten, „missbraucht"[3] worden. „Und da auch unter den amerikanischen Kolonisten Hunderttausende von Deutschen waren", hätte dieser Vertrag sogar dazu geführt, „dass im Unabhängigkeitskrieg oft und oft Deutsche Deutschen gegenüberstanden."[4] Die einen als „Volk in Waffen"[5], die anderen als zum Kämpfen gezwungene Untertanen des Landgrafen von Hessen-Kassel, die auf diese Weise „für fremde und antinationale Ziele"[6] geopfert worden wären. Es wären dementsprechend auch keine politischen Überlegungen gewesen, die diesen Fürsten zu der „Lieferung von Kanonenfutter für die

1 *Losch* (1933), S. 5.

2 *Braubach* (1923), S. 20; *Kapp* (1874), S. 7.

3 *Kapp* (1874), S. 238.

4 *Zischka* (1940), S. 78.

5 *Kapp* (1874), S. 242.

6 *Kapp* (1874), Vorwort zur 1. Auflage.

Engländer"[7] veranlasst hätten, sondern einzig und allein sein selbstsüchtiges Streben nach pekuniärem Gewinn. Die Gegenleistung Großbritanniens hätte deshalb auch nur aus „barer Bezahlung" bestanden und ausschließlich der Vergrößerung der landgräflichen Einkünfte gedient.[8] In dem Vertrag sei somit nichts weiter als ein „einträglicher Handel"[9] ohne jegliches politisches Motiv zu sehen, der die Soldaten – und damit die Untertanen des Landgrafen – „wie eine Ware behandelt"[10]. Sein Abschluss sei eine „ruchlose" Tat gewesen, die Deutschland zu einem „Menschenmarkt" erniedrigt hätte, auf dem Soldaten gegen Geld zu haben gewesen wären.[11]

Diese „Aburteilung" zielt aber weniger auf eine wissenschaftliche Auseinandersetzung mit einem historischen Phänomen als vielmehr auf eine Anklage der deutschen Kleinstaaterei.[12] Die Kritiker des Vertrages legten bei dessen Bewertung bewusst Maßstäbe aus der späteren Epoche der Nationalstaaten an, um die deutschen Fürsten, die solche Verträge abgeschlossen hatten und ihre zu der Zeit, da die Kritik geäußert wurde, herrschenden Nachkommen als „geborene Widersacher des nationalen Staates"[13] ächten zu können.

Dass der Einsatz der dem Königreich Großbritannien zur Verfügung gestellten hessischen Truppen im Amerikanischen Unabhängigkeitskrieg zur „Opferung von Landeskindern für fremde Interessen" degradiert wurde, führte aber vor allem dazu, dass rechtliche Fragen unberücksichtigt blieben, die sich bei der Diskussion über den Einsatz militärischer Verbände „unter fremden Fahnen" geradezu aufdrängen.

In welche staatsorganisationsrechtliche Beziehung die Truppen der Landgrafschaft Hessen-Kassel zum Königreich Großbritannien auf Grund des Vertrages traten, welches Verhältnis die Soldaten dieser hessischen Regimenter zum König von Großbritannien während ihres Einsatzes in Nordamerika hatten und ob und in welcher Weise weiterhin rechtliche Bindungen an den Landgrafen von Hessen-Kassel bestehen blieben, wurde nie erörtert. Genauso wenig wurde die völkerrechtliche Verantwortung für die Aktionen der hessischen Truppen im Amerikanischen Unabhängigkeitskrieg angesprochen. Es wurde nie

[7] *Zischka* (1940), S. 78.

[8] *Kapp* (1874), S. 19.

[9] *Kapp* (1874), S. 9.

[10] *Boguslawski, v.* (1885), S. 303.

[11] *Kapp* (1874), S. 9.

[12] *Brauer* (1962), S. 9f. Zu diesem Ergebnis kommt auch *Canstein, v.* (1989), S. 4.

[13] *Kapp* (1874), Vorwort zur 2. Auflage.

analysiert, warum die Landgrafschaft Hessen-Kassel nicht in diesen Konflikt involviert war, obwohl „the Hessians", wie die Aufständischen die Soldaten nannten, die von der Landgrafschaft nach Nordamerika entsandt worden waren, an fast allen Operationen des Krieges teilnahmen.

An diese Fragestellungen knüpft die hier vorliegende Arbeit an. Das Ziel der Untersuchung ist es, den Vertrag vom 15. Januar 1776 als einen Tatbestand des Staats- und Völkerrechts seiner Zeit zu erschließen, der unter anderem die staatsorganisationsrechtliche Zuordnung von Streitkräften und die völkerrechtliche Verantwortlichkeit für deren Verhalten regelt. Dazu soll der Vertrag in einem ersten Schritt anhand der in ihm vereinbarten völkerrechtlichen Verpflichtungen charakterisiert und von anderen Vertragstypen im Zusammenhang mit der Aufbringung von Truppen abgegrenzt werden.

In einem zweiten Schritt gilt es dann zu überprüfen, inwieweit das Abkommen und sein Regelungswerk mit dem zeitgenössischen Staats- und Völkerrecht im Einklang standen, um so aus juristischer Sicht zur Frage der Rechtmäßigkeit des Vertrages Stellung nehmen zu können.

1 Charakterisierung des Vertrages

Die Staatsverträge im Zeitalter des Absolutismus trugen in erster Linie rechtsgeschäftlichen Charakter.[14] Auch der hier untersuchte Vertrag war auf konkrete Leistungen der Landgrafschaft Hessen-Kassel und konkrete Gegenleistungen des Königreichs Großbritannien gerichtet.

So verpflichtet sich der Landgraf von Hessen-Kassel in Artikel III des Vertrages, ein Corps von 12.000 Mann hessischer Truppen in den Dienst des Königs von Großbritannien zu stellen.

> Präambel
>
> Da Seine Großbritannische Majestät Verlangen tragen, ein Corps von 12.000 Mann von den Truppen seiner Durchlaucht des regierenden Landgrafen von Hessen-Cassel in Dero Dienste zu nehmen, und dieser Fürst nichts mehr wünschet, als Beweise der Zuneigung zu geben, die ihn für Seine Majestät erfüllet, so haben Seine Majestät, in der Absicht, die Gegenstände dieser Allianz zu bestimmen, für gut befunden,[...].
>
> Dritter Artikel
>
> Dieses Corps von 12.000 Mann Hessischer Truppen, welches in Seiner Großbritannischen Majestät Diensten gebraucht wird [eingesetzt werde soll; d. V.], soll aus vier Bataillons Grenadiers, jedes Bataillon von vier Compagnien, fünfzehn Bataillons von fünf Compagnien, und aus zwei Compagnien Jägers bestehen, welche alle mit General - und andern nothwendigen Offiziers versorget sind. Dieses Corps soll völlig equippirt und mit Zelten und allen Ausrüstungen, die es bedarf, versorgt sein; es soll, mit einem Wort, auf den bestmöglichen Fuß gesetzet, und niemand darunter aufgenommen werden, als dienstfähige Leute, welche als solche von Seiner Majestät Commissair erkannt sind. [...].[15]

---

14 *Grewe* (1988), S. 420.

15 Alle Quellenauszüge ohne Herkunftsangabe sind Auszüge aus einer zeitgenössischen Übersetzung des hier untersuchten Vertrages. Diese ist vollständig im Anhang ab Seite 236 abgedruckt. Eine Abschrift der Ratifikationsurkunde mit dem französischen Vertragstext ist ab Seite 221 abgebildet.

1.1 Der Begriff der „Truppe“

Bei einer Truppe handelt es sich um einen Verband von Waffenträgern, die unter einer einheitlichen Führung vereinigt und hierarchisch organisiert sind, um geschlossen Waffengewalt ausüben zu können.

Aus ihrer Beziehung zu Gemeinwesen und Gesellschaft ergibt sich die für jedes Zeitalter typische Art von Militär.

1.1.1 Exkurs: Entwicklung des neuzeitlichen Heerwesens

Zu Beginn der Frühen Neuzeit war das Wehrwesen geprägt von Soldheeren. Bereits im 13. Jahrhundert hatten sich aus dem „niederen Fußvolk“, welches die Ritterheere des Mittelalters begleitete, erste eigenständige Söldnerkörper entwickelt.[16] Diese Verbände verdingten sich geschlossen unter von ihnen anerkannten Führern auf reiner Soldbasis, standen ansonsten aber in keinerlei Beziehung zum Kriegsherrn – dem durch das jus ad bellum zur Kriegführung berechtigten Inhaber politischer Macht und herrschaftlicher Gewalt.

Wirtschaftliche[17], sozialpolitische[18] und militärtechnische[19] Veränderungen führten dazu, dass die Heeresaufbringung letzten Endes nur noch durch das Anwerben von Söldnern erfolgte und das Lehnskriegswesen mit einem privilegierten Wehrstand, der als ritterliche, schwer gerüstete Reiterei für mehr als ein halbes Jahrtausend den militärischen Werdegang des Abendlandes bestimmt hatte, verdrängt wurde.[20] Söldner waren für jede Art von Kriegszug verwendbar; nicht nur für den Verteidigungskrieg. Außerdem waren sie – wenn sie bezahlt wurden – zuverlässiger als die Lehnskrieger, für die jeder Feldzug eine lästige Verpflichtung war und wirtschaftliche Einbußen mit sich brachte.[21]

16 *Wohlfeil* (1986), S. 113f.

17 Ablösung der Naturalwirtschaft durch die Geldwirtschaft: *Papke* (1983), S. 114; *Magis* (1965), S. 6.

18 Anwachsen der Bevölkerung und damit freiwerdende Arbeitskräfte: *Papke* (1983), S. 115.

19 Verlagerung der Kampfführung von der Reiterei auf qualifizierte und disziplinierte Kämpfer zu Fuß, die - im Geviert- oder Gewalthaufen zusammengefasst – den Ritterheeren überlegen waren, sowie die Erfindung des Schwarzpulvers: *Wohlfeil* (1986), S. 115; *Magis* (1965), S. 6.

20 Zu den weiterbestehenden Milizen zur Regionalverteidigung siehe S. 37.

21 *Papke* (1983), S. 118.

Schnittstelle zwischen den Soldheeren und den Kriegsherren waren die Söldnerführer.[22] Im Bedarfsfall ernannte der Kriegsherr einen prominenten, kriegserfahrenen Truppenführer zum Oberst und bestallte (beauftragte) ihn mit der Anwerbung einer Söldnertruppe.[23] Dieser warb die Söldner dann zwar im Auftrag des Kriegsherrn aber im eigenen Namen und auf eigene Rechnung an, wurde Vertragspartner der Söldner und kam für deren Bezahlung auf. Die Söldner waren somit nicht an den Kriegsherren, sondern nur an den Oberst gebunden – und das auch nur auf Grund eines zeitlich befristeten Vertragsverhältnisses.[24]

Die neuzeitlichen Soldheere wurden folglich nicht von Trägern hoheitlicher Gewalt, sondern von gewinnorientiert handelnden Kriegsunternehmern aufgestellt, die lediglich eine vertragliche Beziehung zum Kriegsherrn hatten.[25]

Auch wenn die Kriegsunternehmer zur Einhaltung gewisser Rechtsnormen verpflichtet waren und sich bei ihrer Rechtsprechung an die Artikelsbriefe des Kriegsherrn halten mussten, bildeten ihre Söldnertruppen doch eigene Rechts- und Wirtschaftsverbände.[26] Die legislative, exekutive und judikative Gewalt über einen solchen Verband, die, wie der Verband selbst, als „Regiment" bezeichnet wurde, und der aus ihr resultierende militärische Oberbefehl lagen in der Hand des Kriegsunternehmers.[27]

Die frühen Soldregimenter waren somit keine hoheitlichen Einrichtungen.[28] Rechtlich gesehen führten sie ein Sonderdasein außerhalb landesherrlicher Hoheitsrechte und wirkten wie ein Fremdkörper in dem Territorium, in dem sie sich aufhielten.[29] Das Söldnertum als das zent-

---

22 *Wohlfeil* (1986), S. 114 und 124.

23 *Fiedler*, Landsknechte (2002), S. 62.

24 *Huber* (1943), S. 68f; *Wohlfeil* (1986), S. 124.

25 *Huber* (1943), S. 69 und 90; *Wohlfeil* (1986), S. 125. Ausführlich zu diesen „militärischen Unternehmern": *Redlich* (1964) und *Redlich* (1965). Um aufzuzeigen, dass die Kriegsunternehmer keine ursprünglichen Träger hoheitlicher Gewalt waren, werden sie in der Literatur auch als „Privatunternehmer" bezeichnet: *Erhardt* (1969), S. 39; *Hintze* (1906), S. 27; *Münkler* (2002), Anmerkung 31, S. 263; *Grewe* (1988), S. 371.

26 *Papke* (1983), S. 118.

27 *Erhardt* (1969), S. 39; *Wohlfeil* (1986), S. 125.

28 *Oestreich* (1958), S. 421.

29 *Papke* (1983), S. 117f. Diese Sonderstellung als eigene Rechtsordnung wurde im Schrifttum des 16. Jahrhunderts als „Staat der Landsknechte" beschrieben: *Wohlfeil* (1986), S. 125.

rale Element des neuzeitlichen Kriegswesens war nicht in die Herrschaftsordnung kriegführender Obrigkeiten eingefügt.[30] Die Anfänge der neuzeitlichen Heeresverfassung haben sich außerhalb der sich entfaltenden frühmodernen Staatsverfassung gebildet.[31]

Im Dreißigjährigen Krieg war der Höhepunkt und gleichzeitig der Anfang vom Ende dieses Kriegsunternehmertums erreicht, was sich eindrucksvoll in dem Schicksal des wohl bekanntesten Kriegsunternehmers, Albrecht von Wallenstein (1584-1634), widerspiegelt. 1627 stellte er – auf dem Höhepunkt seiner Karriere – für den Kaiser eine Armee von 150.000 Mann auf. Sieben Jahre später wurde er, nachdem er in den Verdacht einer Verschwörung geraten war, im Namen des Kaisers ermordet. Er war zu mächtig geworden.

1.1.2 Beziehung zwischen Heer und Landesherr im Absolutismus

1.1.2.1 Landesherren werden zu Trägern der Staatsgewalt

Nach dem Dreißigjährigen Krieg erlangten die Landesherren die entscheidende Übermacht gegenüber den Landständen und begannen die hoheitliche Gewalt in ihrem Territorium zu monopolisieren.[32] Dadurch entwickelte sich in ihrer Hand die einheitliche und unteilbare Staatsgewalt: Auf ein abgegrenztes Territorium und die in ihm ansässigen Untertanen bezog sich eine ausschließliche und exklusiv zur Anwendung von Zwang berechtigte Herrschaft. Diese leitete sich von keiner auswärtigen Macht ab und war deshalb rechtlich gegenüber jeder Autorität unabhängig – außer der des Völkerrechts selbst.[33] Dies war die Grundlage des frühmodernen Territorialstaates als eines unabhängigen Herrschaftsverbandes, der als politische Einheit Herrschaftssubjekte und Herrschaftsobjekte umfasste, sich in einem institutionellen Organisationsgefüge verwirklichte und Träger völkerrechtlicher Rechte und Pflichten war. Die Landesherren als Träger der Staatsgewalt, das heißt als diejenigen, die diese Herrschaft als einzige unmittelbar ausübten, repräsentierten und verkörperten den Staat.[34]

---

30 *Wohlfeil* (1986), S. 125; *Huber* (1943), S. 90. Der Versuch von Kaiser Maximilian I. (1459–1519), die Söldner als Mitglieder eines Ordens ans Reich zu binden und eine Reichssöldnertruppe zu schaffen, war praktisch nicht umsetzbar: *Fiedler*, Landsknechte (2002), S. 61.

31 *Hintze* (1906), S. 25; *Wohlfeil* (1986), S. 125.

32 *Grewe* (1988), S. 371; *Maurer* (2009), § 2 Rn. 4, S. 14.

33 Zu der Unabhängigkeit der Landeshoheit der Reichsstände siehe Seite 106.

34 *Grewe* (1988), S. 421; *Maurer* (2009), § 2 Rn. 5, S. 15.

1.1.2.2 Entmachtung der Obersten

Aus der Überzeugung heraus, dass die Aufrichtung und Konsolidierung dieser Herrschaft nach innen und außen eine uneingeschränkte und jederzeit verfügbare Streitmacht erfordere, begannen die Landesherren nach dem Dreißigjährigen Krieg auch das Militär ihrer Zentralgewalt unterzuordnen.[35] Sie nahmen die Heeresaufbringung endgültig selbst in die Hand.[36] Dazu monopolisierten sie das Recht der Truppenwerbung und stellten nach und nach eigene Regimenter auf.[37] Die Soldaten dafür wurden nur noch im Namen und auf Rechnung des Landesherrn angeworben.

Zur Zeit des hier untersuchten Vertrages galt das Recht, Truppen auszuheben dann dementsprechend auch als ein ausschließliches Recht des Landesherrn:

„Der Krieg kann nicht ohne Soldaten geführt werden; es ist also klar, dass jeder, der das Recht zur Kriegführung hat, auch Truppen anwerben und ausheben darf. Dieses Recht steht also auch dem Souverän zu und gehört zu den Majestätsrechten. Die Befugnis zur Truppenanwerbung und -aushebung, zur Aufstellung eines Heeres hat für den Staat eine so große Bedeutung, als dass sie anderen als dem Souverän anvertraut werden könnte."[38]

Die Soldaten dieser vom Landesherrn aufgestellten Regimenter wurden auf diesen und nicht mehr auf den Oberst vereidigt.[39] Der Landesherr selbst – und nicht mehr der Oberst – ernannte die Offiziere, die damit in ein Verhältnis unmittelbarer Loyalität zum Landesherrn traten.[40]

Die Obersten selbst wurden in den Kapitulationen nicht mehr als Regimentsinhaber und –chefs, sondern nur noch als Kommandeure ausgewiesen. Sie waren nur noch militärische Führer der jeweiligen Einheit unter dem Oberbefehl des Landesherrn. Folglich hatten sie keine hoheitliche Verfügungsgewalt mehr über den Verband.[41] „Sie hörten

---

35 *Kunisch* (1973), S. 1.

36 Zu den Entwicklungen davor: *Schmidt* (1986), S. 218; *Papke* (1983), S. 162ff.

37 *Schmidt* (1986), S. 218; *Muhlack* (1986), S. 257.

38 *Vattel* (1758/1959), Buch III § 7.

39 *Huber* (1943), S. 90; *Fiedler*, Kabinettskriege (2002), S. 10.

40 *Hintze* (1906), S. 27; *Huber* (1943), S. 90.

41 *Papke* (1983), S. 175.

auf, private Kriegsunternehmer zu sein und wurden Staatsdiener."[42] Damit waren die Obersten entmachtet.[43]

1.1.2.3 Verstaatung des Heeres – Das Heer wird ein Staatsorgan

Inhaber des Regiments im Sinn der legislativen, exekutiven und judikativen Gewalt über den jeweiligen Verband und damit des Verbandes selbst war der Landesherr. Die Regimenter, bei denen dies gegeben war, können als „stehend" bezeichnet werden.[44] Die Verfügungsgewalt über das Heer – die Gesamtheit aller Regimenter – lag somit beim Träger der Staatsgewalt. Diese „Militärhoheit" war ein Teil der Staatsgewalt geworden.[45] Heeresverfassung und Staatsverfassung stimmten voll überein.[46]

1.1.2.3.1 Oberbefehl beim Landesherrn

Wichtigster Bestandteil der Militärhoheit war die Kommandogewalt als höchste exekutive Anordnungsbefugnis über das Heer.[47] Indem nun der Landesherr Träger der umfassenden und uneingeschränkten Kommandogewalt geworden war, war er auch Inhaber des militärischen Oberbefehls.[48] Er stand an der Spitze eines hierarchischen Systems von Dienstgraden.[49] Die militärische Führung war nun ein unmittelbarer Bestandteil der politischen Staatsführung.[50] Der Oberbefehl war mit der Kriegsherrlichkeit verbunden.[51] Auch wenn der Landesherr einen Feldmarschall mit dem militärischen Oberbefehl betraute, war der Feldmarschall doch kein selbständiger militärischer Führer,

---

42 *Hintze* (1906), S. 27.

43 *Papke* (1983), S. 175.

44 Ebenda.

45 *Stern* (1980), § 36 I 3, S. 515.

46 *Fiedler*, Kabinettskriege (2002), S. 15.

47 *Stern* (1980), § 42 IV 2, S. 872. Kommandogewalt ist der urspüngliche und zur Zeit des hier untersuchten Vertragsschlusses übliche Begriff für diese Befugnis. Unser heutiges Grundgesetz beschreibt sie als Befehls- und Kommandogewalt, um die in der Zeit der Weimarer Repuplik erfolgte Aufspaltung dieser Gewalt in eine Befehlsgewalt und eine Kommandogewalt zu überwinden.

48 *Huber* (1943), S. 90; *Muhlack* (1986), S. 258; *Hintze* (1906), S. 27; *Grewe* (1988), S. 371; *Erhardt* (1969), S. 40.

49 *Hintze* (1906), S. 27; *Grewe* (1988), S. 371.

50 *Huber* (1943), S. 91.

51 *Erhardt* (1969), S. 40.

sondern Ratgeber und Gehilfe des Landesherrn.[52] Die Handlungen der Soldaten wurden somit direkt vom Landesherrn bestimmt und wurden folglich ihm - und damit dem Staat selbst - direkt zugerechnet. Durch Hoheitsabzeichen an den Uniformen und auf den Flaggen wurde dies nach außen hin sichtbar gemacht. So wurde das Heer zu einem Werkzeug zur Ausübung beziehungsweise Repräsentation von absoluter Staatsgewalt nach innen und staatlicher Souveränität nach außen.[53]

Emer de Vattel (1714-1767), ein Völkerrechtslehrer des 18. Jahrhunderts, brachte dies folgendermaßen zum Ausdruck:

„Die Truppen, Offiziere und Soldaten, also alle, mittels derer der Souverän den Krieg führt, sind nur seine Werkzeuge. Sie führen seinen Willen aus und nicht den ihren. Die Waffen und der ganze dem Krieg dienende Apparat sind Werkzeuge einer minderen Ordnung."[54]

Während die Soldheere des 15. und 16. Jahrhunderts militärische Gewalt als Waffenhandwerk und damit als eigene Zuständigkeit für einen Vertragspartner ihres Anführers ausübten, nahmen die Stehenden Heere staatliche Zuständigkeit war und handelten folglich hoheitlich.

1.1.2.3.2 Organisationsgewalt

Weitere Folge der Verfügungsgewalt des Landesherrn über das Militär war, dass die Regimenter damit auch seiner hoheitlichen Organisationsgewalt unterlagen.[55] Die Landesherren konnten beginnen, ihr „Werkzeug" zu institutionalisieren. Die Regimenter wurden nicht mehr nur vorübergehend und außerordentlich für einen bestimmten Zweck wie für einen einzelnen Feldzug aufgestellt. Sie blieben permanent bestehen und standen ständig für den Einsatz bereit.[56] Sie waren

---

52 *Huber* (1943), S. 92.

53 Zur Repräsentation diente das Heer bei den Staaten, die auf Grund ihrer Größe nicht zu selbständiger Verteidigung beziehungsweise militärischer Erweiterung des landesherrlichen Territoriums fähig waren: *Papke* (1983), S. 174 und 176; *Schilling* (1989), S. 124. Die Reichsstände übten beziehungsweise repräsentierten mit ihren Stehenden Heeren ihre Landeshoheit nach innen und Völkerrechtssubjektivität nach außen: Siehe Seite 111 und 198.

54 *Vattel* (1758/1959), Buch III § 6.

55 Zum Begriff der Organisationsgewalt: *Maurer* (2009), § 21 Rn. 57, S. 540.

56 *Duchhardt* (1997), S. 41f.

zu festen und vom Wechsel ihrer Kommandeure unabhängigen Einrichtungen geworden.[57]

Während die Soldheere noch autonome Ordnungen waren, die weitgehend nach eigenem Recht lebten und handelten, regelten nun vom Landesherrn erlassene Militärgesetze Aufbau und Organisation des Heeres.[58] Die Heeresverwaltung stellte keine Selbstverwaltung der Truppe mehr dar, sondern lag in den Händen von Behörden, die vom Landesherrn eigens dafür eingerichtet worden waren.[59] Diese übernahmen auch die Soldzahlungen sowie die Beschaffung von Waffen, Uniformen und Proviant. Auch die Militärgerichtsbarkeit wandelte sich von einer genossenschaftlichen Standesgerichtsbarkeit zu einer hoheitlichen Gerichtsbarkeit.[60]

1.1.2.3.3 Ergebnis: Organschaft des Stehenden Heeres

Das Heer war so zu einer Institution geworden, die gewährleistete, dass ihre Angehörigen kontinuierlich, koordiniert und kontrolliert Staatsgewalt ausübten. Es hatte sich folglich zu einem festen Bestandteil der landesherrlichen Herrschaftsordnung entwickelt. Mit anderen Worten: Das Heer war „verherrschaftlicht"[61] beziehungsweise „verstaatlicht".[62] Es war nun ein Teil des Organisationsgefüges geworden, in dem sich der Staat verwirklicht.

Dem Staat als juristischer Person des Völkerrechts fehlt naturgemäß die Fähigkeit tatsächlich zu handeln.[63] Zur Erfüllung seiner Zuständigkeiten bedient sich das zu eigener Aktion unfähige Völkerrechtssubjekt einzelner Menschen beziehungsweise Gruppen von Menschen. Damit das Verhalten dieser Personen oder Personengruppen als Handeln des Staates angesehen wird und in seinem Namen erfolgt, bedarf es zweier Voraussetzungen:

---

57 *Huber* (1943), S. 90. Beweis dafür sind die vielen „Regimentsgeschichten", die Ende des 17. Jahrhunderts beginnen und teilweise erst im 20. Jahrhundert enden.

58 *Huber* (1943), S. 90.

59 *Schmidt* (1986), S. 220f; *Huber* (1943), S. 90; *Hintze* (1906), S. 27; *Sicken* (1998), S. 597. Siehe dazu auch Seite 32.

60 *Huber* (1943), S. 90; *Münkler* (2002), S. 72. Siehe auch Seite 32.

61 *Sicken* (1998), S. 590 und 592.

62 *Hintze* (1906), S. 27; *Papke* (1983), S. 181 und 210; *Grewe* (1988), S. 371; *Duchhardt* (1997), S. 42; *Fiedler*, Kabinettskriege (2002), S. 15; *Münkler* (2002), S. 110.

63 *Risse* (1988), S. 24.

Die Personen oder Personengruppen müssen erstens Zuständigkeiten des Staates wahrnehmen und dies zweitens auf Weisung und unter Kontrolle des Trägers der Staatsgewalt tun.

Dies wird durch die hoheitliche Errichtung von Institutionen und Ämtern erreicht, denen bestimmte staatliche Aufgaben, Rechte und Pflichten als Zuständigkeiten zugewiesen werden und die zur Ausübung dieser Aufgaben dann mit bestimmten Menschen besetzt werden.[64] Diese Funktionseinheiten bezeichnet man als Staatsorgane und die Menschen, die zur Wahrnehmung der Zuständigkeiten der Organe berufen werden, als Organwalter.[65] Werden die Organwalter dienstlich, das heißt im Rahmen ihrer Amtsführung tätig, nehmen sie keine eigenen Zuständigkeiten wahr, sondern üben die der Institution zugewiesenen Aufgaben und damit Staatsgewalt aus. Ihr rechtlich relevantes Verhalten wird folglich dem Organ und damit dem Staat zugerechnet. Das Organwalterhandeln ist somit unmittelbares Staatshandeln.[66]

Staatsorgane sind folglich organisatorisch selbständige und vom Wechsel ihrer Inhaber unabhängige, institutionelle Funktionseinheiten, die – verkörpert durch einzelne Personen oder Personengruppen – die Zuständigkeiten des Staates für diesen wahrnehmen. Dadurch ist sichergestellt, dass dies koordiniert und kontinuierlich geschieht.

Wie oben geschildert, lag sowohl die institutionelle als auch die funktionale Voraussetzung der Organschaft bei den Stehenden Heeren des Absolutismus vor. Die Stehenden Heere machten die frühmodernen Territorialstaaten durch die Zuordnung von rechtsverbindlichem Verhalten ihrer Soldaten dauerhaft handlungsfähig. Die Stehenden Heere waren Staatsorgane.[67]

1.1.3 Verfassungsrechtliche Stellung

1.1.3.1 Staat im Staat

Von anderen staatlichen Einrichtungen, auf die andere Personen und Institutionen noch einen gewissen Einfluss hatten, blieb das Stehende Heer isoliert.

Deshalb waren die Behörden, welche die Truppenverwaltung übernahmen, nicht die allgemeinen Verwaltungsbehörden. Auch die Mili-

64 *Maurer* (2007), § 12 Rn. 22, S. 370.

65 Ebenda.

66 Ebenda.

67 Zu diesem Ergebnis kommen auch *Böhme* (1954), S. 35; *Huber* (1943), S. 87.

tärgerichtsbarkeit blieb, nachdem sie hoheitlich geworden war, streng von der zivilen Gerichtsbarkeit abgegrenzt.[68] Zu der Zeit als die Landesherren die ersten Stehenden Regimenter aufstellten, lagen die zivile Verwaltung und Teile der Gerichtsbarkeit – die sogenannte Niedere Gerichtsbarkeit – in der Sphäre des direkten Verkehrs mit den Untertanen noch weitgehend in den Händen der Landstände, des landsässigen Adels, der Städte und Stifter.[69] Die Verwaltung und Versorgung der Regimenter waren dagegen die Aufgabe von Kriegskommissaren.[70] Jene waren vom Landesherrn eingesetzte Beamte, die diesem direkt unterstellt und damit nur ihm gegenüber verpflichtet waren.[71]

Die Gerichtsbarkeit über das Regiment delegierte der Landesherr in der Regel an den Regimentskommandeur. Diesem standen zivile, rechtskundige Beamte – die Auditeure – zur Seite. Die Auditeure berieten die Kommandeure bei der Rechtsfindung und regelten selbständig die Bagatellfälle.[72] Die Regimentskommandeure und Auditeure richteten nicht nach den allgemeinen Strafgesetzen, sondern nach den strengeren, nur für das Militär geltenden Kriegsartikeln.[73] Auch die anderen Gesetze, die das Leben der Soldaten regelten, waren speziell für das Militär erlassen. Der Erlass dieser Gesetze oblag allein dem Landesherrn, ohne dass eine andere Institution des Landes ein Recht auf Mitbestimmung hätte anmelden können. Selbst die Kirchenverfassung des Militärs war von der zivilen getrennt.[74]

Folglich blieben die Regimenter, auch nachdem sie stehend geworden waren, selbständige Verwaltungseinheiten mit eigenen Institutionen und mit eigenem Recht.[75] Sie existierten als „Staat im Staat".[76] In diesem war der Landesherr oberster Befehlshaber, Verwalter, Gerichtsherr und alleiniger Gesetzgeber. Das Militär war damit der erste Bereich, über den der Landesherr die umfassende und unbeschränkte und damit die absolute Herrschaft erlangte. Die Angehörigen des Heeres waren ihm gegenüber zu absolutem Gehorsam verpflichtet. Der Staatsgedanke des Absolutismus kam im Stehenden Heer zuerst und

---

68 *Huber* (1943), S. 90f.

69 *Kotulla* (2008), Rn. 943, S. 240; *Papke* (1983), S. 180.

70 *Hintze* (1906), S. 27; *Schmidt* (1986), S. 220f.

71 *Maurer* (2009), § 2 Rn. 4, S. 14; *Sicken* (1998), S. 582.

72 *Papke* (1983), S. 278.

73 Siehe Seite 44.

74 *Hintze* (1906), S. 27; *Böhme* (1954), S. 19.

75 *Hintze* (1906), S. 27; *Papke* (1983), S. 210.

76 *Hartung* (1940), S. 32; *Papke* (1983), S. 60, 181 und 200; *Böhme* (1954), S. 19.

am deutlichsten zum Ausdruck.[77] Die Verfassung des Stehenden Heeres wurde dadurch zum Vorbild für die frühmoderne Staatsverfassung.[78]

Auf Grund dieser verfassungsrechtlichen Stellung als Herrschaftsdomäne des Landesherrn war jegliche Einflussnahme der Landstände auf das Militär ausgeschlossen. Das Stehende Heer war damit als Organisation, die eine Staatsfunktion wahrnahm, die erste, die der alleinigen Verfügungsgewalt des Landesherrn unterlag. Folglich war es das erste Organ, welches souveräne Staatsgewalt ausübte und damit das erste Organ des frühmodernen Territorialstaats.

Die verfassungsrechtliche Sonderstellung des Stehenden Heeres kam auch bei seiner Existenzsicherung zum Ausdruck:

1.1.3.2 Finanzierung

„Die Verstaatlichung des Heeres setzte die Verstaatlichung des Heeresunterhalts voraus."[79] Eine unentbehrliche Voraussetzung für ein Stehendes Heer im Dienst und auf Rechnung des Landesherrn war somit die Sicherstellung einer dauerhaften Finanzierung durch den Staat.

1.1.3.2.1 Einschränkung des landständischen Steuerbewilligungsrechts

Im „Ständestaat" war der Fürst von der Steuerbewilligung der Landstände abhängig.[80] Dadurch war die Bestallung (Beauftragung) eines Kriegsunternehmers mit der Aufstellung eines Soldheeres nur mit landständischer Genehmigung möglich und diese erfolgte nur bei gegebenem Anlass wie beispielsweise in Kriegszeiten. In die Finanzierung eines ständigen Heeres willigten die Stände nicht ein.[81] Dieses

---

77 *Hintze* (1906), S. 28.

78 *Huber* (1943), S. 107. Wie stark die Herrschaft über das Militär Vorbild für die absolute Gewalt im Zivilen war, zeigt ein Zornesausbruch von König Friedrich Wilhelm I von Preußen gegenüber seinen Zivilbeamten: „Ich habe Kommando bei meiner Armee und soll nicht Kommando haben bei die tausendsakramentschen Blakisten? Ich müsste ein Hundsfott sein, wenn ich das litte!" Abgedruckt bei *Huber* (1943), S. 106.

79 *Muhlack* (1986), S. 257.

80 *Huber* (1943), S. 88.

81 Ebenda.

Oppositionsverhältnis wandelte sich nach dem Dreißigjährigen Krieg in ein Kooperationsverhältnis.[82]

Einerseits wurde die Gegenwehr der Landstände gegen die ständige Finanzierung des landesherrlichen Militärs mit Hilfe des Reichstages beendet. § 180 des Reichstagsabschiedes von 1654 verpflichtete die Landstände, ihrem Landesherrn zur Besetzung und Erhaltung der Festungen und Garnisonen mit hilfreichem Beistand gehorsam zur Hand zu seien.[83] Das Reichstagsgutachten von 1670 dehnte diese Pflicht dann auf alle militärischen Aufwendungen aus.[84]

Andererseits schlossen die Landesherren und die adeligen Landstände einen Kompromiss.[85] Die Landesherren garantierten dem Adel wirtschaftliche und soziale Privilegien und ließen die ständische Gesellschaftsordnung unangetastet.[86] Dafür wurde die Mitwirkung der Stände an der Politik und der Verwaltung sowie das Steuerbewilligungsrecht weitgehend eingeschränkt. Die Landesherren erlangten durch diesen Kompromiss die politische Übermacht gegenüber den Ständen, was wiederum die Grundlage für die Monopolisierung der Staatsgewalt bildete.[87] Es gab faktisch keinen Widerspruch mehr gegen die Steuerforderungen des Landesherrn und daraus folgte die Unabhängigkeit des Stehenden Heeres von der ständischen Zustimmung. Eine Einflussnahme auf das Militär beziehungsweise dessen Aufstellung und Größe über die Finanzierung war damit beseitigt.

1.1.3.2.2 Einschränkung des Steuerbewilligungsrechts in Hessen-Kassel

Für diesen Vorgang ist Hessen-Kassel ein Musterbeispiel. Die Landstände dort setzten sich aus der Kurie der „Prälaten und Ritterschaft" als Vertretung des Adels und aus der „Landschaft" als Vertretung der Städte zusammen.[88]

Der oben erwähnte Kompromiss wurde formell in dem – in seiner Bedeutung einem „Landesgrundgesetz" gleichkommenden – großen Vergleich zwischen der politisch bedeutenderen Ritterschaft und dem

---

82 *Papke* (1983), S. 183.

83 Der entsprechende Auszug aus § 180 des Reichstagsabschiedes von 1654 ist abgedruckt bei *Schmidt* (1986), S. 219.

84 *Huber* (1943), S. 88.

85 *Hintze* (1906), S. 29.

86 *Papke* (1983), S. 182.

87 Siehe Seite 26.

88 Zu den Ländständen in Hessen-Kassel siehe auch Seite 125.

Landgrafen vom 2. Oktober 1655 geschlossen.[89] In diesem sicherte der Landgraf den adeligen Landständen eine gewisse Eigenständigkeit im Gerichtswesen und Freiheiten in Religionsfragen zu. Weiterhin wurde geregelt, dass die Bewilligung der Steuern grundsätzlich ein Recht der Stände blieb. Der Landgraf behielt sich jedoch vor, die Steuern lediglich soweit wie möglich mit Zustimmung der Stände auszuschreiben. Außerdem sicherte er sich für alle eventuellen Notfälle das Recht, die Landrettungssteuer unbeschadet der landständischen Genehmigung selbständig anzufordern und die Steuer für die Finanzierung des Heeres, die Kontribution, ohne Genehmigung auszuschreiben.[90] Das Steuerbewilligungsrecht der Landstände war durch diese Vorbehalte des Landgrafen sehr stark beschnitten worden. Der Landesherr konnte notfalls auch ohne sie handeln: „Die Berechtigung zur vorherigen Steuerbewilligung hatte sich unversehens in eine Verpflichtung zur nachträglichen Anerkennung der landgräflichen Steuerforderungen verwandelt."[91]

1.1.3.2.3 Die Kontribution

Mit der monatlichen Kontribution wurde eine vornehmlich militärischen Zwecken dienende Steuer geschaffen, die den dauerhaften Unterhalt eines Heeres möglich machte. Sie war aus der Anweisung des Soldes der Festungsbesatzungen auf die Städte hervorgegangen und schon vor dem Kompromiss mit den Landgrafen ließen die adeligen Landstände zu, dass auch ihre Hintersassen zu dieser Steuer herangezogen wurden.[92] Die adeligen Landstände selbst blieben von der Kontribution allerdings befreit.[93] Im Vergleich mit dem Landgrafen von 1655 hielten sie an ihrer Auffassung fest, nicht zum Unterhalt des Stehenden Heeres beitragen zu müssen. Dies begründeten sie damit, dass sie im Bedarfsfall lehensrechtliche Ritterdienste leisten würden.[94] Tatsächlich waren sie jedoch dazu übergegangen, statt der Ritterdienste einen geringen Ablösebetrag von einigen tausend Talern in bar zu zahlen.[95] Die Last der Kontribution lag damit auf den Städten, den

89 *Demandt* (1969), S. 170.

90 *Demandt* (1969), S. 172.

91 Ebenda.

92 *Hollenberg* (1984), S. 103.

93 *Hollenberg* (1984), S. 103; *Demandt* (1969), S. 179.

94 *Hollenberg* (1984), S. 102.

95 Dies war die sogenannte „Versilberung der Lehenspferde": *Demandt* (1969), S. 179. Die hessische Ritterschaft hatte letztmals unter Phillip dem Großmütigen Ritterdienste erbracht. Danach traten sie nicht mehr als Lehenskrieger

Ämtern und den adeligen Hintersassen. 1653 betrug die monatliche Kontribution 2.500 Reichstaler. Sie wurde 1654 auf 5.000 Reichstaler, 1658 auf 9.000 Reichstaler, 1673 auf 13.000 Reichstaler, 1675 auf 16.000 Reichstaler und 1677 auf 24.000 Reichstaler erhöht, nach dem Frieden von Nimwegen 1679 wieder auf 14.000 Reichstaler gesenkt, 1682 auf 23.000 Reichstaler angehoben, 1687 auf 20.000 Reichstaler gesenkt, 1692 auf 21.000 Reichstaler angehoben und schließlich 1704 auf 24.750 Reichstaler fixiert.[96] Zwar wurde die Kontribution von den Landtagen anfangs nur befristet bewilligt, doch tatsächlich wurde sie auch nach dem Ablauf des Bewilligungszeitraums regelmäßig weiter erhoben.[97] Die Landtage berieten deshalb gar nicht mehr über die Kontribution selbst, sondern nur noch über die nachgesuchte Erhöhung derselben.[98]

Widerstand der Landstände – bestehend aus der Ritterschaft (Adel), welche selbst gar nicht von der Kontribution betroffen war, und der Landschaft (Städte), die in Hessen-Kassel stets nur eine geringe politische Rolle gespielt hatte[99] – gegen die Kontributionsforderungen des Landgrafen gab es nicht. Vielmehr zeigte die „geradezu unermüdliche Bereitschaft"[100], auf die landgräflichen Kontributionsforderungen einzugehen, dass die Landstände sicherheitspolitisch entmachtet waren und über die Finanzierung keinen Einfluss mehr auf das Militär hatten.

1734 und 1754 bewilligten die Landstände sogar noch zusätzliche Sondersteuern für das Militär in Höhe von 300.000 beziehungsweise 250.000 Reichstalern, die allein von den Städten aufzubringen waren.[101]

Der Landgraf konnte beim Aufbau eines Stehenden Heeres voll auf die Steuerkraft des Landes zurückgreifen und diese immer stärker anspannen.

Eine Kontributionserhöhung ohne förmliche Bewilligung wurde ab 1742 auf dem Wege der allmählichen Bereinigung der Steuerkataster bewirkt.[102] Die Kontribution war damit endgültig zu einer von landständischer Bewilligung unabhängigen Grundsteuer geworden, deren Höhe vom katastermäßigen Grundstückswert abhing.

---

in Erscheinung. Zur Rolle des Adels im Offiziercorps des Stehenden Heeres von Hessen-Kassel: *Böhme* (1954), S. 23ff.

96 *Hollenberg* (1984), S. 103; *Demandt* (1969), S. 179f.

97 *Hollenberg* (1984), S. 103.

98 *Hollenberg* (1984), S. 104.

99 Ausführlich zur Rolle der Landschaft: *Demandt* (1969), S. 175.

100 *Demandt* (1969), S. 177.

101 Zu der Sondersteuer von 1754 siehe auch Seite 129.

102 *Hollenberg* (1984), S. 104.

1.1.3.3 Rekrutierung

1.1.3.3.1 Werbung

Auch die zweite Existenzsicherung des Militärs, die Rekrutierung, war frei vom Einfluss anderer Institutionen.[103] Die Stehenden Heere wurden grundsätzlich durch die Werbung von Freiwilligen aufgebracht und ergänzt.[104] Diese – zumindest in der Theorie – freiwilligen Verpflichtungen zum Dienst in den Regimentern benötigten keinen von der Verfassung gesetzten Rahmen.[105]

Geworben wurde auch im Ausland. Unter merkantilistischen Gesichtspunkten waren diese Soldaten besonders wertvoll, weil sie dem eigenen Staat eine Arbeitskraft erhielten und dem potentiellen Gegner einen Soldaten wegnahmen. Aber auch dadurch konnte nicht die nötige Menge an Soldaten rekrutiert werden. So griff – trotz fataler Rückwirkung auf die Desertion – das „Rekrutenpressen" mittels List und Gewalt um sich.[106] Weil diese Auswüchse der Wirtschaftskraft schadeten und zu Verwicklungen mit dem Ausland führten, wurden sie aber wieder eingeschränkt.

1.1.3.3.2 Heranziehung von Untertanen zum Stehenden Heer

Man ging dazu über, nicht mehr nur zu werben, sondern auch im eigenen Land Soldaten zu ziehen beziehungsweise zu kantonieren.[107] Dies geschah vornehmlich in Anlehnung an die Milizorganisationen.

1.1.3.3.2.1 Exkurs: Defensionswerke/Miliz

In der Zeit um 1600 wurden in vielen Territorien des Reiches sogenannte Defensionswerke aufgebaut. Auch in Hessen-Kassel entstand unter Landgraf Moritz dem Gelehrten (1572-1632) – einem der geistigen Väter dieser Einrichtungen – eine solche Miliz.[108] Ein festgelegter Anteil der männlichen Bevölkerung, der sogenannte Ausschuss, wurde zeitweise zu Übungen und Einsätzen in organisierten Formationen herangezogen.

---

103 *Papke* (1983), S. 210.

104 *Fiedler,* Kabinettskriege (2002), S. 17; *Papke* (1983), S. 210; *Hintze* (1906), S. 30.

105 *Papke* (1983), S. 210.

106 *Fiedler,* Kabinettskriege (2002), S. 17; *Papke* (1983), S. 154 und 211; *Hintze* (1906), S. 31.

107 *Papke* (1983), S. 154.

108 *Papke* (1983), S. 90f; *Stamford, v.* (1899), S. 258; *Böhme* (1954), S. 15f.

Ihre Aufgabe war der Schutz der Grenzen und die Überwachung der Marschstraßen beim Durchzug fremder Truppenkontingente.[109] Bis in die ersten Jahre des Dreißigjährigen Krieges hinein konnten die Milizeinheiten den Schutz der Bevölkerung vor marodierenden Banden sicherstellen. Für den Einsatz in einem Krieg und den damit verbundenen weitläufigen Truppenbewegungen und offenen Feldschlachten waren die Defensionswerke nicht vorgesehen. Dazu ließen sich die Landesherren – wie oben dargestellt – Soldheere von Kriegsunternehmern aufstellen. Als die Milizen während des Dreißigjährigen Krieges teilweise dennoch in den Schlachten eingesetzt wurden, waren sie den professionellen Soldheeren nicht gewachsen.

Nachdem die großen Soldheere am Ende des Dreißigjährigen Krieges aufgelöst worden waren und die Landesherren noch nicht die politische Macht und die Mittel hatten, um die Stehenden Heere in eigener Regie aufzubauen, griffen sie noch einmal auf die Einrichtung der Defensionswerke, die im Krieg vernachlässigt worden und deshalb untergegangen waren, zurück.

In Hessen-Kassel wurden nach der vollständigen Auflösung aller Soldregimenter im Jahre 1648 nach und nach wieder 15 Kompanien der Miliz zu Verteidigungszwecken aufgestellt.[110] Erst ab 1670 begann in Hessen-Kassel der Aufbau des Stehenden Heeres unter Landgraf Karl (1654-1730), der zu dieser Zeit noch unter der Vormundschaft seiner Mutter stand.[111]

Wenn die Stehenden Regimenter sich nicht ausschließlich durch Werbung ergänzen konnten, übernahmen sie einzelne Milizionäre oder ganze Milizeinheiten. Die Milizionäre traten aus dem Milizdienst aus und wurden den Stehenden Regimentern „untergestoßen", das heißt, sie wurden in den ausschließlichen Dienst des Landesherrn übernommen.[112] Die Milizen waren damit keine Defensionswerke mehr, die den

---

109 *Stamford, v.* (1899), S. 258; *Schnitter* (1994), S. 34.

110 *Demandt* (1972/1980), S. 266. Im großen Vergleich zwischen Ritterschaft und Landgraf vom 2. Oktober 1655 bekam der Landgraf das Recht zugestanden nun auch die Hintersassen des Adels zum Dienst in der Miliz heranzuziehen. Gleichzeitig wurde festgelegt, dass die Miliz nur in Notfällen außerhalb des Landes eingesetzt werden durfte: *Demandt* (1969), S. 173.

111 *Stamford, v.* (1899), S. 259. Zur weiteren Entwicklung: *Demandt* (1972/1980), S. 266; *Demandt* (1969), S. 178.

112 *Fiedler*, Kabinettskriege (2002), S. 18; *Papke* (1983), S. 211.

Landfrieden sicherstellen sollten, sondern Organisationen zur Ergänzung und Entlastung des Stehenden Heeres.[113]

1.1.3.3.2.2 Heranziehung der Entbehrlichen

Später löste man den direkten Kontakt zu den Milizen und benutzte nur die für die Aushebungen angelegten Musterungslisten zur Heranziehung von Rekruten.[114]

Die einzelnen Amtsbezirke und Kommunen erhielten die Auflage, eine in der Regel nach Herdstellen berechnete Zahl von Rekruten zu stellen, die für den Kriegsdienst brauchbar sein mussten.[115] Auch dies geschah mit Rücksicht auf die heimische Wirtschaftskraft. Man griff bei den Aushebungen auf diejenigen zurück, die nicht vom Arbeitsmarkt benötigt wurden und dementsprechend auch keine Steuern aufbrachten.[116] Bereits Anfang des 18. Jahrhunderts reichten die Arbeitsplätze für die wachsende Bevölkerung nicht mehr aus.[117] Es fehlte nicht an zweiten, dritten und vierten Söhnen, die von den Behörden als „entbehrlich“ und von ihren Familien als zusätzliche Esser empfunden und nicht ungern zur Musterung abgestellt wurden. Andererseits war so mancher der jungen Burschen auch froh, als Soldat einen Arbeitsplatz und ein – wenn auch ärmliches – Zuhause zu erhalten.[118]

Dagegen wurden alle die, die einer das Staatseinkommen fördernden Beschäftigung nachgingen, vom Militärdienst befreit und vor Abwerbung durch ausländische Werber geschützt.[119]

1.1.3.3.3 Kantonsystem in Hessen-Kassel

In Hessen-Kassel mündete diese Entwicklung in der Einführung des Kantonsystems.[120] Am 16. Dezember 1762 erließ Landgraf Friedrich II von Hessen-Kassel ein Reglement, welches regelte, „wie es zukünftig mit der Rekrutierung und Werbung im Lande zu halten sei“.[121] Darin

---

113 *Papke* (1983), S. 100; *Böhme* (1954), S. 17.

114 *Papke* (1983), S. 212.

115 *Hartung* (1940), S. 32; *Papke* (1983), S. 212. In Hessen-Kassel seit 1702: *Hollenberg* (1984), S. 107.

116 *Papke* (1983), S. 185; *Böhme* (1954), S. 28; *Hollenberg* (1984), S. 107.

117 *Papke* (1983), S. 212.

118 *Demandt* (1969), S. 178.

119 *Papke* (1983), S. 185. Siehe auch Seite 49.

120 Im Königreich Preußen wurde bereits 1733 ein Kantonsystem eingeführt: *Fiedler*, Kabinettskriege (2002), S. 117ff.

121 Zusammengefasst bei *W., v.* (1899), S. 315ff.

wurde den Offizieren das Rekrutieren mittels Gewaltanwendung bei Strafe verboten. Das Reglement teilte das Land – entsprechend der Anzahl der damals in Hessen-Kassel bestehenden Regimenter – in 22 Werbekantone auf und wies jedem Regiment eines dieser Kantone zu. Die Größe der Kantone richtete sich nach der Anzahl der darin befindlichen potentiellen Rekruten. Bei der Rekrutierung durften die Regimenter – abgesehen von der Werbung im Ausland, die weiterhin „äußerst empfohlen" wurde – nur noch auf das ihnen zugewiesene Kanton zugreifen.

Für das Kanton zuständige Beamte führten Listen, aus denen die Anzahl der männlichen Bevölkerung des Kantons jederzeit ersichtlich sein musste. Auf Grund dieser Liste wurden alle Männer zwischen 16 und 30 Jahren alljährlich den zur Werbung berechtigten Offizieren vorgestellt und von Militärärzten, den sogenannten Feldscherern, gemustert. Das Ergebnis der jährlichen Besichtigung wurde in einer von dem Offizier mit zu unterschreibenden Liste zusammengefasst. Diese zweite Liste diente dem Beamten dann dazu, den vom Regiment angeforderten Bedarf an Rekruten nach freiem Ermessen auszuwählen.

Gemäß dem Reglement hatten sie jedoch von denen, die von ihrer körperlichen Verfassung her für den Militärdienst geeignet waren, in erster Linie die auszuwählen, die „am besten von Hause zu entbehren stehen und durch deren Wegnahme der Ackerbau und andere nötige Hantierungen und Gewerbe keinen Abbruch leiden". Die für den Militärdienst Ausgewählten sollten dies „ohne Widerreden und Murren" akzeptieren. Die Offiziere hatten dann diese von Beamten ausgewählten Rekruten anzunehmen und zahlten den Rekruten bei Dienstantritt – als letztes Relikt der freien Werbung – einen Reichstaler Handgeld.

Von der Heranziehung der Untertanen zum Dienst im landesherrlichen Heer gab es aber zahlreiche Ausnahmen: Die großen Städte des Landes Kassel, Marburg, Rheinfels, Rinteln und Ziegenhain waren keinem Kanton zugeordnet. Beamte und Pfarrer sowie deren Kinder wurden nicht in die Rekrutierungslisten aufgenommen. Nicht eingezogen werden durften Hausgesessene, Grundeigentümer, Söhne sehr begüterter Eltern, Lehrburschen, Meistergesellen, besonders wenn sie einer Meisterwitwe das Handwerk fortsetzten, Studenten, Bergleute, Kesselmenger, fleißige Salzfuhrleute sowie die Bediensteten des Adels.

1.1.3.3.4 Kein Einfluss der Landstände auf das Kantonsystem

Auf Grund der weitreichenden Ausnahmen des Kanton-Reglements waren die Mitglieder der Landstände selbst gar nicht von den Zwangsverpflichtungen betroffen. Die Ritterschaft und ihre Bediensteten waren von den Zwangsverpflichtungen befreit; die bedeutendsten Teile der Landschaft (Städte) waren erst gar keinem Kanton zugeordnet.

Die Zwangsverpflichtungen trafen diejenigen, die nicht auf dem Landtag vertreten waren: Die Bevölkerung der landesherrlichen Ämter und die unteren Schichten der Städte und adeligen Gerichte.[122]

Solange sich die Landesherren bei den Zwangsverpflichtungen auf die Untertanen der unteren sozialen Schichten beschränkten und dadurch die Mitglieder der Landstände nicht beeinträchtigten, gab es für jene keinen Grund, den Zwangsverpflichtungen zu widersprechen.[123] Außerdem konnte der Rat der Stadt beziehungsweise der adelige Gerichtsherr Einfluss auf die Auswahl der „Entbehrlichen" nehmen.[124] So trugen die Zwangsverpflichtungen immer noch den Charakter der Freiwilligkeit, die so zu verstehen war, dass die betroffene Behörde oder Stadt oder der adelige Gerichtsherr mit der Einziehung des Betroffenen einverstanden war.[125]

Damit hatten die Mitglieder der Landstände zwar einen gewissen Einfluss darauf, welcher ihrer Untergebenen eingezogen wurde, die Landstände in ihrer verfassungsrechtlichen Funktion aber keinen Einfluss auf das System der Rekrutierung – wie sie es bei der Miliz gehabt hatten. Folglich standen auch die Rekrutierungen im Rahmen des Kantonsystems in einem verfassungsrechtlichen Leerraum.[126]

1.1.4 Innenverhältnis

1.1.4.1 Status der Zwangsverpflichteten

Obwohl die Zwangsverpflichtung eines Teils der Bevölkerung zum Dienst im Stehenden Heer des Landesherrn in ihrer Art und Weise der Aushebungsform der Miliz ähnelte und die Betroffenen nun von Behörden zur Verpflichtung bestimmt und nicht mehr von Werbeoffizieren dazu gepresst wurden, hatte diese Art der Rekrutierung nichts mit der überlieferten Aushebung der Landesbevölkerung zu tun.[127]

122 *Hollenberg* (1984), S. 107.

123 *Papke* (1983), S. 212f.

124 *Hollenberg* (1984), S. 107.

125 *Böhme* (1954), S. 28.

126 *Papke* (1983), S. 213.

127 *Huber* (1943), S. 94; *Papke* (1983), S. 212.

Die Aushebung zum Milizdienst beruhte auf der Pflicht zur Landfolge. Das war die aus dem frühen Mittelalter überlieferte Pflicht der Landeseinwohner, in Kriegszeiten – vornehmlich beim Einfall fremder Heere – militärische Dienste und Arbeiten für die Verteidigungseinrichtungen zu leisten.[128] Das jus sequelae war das Recht des Landesherrn, die Landfolge einzufordern.

Die Dienste im Rahmen der Landfolge waren keine professionelle Tätigkeit, sondern ein persönlicher Beitrag zu einer Verteidigungsgemeinschaft.[129] Dabei zeigte sich auch eine gewisse politische Mündigkeit der Ausgehobenen:[130] Man kämpfte auch für eigene Interessen wie den Schutz von Hab und Gut, von Weib und Kind und war dauerhaft zum Besitz von Waffen berechtigt. Daraus ergab sich aber auch die Einschränkung des jus sequelae: Die Pflicht zur Landfolge konnte nur zum Schutz und zur Verteidigung des Landes eingefordert werden.[131]

Nachdem sich die Landesherren als Träger der Staatsgewalt etabliert hatten, war der Schutz des Landes nicht mehr die Aufgabe einer Verteidigungsgemeinschaft, sondern eine ausschließliche Angelegenheit des Landesherrn und seines Instruments – des Stehenden Heeres. Das kriegerische Engagement des Volkes wurde ebenso wenig verlangt wie das politische.[132] Die Pflicht des von jeder politischen Anteilnahme entbundenen Untertanen bestand darin, den Unterhalt für das Stehende Heer aufzubringen. Diejenigen, die nicht in Form von Steuerzahlungen zum Unterhalt beitrugen, hatten ihre Arbeitskraft beizusteuern.[133]

Die Zwangsverpflichtung hatte nichts mit einer Dienstpflicht gegenüber dem Gemeinwesen zu tun, die nur eine beschränkte Verfügbarkeit über die Ausgehobenen ermöglichte und ihnen eine gewisse politische Mündigkeit zusprach. Vielmehr legte der Landesherr fest, welcher Tätigkeit ein Teil seiner Untertanen nachzugehen hatte. „Hier kam nicht die alte Pflicht des wehrhaften Mannes gegenüber der Gemeinschaft in Erscheinung, sondern die absolute Gewalt des Königs über

---

128 *Schnitter* (1994), S. 29f; *Papke* (1983), S. 66.

129 *Oestreich* (1958), S. 421.

130 *Böhme* (1954), S. 34.

131 *Schnitter* (1994), S. 33; *Papke* (1983), S. 66. Diese Beschränkung für den Einsatz der Miliz kam auch im großen Vergleich zwischen Ritterschaft und Landgraf vom 2. Oktober 1655 zum Ausdruck: *Demandt* (1969), S. 173.

132 *Huber* (1943), S. 114.

133 *Papke* (1983), S. 213.

die Untertanen."[134] Die „Entbehrlichen" unter ihnen wurden einer dem Staat nützlichen Beschäftigung zugeführt. Diese Art der Aufbringung von Soldaten war weniger ein staatsrechtlicher als ein ökonomischer Vorgang.[135] So war auch für diejenigen, die dem Soldatenstand nicht freiwillig beigetreten waren, der Dienst im Stehenden Heer eine professionelle Tätigkeit und kein persönlicher Beitrag zu einer Verteidigungsgemeinschaft.

Zum Gemeinwesen hatten die Soldaten ohnehin keine innere Beziehung.[136] Der aus Ausländern und den Angehörigen der unteren Schichten bestehende Soldatenstand war von der Zivilgesellschaft vollkommen getrennt.[137] Ihre Heimat mit eigener Herrschafts-, Gerichts- und Kirchenordnung war das Regiment.[138] Sie kämpften weder für ihre Sache noch für ihr Land und waren keinen landsmannschaftlichen Bindungen verpflichtet, sondern nur dem Landesherrn als ihrem Dienstherrn.[139] Diese Bindung beruhte nur auf Geld und Zwang.

Folglich gab es auch keine verfassungsrechtlichen Einschränkungen für den Einsatz der Zwangsverpflichteten, wie es sie beim jus sequelae gab.

1.1.4.2 Öffentlich-rechtliches Dienstverhältnis

Da die Angehörigen der Stehenden Heere – egal ob sie ihnen freiwillig oder unfreiwillig beigetreten waren – militärische Dienste prinzipiell unabhängig von ideellen Beweggründen und ohne tiefere Beziehung zum Gemeinwesen, sondern lediglich gegen Bezahlung erbrachten, werden auch sie in der Literatur als „Söldner" bezeichnet.[140]

Völkerrechtlich gesehen kommt es für die Abgrenzung zwischen Söldner und Soldat aber nicht darauf an, auf welcher Grundlage militärische Dienste geleistet werden, sondern ob die Angehörigen des Militärs an einen Träger hoheitlicher Gewalt gebunden sind. Entscheidend ist, ob diejenigen, die militärische Dienstleistungen erbringen, auf hoheitlichen Befehl handeln und ob sie einem hoheitlichen Disziplinar-

---

134 *Huber* (1943), S. 94.

135 *Papke* (1983), S. 213.

136 *Kunisch* (1973), S. 1; *Hartung* (1940), S. 32.

137 *Fiedler*, Kabinettskriege (2002), S. 18.

138 *Papke* (1983), S. 201; *Fiedler*, Kabinettskriege (2002), S. 10. Siehe auch Seite 31.

139 *Maurer* (2009), § 2 Rn. 4, S.14; *Papke* (1983), S. 4.

140 *Fiedler*, Kabinettskriege (2002), S. 10; *Papke* (1983), S. 154; *Duchhardt* (1997), S. 48; *Braubach* (1923), S. 9.

system unterliegen, welches die Ausführung der Befehle überwacht und Exzesse verhindert.[141]

Die Söldner der Soldheere waren in eine vertragliche und befristete Beziehung zu einem Kriegsunternehmer getreten. Zum Landesherrn – dem Träger hoheitlicher Gewalt, der ihren Oberst beauftragt hatte – sowie dessen Untertanen und Land bestand keine direkte Verbindung. Deshalb pflegten sie wenig Rücksicht auf die Zivilbevölkerung zu nehmen. In dem Wort „Soldateska" ist all das inbegriffen, was die Soldheere des 15. bis 17. Jahrhunderts für das Land, in dem sie sich aufhielten, bedeuteten.[142]

Zu einer wahren Landplage wurden diese Söldner, wenn sie nach dem Ende des Krieges, für den sie angeworben worden waren, entlassen wurden. Nur wenige fanden den Weg zurück in die Zivilgesellschaft; die meisten zogen als „gartende Knechte" durchs Land und lebten von Raub und Bettelei, bis ein neuer Krieg ihnen eine neue Erwerbsmöglichkeit bot.[143]

Da die Stehenden Regimenter dauerhafte Einrichtungen waren, bestand keine Notwendigkeit mehr, die Kämpfer nach dem Ende eines Krieges zu entlassen. Wer ihnen angehörte, war miles perpetuus – Soldat auf Dauer.

Angeworben wurden die Soldaten im Namen und auf Rechnung des Landesherrn. Dadurch wurde dieser ihr Dienstherr. Offiziell schlossen auch sie beim freiwilligen oder unfreiwilligen Dienstantritt durch die Annahme des Handgelds einen „Vertrag" mit ihrem Dienstherrn ab – die sogenannte Capitulation. Aber schon der Name zeigt, dass es sich dabei um keinen privatrechtlichen Vertrag handelte, sondern eine Unterwerfung unter die Personalhoheit des Landesherrn war. Landesherrliche Militärgesetze regelten ihre Rechte und Pflichten. Nach dem Dienstantritt leisteten sie den Fahneneid und waren damit fest und langfristig an den Souverän gebunden.

Dadurch wurde es möglich, sie dauerhaft zu disziplinieren. Die sogenannten Kriegsartikel der Landesherren enthielten eine lange Reihe scharfer Bestimmungen, die im Gegensatz zu den Artikelsbriefen, an die sich die Kriegsunternehmer bei ihrer Rechtsprechung zu halten

141 Vgl. Artikel 47 Abs. II e und Artikel 43 des I. Zusatzprotokolls zu den Genfer Abkommen vom 12. August 1949.

142 *Hartung* (1940), S. 31.

143 *Papke* (1983), S. 118; *Fiedler*, Landsknechte (2002), S. 92ff; *Münkler* (2002), S. 72. Auch nach den Kriegen verfügten sie über ihre Waffen, da diese ihr Eigentum waren und bei der Anwerbung mitgebracht wurden.

hatten, detaillierter und strenger gefasst waren und nun auch den Friedensdienst mit umfassten. Jede Missetat aus der breiten Skala herkömmlicher Heeresübel wurde mit drakonischen Strafen bedroht.[144] Damit war eine klare Trennlinie zwischen Kriegshandlungen und Gewaltkriminalität gezogen.[145]

Auch die Einführung der sogenannten Exerzierreglements diente der nachhaltigen Disziplinierung. In ihnen wurde nicht nur der genaue Ablauf der Ausbildung vorgeschrieben; sie enthielten auch Richtlinien über den Dienst im Felde und in der Garnison. Infolgedessen bestimmten nun einheitlich reglementierte Dienstformen das Leben der Soldaten.[146]

Mit der Herausbildung des frühmodernen Territorialstaates entwickelte sich das Öffentliche Recht als das ausschließliche Recht des Staates und es begann dessen Abgrenzung vom Privatrecht als dem Recht, das die Beziehungen der herrschaftsunterworfenen, grundsätzlich gleichgeordneten Untertanen untereinander regelt.[147] Die Gestaltung des Dienstverhältnisses, in dem die Soldaten der Stehenden Heere standen, oblag – wie oben beschrieben – einzig und allein dem hoheitlichen Dienstherrn und erfolgte dementsprechend mittels einseitig verbindlicher Regelungen. Die Tatsache, dass das Heer verstaatlicht und so zu einem Staatsorgan wurde, führte somit dazu, dass seine Angehörigen in einem öffentlich-rechtlichen Dienstverhältnis standen.

Dieses öffentlich-rechtliche Dienstverhältnis markiert aus völkerrechtlicher Sicht den Übergang vom Söldner zum Soldaten.

Die Soldaten stellten keine Gefahr für die öffentliche Sicherheit dar, sondern wurden zu Repräsentanten der landesherrlichen Herrschaftsordnung und damit zu Staatsdienern. Die Gefahren des freien Söldnertums waren beseitigt.

Was blieb, war die freie Verfügbarkeit über die Soldaten, da ihre Beziehung zum Landesherrn weiterhin einen professionellen Charakter hatte.

1.1.5 Ergebnis

So wie die Staatsgewalt exklusiv in der Hand des Landesherrn lag, befand sich auch das Organ zu ihrem Vollzug und ihrer Repräsenta-

---

144 *Fiedler*, Kabinettskriege (2002), S. 16.

145 *Münkler* (2002), S. 72.

146 *Fiedler*, Kabinettskriege (2002), S. 16.

147 *Stolleis* (1988), S. 46f.

tion allein in seiner Hand. Keine andere Person oder Institution konnte Ansprüche auf Mitbestimmung anmelden: weder die Stände von Außen noch die Obersten aus dem Inneren.[148] Damit standen das Stehende Heer und seine Angehörigen dem Landesherrn für die Führung von Kabinettskriegen zur freien Verfügung, das heißt Kriegen, die ihre Begründung in der alleinigen Initiative des Landesherrn im Rahmen seiner – zumeist von dynastischen Interessen bestimmten – Kabinettspolitik fanden und jeglicher politischer Anteilnahme der untertänigen Bevölkerung entbehrten. [149]

1.2 Indienstnahme

1.2.1 Abgrenzung zur Fremdwerbung

In der amerikanischen Literatur wird der hier untersuchte Vorgang meist nur damit beschrieben, dass die Briten im Amerikanischen Unabhängigkeitskrieg hessische Söldner eingesetzt hätten.[150] Dadurch kann man den Eindruck gewinnen, dass einzelne Soldaten in Hessen-Kassel für den Dienst in britischen, das heißt von den Königen von Großbritannien aufgestellten Regimentern angeworben worden wären.

Dann hätten diese Soldaten in einem direkten Verhältnis zum König von Großbritannien als ihrem Dienstherrn gestanden. Die Soldaten selbst hätten sich mit der Verpflichtung zum Eintritt in das Regiment der Kommandogewalt des Königs von Großbritannien unterworfen.

1.2.1.1 Exkurs: Fremdwerbung

Wie oben bereits angesprochen, gab es „Fremdwerbung“: das Anwerben von Untertanen der deutschen Territorien als Soldaten für ausländische Truppen.[151]

Auch dieser lagen völkerrechtliche Vereinbarungen zu Grunde. Die Anwerbung in fremden Staaten bedurfte grundsätzlich der Einwilligung des Staates, in dem geworben wurde. In der zeitgenössischen Völkerrechtsliteratur heißt es dazu:

„Da das Recht zur Aushebung von Truppen ausschließlich der Nation oder dem Souverän zusteht, kann niemand im Ausland ohne Erlaubnis des Landesherrn Soldaten anwerben.“[152]

---

148 *Papke* (1983), S. 181 und 210; *Fiedler*, Kabinettskriege (2002), S. 15.

149 *Papke* (1983), S. 186.

150 *Atwood* (1980), Fn. 1, S. 1.

151 Siehe Seite 37.

Bereits zur Zeit des Freien Söldnertums vor und während des Dreißigjährigen Krieges erlaubten Stände des Deutschen Reichs auswärtigen Mächten innerhalb ihrer Territorien das Anwerben von Söldnern. Dies musste aber zusätzlich noch gegenüber dem Kaiser angezeigt und von ihm genehmigt werden.[153] Es waren insbesondere die Einwohner der Schweizer Kantone, die den sogenannten Reislauf zu den Fahnen fremder Kriegsherren antraten.

Als die Landesherren nach dem Dreißigjährigen Krieg Soldaten für ihre eigenen Stehenden Regimenter benötigten, wurde das Anwerben für auswärtige Mächte in den Territorien mit eigenen Truppen nicht mehr gestattet. Die Aktivitäten fremder Werber wurden in diesen Gebieten untersagt und unter Strafe gestellt.

Von den kleinen vor allem geistlichen Territorien und den Städten, die keine eigenen Truppen aufstellten, wurde das Anwerben für auswärtige Mächte jedoch vielfach weiterhin erlaubt. Aber nicht nur die Untertanen dieser deutschen Territorien fanden sich in auswärtigen Armeen. Auch Landeskinder der größeren Territorien, die eigene Truppen hatten, ließen sich trotz Verbot für den Dienst fremder Landesherren anwerben.

1.2.1.1.1 Deutsche in französischen Fremdenregimentern

Frankreich unterhielt ganze Fremdenregimenter, die sich ausschließlich aus Angehörigen der reichsständischen Territorien zusammensetzten und in denen die Kommandosprache deutsch war.[154] Ein Beispiel hierfür ist das Kavallerieregiment Royal Allemande, bei dem schon der Name zeigt, dass es sich aus deutschen Freiwilligen zusammensetzte.

Die Könige Frankreichs machten einige deutsche Fürsten und Prinzen zu Chefs und damit formal zu Inhabern solcher Fremdenregimenter. Diese formierten und unterhielten die Verbände aber nicht in ihrer Funktion als Landesherr und Inhaber der Militärhoheit, sondern gegen entsprechende Besoldung und mit einem entsprechendem Dienstgrad versehen im Dienst und auf Rechnung des Königs von Frankreich, sodass dieser stets die hoheitlichen Befugnisse über diese Verbände

---

152 *Vattel* (1758/1959), Buch III § 15.

153 *Frauenholz, v.* (1940), S. 9; *Eisenhard* (1760), S. 8; *Canstein, v.* (1989), S. 131; *Preser* (1900), S. 8f; *Wilson* (1998), S. 34.

154 *Frauenholz, v.* (1940), S. 9; *Jähns* (1885), S. 265; *Fiedler,* Kabinettskriege (2002), S. 36; *Kühn* (1995), S. 444.

inne hatte.[155] Folglich war der Dienstherr der Soldaten der König von Frankreich und die Regimenter waren ihrer Identität nach französisch.

Als formale Inhaber des Verbandes gestatteten diese deutschen Fürsten aber in Form von völkerrechtlichen Verträgen die Anwerbung von Soldaten für das Regiment in dem Territorium, in dem sie Landesherr waren.[156] Diese französischen Fremdenregimenter, die den Namen des Regimentschefs trugen, hatten dementsprechend regionale Rekrutierungsschwerpunkte. So diente im Regiment Royal Deux-Ponts[157] ein beträchtlicher Anteil an Untertanen des Herzogs von Pfalz-Zweibrücken und im Regiment Royal Nassau lassen sich entsprechend viele Soldaten aus den nassauischen Grafschaften Saarbrücken, Ottweiler und Saarwerden nachweisen.[158]

Ein weiteres Regiment der französischen „Infanterie Allemande" war das 1709 für einen Sohn des Kurfürsten Maximilian II. Emanuel von Bayern errichtete Regiment Royal Bavière, das 1780 in Royal Hesse Darmstadt umbenannt wurde, nachdem Landgraf Ludwig IX. von Hessen-Darmstadt formal der Inhaber dieses Regiments wurde.[159]

Im Jahr 1776 betrug das „Total de la Infanterie Allemande" 13.120 Mann.[160]

1.2.1.1.2 Deutsche in britischen Regimentern

Auch in britischen Regimentern, die am Rhein Rekrutierungsstationen hatten, dienten einige Landeskinder deutscher Territorien, deren Dienstherr dann folglich der König von Großbritannien war.[161]

Außerdem boten sich mehrere nach dem Siebenjährigen Krieg aus deutschen Armeen entlassene Offiziere an, in Deutschland selbständig

---

155 Die Regimenter waren damit stets Teil des Organisationsverbandes von Frankreich.

156 Zu den diesbezüglichen Problemen in der Landgrafschaft Hessen-Darmstadt: *Franz* (1977), S. 199ff.

157 Das französische Regiment Royal Deux-Ponts war Teil des Expeditionscorps, mit dem Frankreich die verbündeten Vereinigten Staaten von Amerika im Kampf gegen Großbritannien unterstützte und zeichnete sich bei der Belagerung der englischen und hessischen Truppen in Yorktown besonders aus: *Kühn* (1995), S. 442.

158 *Kühn* (1995), S. 444.

159 Ausführlich zum Regiment Royal Hesse Darmstadt: *Franz* (1977), S. 198ff.

160 *Losch* (1933), S. 17.

161 *Kapp* (1874), S. 32; *Schulte* (1971), S. 172f; *Lowell* (1884/1901), S. 18.

Rekruten für britische Regimenter anzuwerben.[162] Der aus hannoverschen Diensten entlassene Oberstleutnant Albert von Scheither verpflichtete sich, in Deutschland als selbständiger Werber aktiv zu werden und bis zu 4000 Rekruten anzuwerben.[163] Pro abgeliefertem Rekruten bekam er eine Prämie von 10 Pfund. Auf diese Weise wurden die Rekruten zwar für den Dienst in britischen Regimentern aber nicht direkt im Namen des Königs von Großbritannien angeworben.[164] Die starke Konkurrenz durch Werbeoffiziere anderer Staaten ließ das selbständige Rekrutieren aber zunehmend unprofitabler werden.[165] Deshalb stellte von Scheither seine Aktivitäten nach einer gewissen Zeit wieder ein. Über die Anzahl der von ihm für britische Regimenter angeworbenen Rekruten liegen unterschiedliche Angaben vor.[166]

1.2.1.2 Ziel des Vertrages

Das Anwerben von Soldaten in Hessen-Kassel im Namen und auf Rechung des Königs von Großbritannien ist aber nicht das Ziel des hier untersuchten Vertrages. Die Landgrafen von Hessen-Kassel hatten ein eigenes Stehendes Heer aufgestellt und das Anwerben von Untertanen für auswärtige Armeen unter Strafe gestellt.[167] Davon wird durch den Vertrag keine Ausnahme gemacht. Der Vertrag legitimiert nicht das Werben für den Dienst in britischen Regimentern in Hessen-Kassel.

1.2.1.3 Fremdwerbung durch den Landgrafen von Hessen-Kassel

Vielmehr wurden die Regimenter des hessischen Landgrafen selbst durch die Werbung im „Ausland“ ergänzt. Besonders der Ersatz für die Verluste der hessischen Truppen in Amerika wurde außerhalb von Hessen-Kassel angeworben.[168] Der Landgraf von Hessen-Kassel hatte

---

162 *Canstein, v.* (1989), S. 40; *Kapp* (1874), S. 32.

163 *Atwood* (1980), S. 10; *Kapp* (1874), S. 32.

164 *Canstein, v.* (1989), S. 41.

165 *Atwood* (1980), S. 10.

166 Kapp nennt 150: *Kapp* (1874), S. 32. Atwood gibt 1867 an: *Atwood* (1980), Fn. 9, S. 10.

167 *Kipping* (1965), S. 27; *Böhme* (1954), S. 31. Auch heute ist in Deutschland das Anwerben für fremden Wehrdienst unter Strafe gestellt: Vgl. § 109h Strafgesetzbuch.

168 *Kipping* (1965), S. 39; *Atwood* (1980), S. 208ff. Siehe dazu Seite 100f. Als besonderer Anreiz wurden denjenigen, die sich zum Jägercorps anwerben ließen, versprochen, dass sie nach dem Kriegsende in Amerika frei entscheiden dürften, ob sie dort bleiben oder nach Deutschland zurückkehren

in Form von völkerrechtlichen Verträgen die Erlaubnis des Fürsten zu Solms-Braunfels, des Grafen zu Wied-Neuwied, des Grafen zu Wied-Runkel, des Grafen zu Neu-Isenburg, des Grafen zu Wittgenstein und des Grafen zu Lippe-Detmold sowie der Städte Frankfurt am Main, Worms, Speyer, Heilbronn, Wimpfen und Mühlhausen, in deren Territorien Soldaten anzuwerben.[169]

1.2.1.4 Ergebnis

Der König von Großbritannien wollte sein Heer nicht dadurch ergänzen, dass in seinem Namen neue Soldaten angeworben wurden, mit denen er neue, eigene Regimenter aufstellen konnte. Gemäß Artikel III in Verbindung mit der Präambel des Vertrages wollte er, dass ein Teil der Truppen des Landgrafen von Hessen-Kassel zur Bekämpfung der Aufständischen in den amerikanischen Kolonien eingesetzt werden sollte. Somit setzt der Vertrag das Bestehen von militärischen Verbänden voraus und regelt nicht deren Aufstellung durch die Anwerbung von Soldaten. Das bedeutet aber auch, dass Truppen zum Einsatz kommen sollten, die ein anderer als der König von Großbritannien aufgestellt hatte.

1.2.2 Abgrenzung zum Kriegsunternehmertum

Einige Autoren sehen in dem untersuchten Vorgang die Fortsetzung des Kriegsunternehmertums des 16. und des frühen 17. Jahrhunderts durch einen Landesherrn.[170]

Zur Zeit des Vertragsschlusses gab es noch Kriegsunternehmer. Die britische Ostindische Kompanie beispielsweise ließ noch im 18. Jahrhundert ihre Konflikte von beauftragten Kriegsunternehmern austragen.[171] Auch Albert von Scheither, der letzten Endes nur als selbständiger Werber verpflichtet wurde,[172] ging zunächst davon aus, dass er für den König von Großbritannien nicht nur Rekruten anwerben sollte, sondern dass es auch sein Auftrag wäre, aus diesen Rekruten eine Soldtruppe zu formieren und diese dann selbständig zu kommandieren.[173]

---

wollten. Deshalb ließen sich viele „Ausländer" anwerben, um kostenlos nach Amerika zu kommen: *Kipping* (1965), S. 58.

169 *Kipping* (1965), S. 40.

170 *Braubach* (1923), S. 8; *Magis* (1965), S. 9; *Redlich* (1965), S. 77.

171 *Münkler* (2002), S. 92.

172 Siehe Seite 49.

173 *Atwood* (1980), Fn. 7, S. 10.

1.2.2.1 Kriegsunternehmer waren keine ursprünglichen Träger hoheitlicher Gewalt

Kriegsunternehmer stellten – auch wenn sie aus Herrscherfamilien stammten – ihre Soldtruppen nicht als Träger hoheitlicher Gewalt und Repräsentanten eines Völkerrechtssubjekts auf. Sie waren keine Träger des jus ad bellum und zu selbständiger Kriegführung nicht berechtigt.[174]

Zwar warben und unterhielten sie Söldner im eigenen Namen und auf eigene Rechnung, doch taten sie dies immer im Auftrag eines Kriegsherrn, von dem sie damit in einer gewissen Weise abhängig waren.[175] Die hoheitliche Ernennung des Kriegsunternehmers zum Oberst durch den Kriegsherrn war die Grundlage für dessen exekutive, legislative und judikative Gewalt über den Söldnerverband, die – genau wie der Verband selbst – als Regiment bezeichnet wurde.[176] Diese Ernennung konnte vom Kriegsherrn auch wieder rückgängig gemacht werden.[177] Durch das vom Kriegsherrn ausgestellte Werbepatent wurde die Anwerbung von Söldnern autorisiert und damit erst möglich gemacht.[178]

Im Verhältnis zu ihren Auftraggebern waren diese Truppenaufsteller lediglich Inhaber wirtschaftlicher Rechte, die sich auf vertraglicher Basis gegenüber einem Träger hoheitlicher Gewalt zu Dienstleistungen verpflichteten.[179] Sie formierten Truppen allein aus wirtschaftlichen Gründen und persönlichem Gewinnstreben und nicht aus hoheitlicher Notwendigkeit heraus.[180]

Daraus folgte zum einen, dass die von einem Kriegsunternehmer aufgestellten Soldtruppen keine hoheitlichen Einrichtungen waren.[181] Eine weitere Konsequenz war die Tatsache, dass es sich bei einem Vertrag zwischen einem Kriegsherrn und einem Kriegsunternehmer nicht um eine Vereinbarung zwischen zwei Völkerrechtssubjekten handelte. Die

---

174 *Papke* (1983), S. 118.

175 *Papke* (1983), S. 118 und 210. Lediglich in den italienischen Stadtstaaten des 15. Jahrhunderts hat sich mancher der dort als „Condottieri" bezeichneten Kriegsunternehmer von einem „Angestellten des Staates zu seinem Herrn und Tyrannen aufgeworfen.": *Hartung* (1940), S. 31.

176 *Redlich* (1964), S. 217.

177 *Redlich* (1964), S. 218.

178 *Redlich* (1964), S. 217.

179 Siehe Seite 25.

180 *Wohlfeil* (1986), S. 124; *Redlich* (1965), S. 5.

181 Siehe Seite 25.

Beauftragung eines Kriegsunternehmers durch einen Kriegsherrn war kein völkerrechtlicher Vertrag.

1.2.2.2 Kriegsunternehmer stellten ihre Truppen nicht in den Dienst des Kriegsherrn

Ein Kriegsherr, der einen Kriegsunternehmer verpflichtete und zum Oberst ernannte, nahm auch nicht dessen Truppen in seinen Dienst, sondern ließ von dem Unternehmer und dessen Erfüllungsgehilfen – den Söldnern, die der Unternehmer im eigenen Namen und auf eigene Rechnung angeworben hatte – selbständig militärische Dienstleistungen erbringen. Wie oben gezeigt, wurde der Kriegsherr durch die Beauftragung eines Kriegsunternehmers nicht zum Dienstherrn der Söldner.[182]

Die Kommandogewalt über die Soldtruppen hatte stets der Kriegsunternehmer inne – nicht der Kriegsherr. Folglich koordinierte der Unternehmer auch den Einsatz der Truppen. Er organisierte selbständig die zur Erreichung des militärischen Erfolges notwendigen Handlungen. Ein Kriegsherr, der einen Kriegsunternehmer verpflichtete, setzte selbst keine Truppen ein – er ließ Truppen einsetzen.

1.2.2.3 Abgrenzung

Im untersuchten Fall trat der Landgraf von Hessen-Kassel aber nicht als Inhaber wirtschaftlicher Rechte in Erscheinung. Vertragspartner des Königreichs Großbritannien war die von ihrem Landgrafen verkörperte Landgrafschaft Hessen-Kassel. Diese besaß Völkerrechtssubjektivität.[183] Der Inhalt des Vertrages wurde nicht durch den Rechtszwang staatlichen Rechts gesichert. Folglich unterlag der Vertrag keiner innerstaatlichen Rechtsordnung, sondern der des Völkerrechts. Vereinbarungen zwischen zwei oder mehr vertragsfähigen Völkerrechtssubjekten, die dem Völkerrecht unterliegen, sind völkerrechtliche Verträge.[184]

Während die Beauftragung eines Kriegsunternehmers kein völkerrechtlicher Vertrag war, liegt im untersuchten Fall aber ein solcher vor.

Der Landgraf von Hessen-Kassel stellte auf Grund des Vertrages auch keine Truppen im Auftrag des Königs von Großbritannien auf. Er und seine Vorgänger leiteten das Recht, Truppen aufzustellen, von niemandem ab. Die Landgrafen von Hessen-Kassel formierten und unter-

---

182 Siehe Seite 25 und 44.

183 Siehe Seite 111.

184 Statt aller *Heintschel von Heinegg*, in: *Ipsen* (2004), § 9 Rn. 1, S. 116.

hielten ihre Streitkräfte in ihrer Funktion als Landesherren. Als solche waren sie Träger des jus ad bellum[185] und Inhaber des jus armorum[186] – dem ursprünglichen Recht eines Hoheitsträgers, Truppen aufzustellen. Wenn sie Regimenter zusammenstellten, taten sie das nicht, um für einen anderen eine Dienstleistung zu erbringen, sondern sie nahmen damit ein „äußeres Hoheitsrecht" wahr.[187] Ihr grundlegendes Motiv dabei war nicht das Streben nach Profit, sondern die Schaffung eines Instruments zur Durchführung ihrer politischen Absichten.[188]

Die ursprüngliche Verfügungsgewalt über die Truppen, um die es in diesem Fall geht, lag somit bei einem Hoheitsträger. Es handelte sich folglich um Stehende Regimenter.[189] Als Inhaber der umfassenden und unbeschränkten Kommandogewalt bestimmte ein Träger hoheitlicher Gewalt die Handlungen der Soldaten und sorgte so dafür, dass das Heer zu einem Werkzeug zur Ausübung und Repräsentation von Staatsgewalt wurde.[190] Dieses hoheitliche Werkzeug hatten die hessischen Landgrafen seit den Zeiten Landgraf Karls institutionalisiert und diszipliniert. Damit war sichergestellt, dass diese Truppen kontinuierlich, koordiniert und kontrolliert hoheitliche Zuständigkeiten wahrnahmen. Dementsprechend handelte es sich bei den Truppen, die für den König von Großbritannien zum Einsatz kommen sollten, um hoheitlich organisierte Einrichtungen, die Staatsgewalt ausübten und damit um Staatsorgane.[191] Als solche erbrachten sie militärische Gewalt nicht als Waffenhandwerk in eigener Zuständigkeit, wie es die Soldheere der Kriegsunternehmer taten, sondern sie nahmen staatliche Zuständigkeiten wahr.

Hier sollten keine jeweils frisch geworbenen Söldnerverbände eines Kriegsunternehmers zum Einsatz kommen, mit deren Auf- und Abzug stets Übergriffe einhergingen. Der König von Großbritannien wollte, dass Truppen, die ein Staatsorgan eines anderen Staates waren und aus disziplinierten Soldaten bestanden, welche zu keinem Zeitpunkt „herrenlos" waren, für ihn in den Kampf zogen.[192]

---

185 *Steiger* (2000), S. 124; *Böckenförde* (1969), S. 471. Andere Ansicht: *Papke* (1983), S. 207. Siehe dazu auch Seite 109.

186 *Häberlin* (1797), S. 193; *Papke* (1983), S. 207; *Oestreich* (1958), S. 421.

187 *Stern* (1980), § 36 I 3, S. 515.

188 *Böhme* (1954), S. 13.

189 Siehe Seite 28.

190 Siehe Seite 29.

191 Siehe Seite 31.

192 *Auerbach* (1996), S. 27.

Außerdem wollte er diese von einem anderen Hoheitsträger aufgestellten Truppen in seinen Dienst nehmen. Der Landgraf von Hessen-Kassel sollte folglich nicht mit seinen hoheitlichen Truppen militärische Dienstleistungen für den König von Großbritannien erbringen, wie es die Kriegsunternehmer mit ihren Soldtruppen taten. Seine Pflicht bestand darin, dem König von Großbritannien Teile seines Stehenden Heeres, das er in eigener Zuständigkeit aufgestellt hatte, zur Verfügung zu stellen, damit letzterer es selbst einsetzen konnte. Der König von Großbritannien wollte als Träger der Staatsgewalt dieselbe durch das Organ eines anderen Staates ausüben lassen.

1.2.3 Organleihe

In der Zurverfügungstellung beziehungsweise Indienstnahme eines Staatsorgans sollte vielmehr der Vorgang gesehen werden, den die heutige Völkerrechtslehre als Organleihe beschreibt.

1.2.3.1 Voraussetzungen einer völkerrechtlichen Organleihe

Diese liegt vor, wenn ein Organ eines Staates Aufgaben eines anderen Staates beziehungsweise einer Internationalen Organisation wahrzunehmen hat und insoweit als dessen beziehungsweise als deren Organ tätig wird. Damit es als Organ des begünstigten Staates bezeichnet werden kann, muss das betreffende Organ aus der Organisation des Entsendestaates aus- und in die des begünstigten Staates – des „Entleihers" – eingegliedert werden.[193] Das Organ wird aus dem Kontrollbereich des Entsendestaates herausgenommen und in den des begünstigten Staates integriert.[194] Dazu gibt der Entsendestaat seine Leitungs- und Einwirkungsbefugnisse über das betreffende Organ auf und der „Entleiher" übernimmt sie.[195]

Die höchste militärische Leitungs- und Einwirkungsbefugnis ist die Kommandogewalt.[196] Mit der Übernahme der Kommandogewalt durch den „Entleiher" entsteht eine durchgehende Befehlskette vom Souverän des begünstigten Staates bis zu den einzelnen Organwaltern, den Soldaten. Dadurch erhält der begünstigte Staat die Möglichkeit des direkten Durchgriffs auf das Organ und kann dessen Verhalten effek-

---

193 *Bothe* (1968), S. 37; *Lüder* (2004), S. 78; *Risse* (1988), S. 135.

194 *Dahm/Delbrück/Wolfrum* (2002), § 179 I 3, S. 917.

195 *Ipsen*, in: *ders.* (2004), § 40 Rn. 22, S. 642; *Dahm/Delbrück/Wolfrum* (2002), § 179 I 3, S. 917.

196 *Lüder* (2004), S. 82. Siehe auch Seite 28.

tiv steuern.[197] Das hat zur Folge, dass das betreffende Organ im Namen, auf Weisung und unter Kontrolle des „Entleihers" öffentliche Funktionen ausführt und damit als dessen Organ tätig wird.[198]

Diese Aus- und Eingliederung von Organen ist ein Vorgang, der sich auf drei Rechtsebenen abspielt. Die Existenz einer organschaftlichen Bindung zwischen einem Staat und einer Gesamtheit von Personen und Sachmittel wird maßgeblich vom internen Recht des jeweiligen Staates bestimmt.[199] Folglich ist die Ausgliederung aus der staatlichen Organisation eine Frage des innerstaatlichen Rechts des Entsendestaates und die Eingliederung eine Frage des innerstaatlichen Rechts des begünstigten Staates.[200] Vorbereitet und harmonisiert wird das Ganze auf der Ebene des Völkerrechts.[201] Durch einen völkerrechtlichen Vertrag wird der Rahmen für die erforderlichen Akte des innerstaatlichen Rechts gesetzt.[202]

1.2.3.2 Formale Aus– und Eingliederung

1.2.3.2.1 Vertragliche Verpflichtung zur Aus– beziehungsweise Eingliederung

Im zwischenstaatlichen Vertrag vom 15. Januar 1776 findet sich keine ausdrückliche Verpflichtung zur Übertragung der Kommandogewalt und damit der Leitungs- und Einwirkungsbefugnisse über die hessischen Truppen. Der Übertragung der Kommandogewalt scheint der letzte Teil von Artikel III sogar zu widersprechen: Dieser legt fest, dass die hessischen Truppen geschlossen unter den Befehlen des Generals bleiben, dem der Landgraf das Kommando anvertraut hat. Diese Regelung könnte auf eine durchgehende Befehlskette vom Landgrafen bis zu den Soldaten der hessischen Truppen schließen lassen.

Dritter Artikel

> [...] Dieses Corps Truppen soll nicht getrennet werden, wenn der Lauf des Krieges es nicht nöthig macht, sondern es soll unter den Befehlen des Generals bleiben, dem Seine Durchlaucht das Kommando anvertraut haben. Die zwote Division soll nach

197 *Lüder* (2004), S. 87.

198 *Ipsen*, in: *ders.* (2004), § 40 Rn. 20, S. 642; *Lüder* (2004), S. 83.

199 *Risse* (1988), S. 135.

200 *Bothe* (1968), S. 38; *Lüder* (2004), S. 90f.

201 *Bothe* (1968), S. 38; *Lüder* (2004), S. 91; *Risse* (1988), S. 135.

202 *Risse* (1988), S. 135.

> dem nehmlichen Orten geführt werden, woselbst sich die erste befindet, wenn es dem Operationsplan nicht entgegen ist.

Artikel IX dagegen gibt dem König von Großbritannien das Recht, die hessischen Truppen in Europa und Nordamerika einzusetzen, wo er es für ratsam hält. Dadurch wird ihm praktisch die freie Verfügungsgewalt und somit die Kontrolle über das Organ eingeräumt.[203] Dies würde wiederum die Übertragung der Kommandogewalt voraussetzen.

> Neunter Artikel
>
> In Europa können Seine Majestät von diesem Corps Truppen auf dem Lande Gebrauch machen, wo dieselben es zuträglich finden. Aber Nordamerica ist das einzige Land in den anderen Welttheilen, wo selbst dieses Corps Truppen gebraucht werden soll. Sie sollen nicht zur See dienen,[...].

1.2.3.2.2 Innerstaatliche Rechtsakte zur Aus- beziehungsweise Eingliederung

Es gibt auch keine dokumentarisch nachweisbaren Rechtsakte über eine innerstaatliche Aus- beziehungsweise Eingliederung der hessischen Truppen.

1.2.3.3 Vertragliche Verpflichtung, die Truppen zur „Einmusterung" zu schicken

Konkret verpflichtet sich der Landgraf von Hessen-Kassel in Artikel III des Vertrages dazu, dass das 1. Truppenkontingent am 14. Februar 1776 im Stande sein soll, vor einem Kommissar des Königs von Großbritannien die Musterung zu passieren. Danach soll das 1. Kontingent den Marsch zum Ort der Einschiffung antreten. Das 2. Truppenkontingent soll vier Wochen später fertig sein und auf die gleiche Art marschieren.

> Dritter Artikel
>
> [...] Ehemals pflegte die Unterzeichnung der Tractaten, einige Zeit vor dem Termin der Forderung, daß die Truppen nun marschieren sollten, vorauszugehen; da aber bei den jetzigen Umständen keine Zeit verlohren werden darf, so soll der Tag der Unterzeichnung bei dem gegenwärtigen Tractat, als der Termin dieser Forderung angesehen werden, und drei Bataillons Grenadiers, sechs Bataillons Infanterie und eine Compagnie Jäger sollen den vierzehnten Februar im Stande sein, vor Seiner Ma-

---

[203] *Kipping* (1965), S. 19.

> jestät Commissair die Musterung zu passiren, auch den folgenden Tag als den fünfzehnten Februar ihren Marsch nach dem Ort ihrer Einschiffung antreten. Der übrige Theil soll vier Wochen nachher, wo möglich, fertig sein, und auf gleiche Art marschiren. [...]

1.2.3.3.1 Umsetzung

Mitte Februar hatte das 1. hessische Kontingent Marschbereitschaft hergestellt.[204] In der Fuldaaue zu Kassel, dem landgräflichen Lustgarten mit Orangerie, wurden die Regimenter des 1. Kontingents noch einmal vom Landgrafen besichtigt. Er ritt die Front ab, wobei er mit einem Zuruf von der Truppe begrüßt wurde.[205] Danach wurde der Marschbefehl nach Bremerlehe – dem heutigen Bremerhaven – gegeben. Da das britische Marineministerium die Vorbereitungen für den Truppentransport verspätet getroffen hatte und deshalb in Bremerlehe noch keine Transportschiffe zur Verfügung standen, verzögerte sich der Abmarsch.[206] Am 29. Februar trat das 1. Kontingent, das als 1. Division bezeichnet wurde, endgültig den Marsch an und erreichte Bremerlehe am 17. März 1776. Am 21. und 22. März wurden die Truppen vom britischen Unterhändler Oberst Faucitt[207], der auch als britischer Musterungskommissar fungierte, „in den englischen Dienst eingemustert".[208] Die Soldaten wurden dabei auf Vollzähligkeit, Ausrüstung und Tauglichkeit hin überprüft und schwuren anschließend folgenden Treueeid auf den König von Großbritannien:[209]

> Wir sämmtliche stehende Unteroffiziere und Soldaten huldigen und schwören hiemit den Eyd der Treue an seine Geheiligte Majestät, dem Könige Georg dem Dritten, Könige von Großbritannien, Frankreich und Irland, und geloben samt und sonders, daß wir diesen Huldigungseyd bei dem Dienste, worin wir nunmehro angenommen sind, aufs getreueste und unverbrüchlich halten wollen.[210]

---

204 *Kapp* (1874), S. 62.

205 *Eelking* (1863/1976), S. 22.

206 *Kapp* (1874), S. 62.

207 „Faucitt" ist die Schreibweise, die im Vertrag und in der Korrespondenz gebraucht wird und folglich auch hier verwendet wird. In anderen Werken findet sich allerdings auch die Schreibweise „Fawcett". Zu seiner Person siehe Seite 116.

208 *Kapp* (1874), S. 63.

209 *Eelking* (1863/1976), S. 23.

210 Abgedruckt bei *Schulte* (1971), Fn. 55, S. 197.

Am 23. März wurde mit der Einschiffung der 1. Division begonnen. Dies zog sich bis zum 15. April hin, da die Transportschiffe nur einzeln ankamen.

Die 2. Division wurde am 2. Juni 1776 von Oberst Faucitt auf die gleiche Verfahrensweise „in englischen Dienst gemustert".[211]

Auch nach der „Einmusterung" blieben die hessischen Truppen unter dem Kommando eines hessischen Generals. Doch die hessischen Generäle, die das Kommando innehatten,[212] unterstanden während des Krieges immer einem britischen General, der als Oberkommandierender für den amerikanischen Kriegsschauplatz vom König von Großbritannien mit der höchsten Entscheidungsgewalt ausgestattet worden war.[213] Der Landgraf hatte sich in dem Vertrag lediglich das Recht zur Stellenbesetzung vorbehalten. Der zuständige hessische Minister von Schlieffen wies den hessischen Kommandoinhaber auf Bitten des britischen Ministeriums wiederholt darauf hin, dass in jedem Fall die Anordnungen des britischen Oberkommandos zu befolgen seien.[214] Ein britischer Plan, der für den Fall, dass Lord Howes, der erste britische Oberkommandierende, verhindert sei, den ranghöchsten hessischen General als Nachfolger vorsah, wurde schon vor Beginn der Feldzüge geändert. Sir Henry Clinton wurde offiziell zum Nachfolger von Lord Howes bestimmt.[215] Damit war die Kontinuität der britischen Führung sichergestellt.

Die Kommandogewalt hessischer Offiziere und Generäle reichte nie über die Brigadeebene hinaus. Bei großen Operationen wurden hessischen Offizieren auch britische Truppen unterstellt; der Oberbefehl der Operation lag aber stets bei einem britischen General.

Der dienstälteste hessische General und Kommandoinhaber nahm an den Beratungen im britischen Hauptquartier teil.[216] Dort wurde seine Meinung auch gehört. Dieses Mitspracherecht bestand aber nicht de jure, sondern entsprach den Gepflogenheiten des damaligen Offiziers-

211 *Kapp* (1874), S. 64.

212 Generalleutnant Leopold Freiherr von Heister, von Kriegsbeginn bis zum 22. Juni 1777, Generalleutnant Wilhelm Freiherr von Knyphausen, vom 22. Juni 1777 bis zum 07. Mai 1782 und Generalleutnant Friedrich Wilhelm Baron von Loßberg, vom 07. Mai 1782 bis zur Rückkehr der Truppen nach Kassel.

213 *Atwood* (1980), S. 145; *Kipping* (1965), S. 19.

214 *Kipping* (1965), S. 19. Zu von Schlieffen siehe Seite 119.

215 *Kipping* (1965), S. 19.

216 *Kipping* (1965), S. 20.

corps. Deshalb kam es auf das Einfühlungsvermögen und das diplomatische Geschick des hessischen Kommandoinhabers an, wenn seine Meinung bei der Entschlussfassung mit zum Ausdruck kommen sollte. Besonders Generalleutnant von Knyphausen verstand es durch seine besonnene und nüchterne Art, seinen Ansichten beim britischen Oberkommando in begrenztem Maße Gehör zu verschaffen.[217]

1.2.3.3.2 Innerstaatliche Ausgliederung

Die Besichtigung der hessischen Truppen in der Fuldaaue symbolisierte somit die vorläufig letzte Wahrnehmung der Kommandogewalt durch den Landgrafen von Hessen-Kassel. In der Abkommandierung zur „Einmusterung" in den Dienst des Königs von Großbritannien muss der Befehl impliziert gewesen sein, nach der „Einmusterung" den Befehlen des Königs von Großbritannien zu folgen. Dadurch waren die Soldaten dem König von Großbritannien nach der „Einmusterung" Gehorsam schuldig und traten diesem gegenüber in ein Subordinationsverhältnis.

Folglich erhielt durch diesen Befehl ein anderer als der Landgraf die Möglichkeit des direkten Durchgriffs auf das Organ und zur effektiven Steuerung desselben. Der Landgraf hatte durch diesen Befehl seine Leitungs- und Einwirkungsbefugnisse – zumindest zeitweise – aufgegeben und die Truppe damit aus seinem Kontrollbereich herausgenommen.[218]

Der Befehl, einem fremden Befehl Folge zu leisten, ist somit ein taugliches Mittel des innerstaatlichen Rechts, um ein Organ – Dritten gegenüber wirksam – aus dem Organisationsverband des Entsendestaates auszugliedern.[219] Der Abschied von der Truppe in der Fuldaaue zu Kassel stellte auch den vorläufigen Abschied von der Kommandogewalt über diese Truppe dar.

Der Marschbefehl des Landgrafen von Hessen-Kassel war folglich die innerstaatliche Ausgliederung des Organs.

1.2.3.3.3 Innerstaatliche Eingliederung

Durch die Eidesleistung auf den König von Großbritannien während der „Einmusterung" verpflichteten sich die Soldaten der hessischen

---

217 Ebenda.

218 Zur Aufgabe der Einwirkungsbefugnisse über das Ansbach-Bayreuther Kontingent durch deren Landesherren: *Städtler* (1956), S. 29.

219 *Bothe* (1968), S. 44; *Risse* (1988), S. 138.

Truppen diesem gegenüber zum Gehorsam. Dadurch wurde das neue Subordinationsverhältnis bestätigt und der König von Großbritannien übernahm die daraus erwachsende Kommandogewalt.

Nach der „Einmusterung" bestand eine durchgängige Befehlskette vom König von Großbritannien über das britische Oberkommando zu dem Kommandoinhaber über die hessischen Truppen. Der König hatte folglich immer die Möglichkeit des Durchgriffs auf die hessischen Kontingente und damit lag die Steuerung des Organverhaltens in seiner Hand. Mit der „Einmusterung" waren die hessischen Truppen in den Kontrollbereich von Großbritannien gelangt.

Folglich ist in der Verpflichtung der Soldaten zum Gehorsam gegenüber dem König von Großbritannien durch einen britischen Kommissar der innerstaatliche Rechtsakt zur Eingliederung der Truppe in den Organisationsverband von Großbritannien zu sehen.

1.2.3.3.4 Völkerrechtlicher Rahmen

Indem der Landgraf von Hessen-Kassel in Artikel III des Vertrages vom 15. Januar 1776 zusagte, die hessischen Truppen zur „Einmusterung" zu schicken, verpflichtete er sich stillschweigend, die Kontingente zu instruieren, den Befehlen des britischen Oberkommandos Folge zu leisten.

Der Befehl, einem fremden Befehl zu folgen, ist die innerstaatliche Ausgliederung des Organs aus dem Organisationsverband.[220] Folglich versprach der Landgraf in Artikel III konkludent die Übergabe der Kommandogewalt und damit die Ausgliederung der Truppen aus dem Organisationsverband der Landgrafschaft Hessen-Kassel.

Auf der anderen Seite sagte der König von Großbritannien zu, die Truppen „einzumustern". Darin war konkludent die Verpflichtung enthalten, die Kommandogewalt über die Truppen zu übernehmen. Durch diese Übernahme gelangten die Truppen in seinen Kontrollbereich.[221] Somit verpflichtete sich der König von Großbritannien stillschweigend zur Eingliederung der Truppen in den Organisationsverband von Großbritannien.

Artikel III enthält damit die mittelbaren völkerrechtlichen Verpflichtungen zur Aus- und Eingliederung des Organs und stellt den völkerrechtlichen Rahmen einer Organleihe dar.

---

220 Siehe Seite 59.

221 Siehe Seite 59.

1.2.3.4 Bedeutung der bei Hessen-Kassel verbliebenen Restkompetenzen

Die Kommandogewalt – die höchste exekutivische Anordnungsbefugnis – war auf den König von Großbritannien übertragen worden. Andere hoheitliche Befugnisse blieben aber beim Landgrafen von Hessen-Kassel.

So oblag diesem die logistische Verantwortung für die hessischen Truppen. Die Versorgung mit Waffen und Ausrüstung in Amerika übernahm ein eigens dafür eingerichtetes hessisches Kommissariat.[222]

Dieses führte auch die Besoldung der hessischen Truppen durch. In Artikel VI des Vertrages vom 15. Januar 1776 findet man zwar die Formulierung, dass die Truppe in „Großbritannischem Solde" stehe; Artikel VII stellt dies aber klar: Großbritannien bezahlt einen Betrag, der dem Sold für ein entsprechend großes englisches Corps entspricht, an die Kriegskasse des Landgrafen von Hessen-Kassel. Aus dieser wurden die Soldaten dann besoldet.[223]

Bei der Besoldung war der Landgraf aber nicht vollkommen unabhängig. Er hatte sich in Artikel VII dazu verpflichtet, genau den Sold auszuzahlen, den auch die britischen Soldaten erhielten.

Siebter Artikel

> Was die Bezahlung und das Tractement sowohl das ordentliche als das außerordentliche besagter Truppen anbetrift, so sollen dieselben in aller Rücksicht, auf den nehmlichen Fuß mit den Britischen Nationaltruppen gesetzt werden und Seinem Majestät Kriegsdepartement soll ohne Aufschub an das Kriegsdepartement Seiner Durchlaucht ein genaues und getreues Verzeichnis von der Bezahlung und dem Tractement, daß die Britischen Truppen genießen, geben. Diese Bezahlung und Tractement soll, in Rücksicht daß seine Durchlaucht dieses Corps nicht ohne außerordentliche Unkosten, in einer so kurzen Zeit in marschfertigen Stand setzen können, für die erste Division vom ersten Februar und für die zwote sieben Tage vorher ehe sie ihren Marsch antritt, anfangen. Es soll dieselbe in die Hessische Kriegskasse, ohne etwas davon zu verkürzen oder abzuziehen, bezahlet werden, damit es nach denen, den Zweck befördernden Absichten ausgetheilet werden könne. Auch soll eine Summe von 20.000 Pfund Sterling sogleich auf die Rechnung besagter Bezahlung voraus bezahlet werden.

---

222 *Kipping* (1965), S. 27 und 45.

223 *Kapp* (1874), S. 57.

Auch die medizinische Versorgung der Truppen lag weiterhin in der Verantwortung des Landgrafen von Hessen-Kassel. Diese delegierte er auf den kommandierenden General des hessischen Corps. Die Kranken und Verwundeten des hessischen Kontingents wurden von ihrem eigenen medizinischen Personal versorgt, welches unter dem Kommando des kommandierenden Generals stand. Das wurde in Artikel XII des Vertrages ausdrücklich geregelt. Artikel XII bestimmt aber auch, dass die medizinische Versorgung denselben Standard haben muss wie die der britischen Truppen.

Zwölfter Artikel

> Die Kranken von dem Hessischen Corps sollen unter der Vorsorge ihrer Ärzte, Chirurgi, und anderer Personen, die zu diesem Zwecke in Dienst genommen sind, unter dem Commando des Generals, der das Corps dieser Nation anführen wird, bleiben. Ihnen soll alles dasjenige gereichet werden, was Seine Majestät Dero eigenen Truppen reichen lassen.

Des Weiteren waren personalhoheitliche Kompetenzen beim Landgraf von Hessen-Kassel verbliebenen.

Die Beförderungen von Angehörigen der hessischen Truppen wurden in seinem Namen durchgeführt. Die Besetzung der Stellen, insbesondere der Offiziersstellen, wurde vom Landgrafen beziehungsweise seiner Militärbehörde geregelt. Im letzten Absatz von Artikel III behält sich der Landgraf von Hessen-Kassel ausdrücklich das Recht vor, den General zu ernennen, der das hessische Corps kommandiert.

Dritter Artikel

> [...] Dieses Corps Truppen soll nicht getrennet werden, wenn der Lauf des Krieges es nicht nöthig macht, sondern es soll unter den Befehlen des Generals bleiben, dem Seine Durchlaucht das Kommando anvertraut haben.[...].

Aber auch bei dieser Entscheidung war der Landgraf nicht vollkommen frei, wie folgendes Beispiel beweist:

Der erste Kommandoinhaber über das hessische Corps, Generalleutnant Leopold von Heister, war ein alter, im Waffendienst ergrauter Haudegen, der sich durch schwungvolles und entschlossenes Führen auszeichnete.[224] Mit der zögerlichen Kriegführung des ersten britischen Oberkommandierenden, Lord Howes, war er nicht einverstanden. Die ersten Differenzen zwischen Howes und von Heister traten nach dem Gefecht bei Flatbush auf, als der hessische General energisch die Ver-

---

224 *Eelking* (1863/1976), S. 21; *Kipping* (1965), S. 25.

folgung der geschlagenen amerikanischen Truppen verlangte, wohingegen Howes das Gefecht abbrechen ließ. Durch seine Kritik und seine direkte Art wurde Generalleutnant von Heister schnell unbequem.

Deshalb wandte sich Howes an König Georg III., welcher daraufhin persönlich die Absetzung dieses hessischen Generalleutnants von Landgraf Friedrich II. verlangte.[225] Diesem Verlangen kam der Landgraf nach, ohne seinerseits die von Howes gegen von Heister vorgebrachten Vorwürfe untersucht zu haben.

Generalleutnant von Heister starb bald nach seiner Rückkehr am 19. November 1777 in Kassel im Alter von 61 Jahren an einer Lungenentzündung. Die Tatsache, dass Howes später selbst abgelöst und seine Entscheidungen vom englischen Unterhaus überprüft wurden, indiziert, dass die Kritik des hessischen Generals zumindest nicht gänzlich zu Unrecht erfolgt war.

Der Landgraf von Hessen-Kassel war auch weiterhin der Inhaber der Straf- und Disziplinargewalt über die hessischen Truppen.[226] Diese hatte er auf den kommandierenden General des hessischen Corps delegiert, der damit für die Aufrechterhaltung der Disziplin der hessischen Truppen verantwortlich war, während das britische Oberkommando die Disziplinargewalt über die britischen Truppen inne hatte.[227]

Die hessischen Truppen hatten auch ihre eigene Gerichtsbarkeit.[228] Hessische Kriegsgerichte und Auditeure führten die entsprechenden Verfahren durch.[229] Obwohl die Disziplinargewalt von hessischen Offizieren und Spruchkörpern ausgeführt wurde, diente sie doch nur der Durchsetzung der britischen Anordnungshoheit. So erließ das hessische Hauptquartier schon in den ersten Kriegstagen einen Aufruf an seine Truppen, strenge Manneszucht zu halten, da die Einwohner Loyalisten seien und deshalb als Freunde angesehen werden müssten.[230] Die hessische Disziplinargewalt wurde folglich im Interesse von und mit Rücksichtnahme auf Großbritannien wahrgenommen. Dies zeigt sich auch dadurch, dass das britische Hauptquartier die hessi-

225 *Kipping* (1965), S. 25.

226 *Eelking* (1863/1976), S. 14.

227 *Kipping* (1965), S. 34f.

228 *Losch* (1933), S. 22.

229 *Kipping* (1965), S. 35.

230 *Kipping* (1965), S. 34.

schen Regimenter auf Grund ihrer guten Disziplin öffentlich belobigte.[231]

Diese dem Landgrafen verbliebenen personalhoheitlichen Kompetenzen betrafen nur das persönliche Verhältnis der Soldaten zu ihrem Dienstherrn. Eine Durchgriffsmöglichkeit auf die Soldaten in ihrer Funktion als Organwalter und damit auf die Truppe als Organ bestand dadurch nicht. Aus den verbliebenen Befugnissen – zumal selbst diese nicht ohne Rücksichtnahme auf Großbritannien ausgeübt werden konnten – konnte keine Kontrolle über die hessischen Truppen abgeleitet werden.

Die Kontrolle über Truppen hat nur der, der die Kommandogewalt und die daraus resultierende Weisungsbefugnis inne hat.[232] Im untersuchten Fall war der König von Großbritannien der Inhaber der Kommandogewalt.

Die hoheitlichen Befugnisse, die dem Landgrafen gegenüber den Truppen verblieben, führten lediglich dazu, dass das Kontingent seine Identität als Kontingent des Landgrafen von Hessen-Kassel behielt.[233] Der Landgraf blieb der Inhaber der hessischen Regimenter.

1.2.3.5 Operationsbezogene Organleihe

Die Übertragung der Kommandogewalt erfolgte aber nicht endgültig. Gemäß Artikel VI läuft der Vertrag aus, sobald der König von Großbritannien die hessischen Truppen nicht mehr benötigt. Danach sollen die Truppen nach Hessen-Kassel zurückkehren.

Sechster Artikel

> In allen vorigen Tractaten ist eine gewisse Zeit, welche dieselben dauern sollten, bestimmt worden. Aber in dem gegenwärtigen haben Seine Großbritannische Majestät lieber gewollt, sich auf keine längere Zeit verbindlich zu machen, als Dieselbe diese Truppen brauchten. Anstatt desselben willigen Sie ein, daß die Subsidie von dem Tag dieser Unterzeichnung an bis zum Auslauf des Tractats doppelt sein soll, das heißt, daß sie für dieses Corps von 12.000 Mann jährlich auf die Summe von 450.000 Thaler Banco , den Thaler gerechnet zu 35 Sols Holländisch, oder zu vier Schilling, 9 Pence, 3 Farthings Englisch steigen, und die Subsidie auf diesen Fuß die ganze Zeit hindurch fortdauern soll, in welcher dieses Corps Truppen im Großbritanni-

---

231 *Kipping* (1965), S. 36.

232 *Risse* (1988), S. 142.

233 *Bothe* (1968), S. 41; *Magis* (1965), S. 9.

> schen Solde bleibt. Seine Großbritannische Majestät verbinden Sich auch, dem Durchlauchtigsten Landgrafen 12 Monat, oder ein ganzes Jahr vorher Nachricht von Dero Entschluß zu geben, ehe derselbe stattfinden soll, welche Nachricht selbst nicht eher gegeben werden soll, bis dieses Corps Truppen, in die Gebiete besagten Fürstens, namentlich Hessen, zurückgekehrt, und wirklich daselbst angekommen ist.[...]

Nach dem Ende des Krieges wurden die hessischen Truppen wieder nach Hessen-Kassel zurückgeschickt. Der König von Großbritannien übte ab diesem Zeitpunkt keine Kommandogewalt mehr über die hessischen Truppen aus. Mit der Verabschiedung aus New York waren die hessischen Truppen aus dem Kontrollbereich von Großbritannien entlassen.[234] Damit lag die Kommandogewalt wieder beim Landgrafen von Hessen-Kassel. Die Heimkehr nach Hessen-Kassel bedeutete auch die Rückkehr in den ursprünglichen Kontrollbereich und damit die Wiedereingliederung in die Organisation des Entsendestaates.

Die Rückübertragung der Kommandogewalt konnte der Landgraf von Hessen-Kassel unter gewissen Umständen auch von sich aus einfordern. In Artikel VI behält sich der Landgraf das Recht vor, die hessischen Truppen nach vier Jahren – falls sie bis dahin noch nicht heimgekehrt sind – zurückzurufen oder einen neuen Vertrag abzuschließen.

> Sechster Artikel
>
> [...] Seine Durchlaucht behalten Sich an Dero Seite die Freiheit vor, Dero Truppen nach Verlauf von vier Jahren, wann dieselben alsdann noch nicht zurückgekehret sind, zurückzurufen oder mit Seiner Großbritannischen Majestät nach Verlauf dieser Zeit einen anderen Tractat zu schließen.

Der Einsatz hessischer Truppen unter der Kommandogewalt des Königs von Großbritannien war aber nicht nur zeitlich, sondern auch räumlich beschränkt. Artikel IX regelt, dass der König von Großbritannien von dem Corps nur in Europa und Nordamerika „Gebrauch machen" kann.

> Neunter Artikel
>
> In Europa können Seine Majestät von diesem Corps Truppen auf dem Lande Gebrauch machen, wo dieselben es zuträglich

---

234 Bei der Abfahrt von New York stellte der letzte britische Oberkommandierende dem hessischen kommandierenden General und dessen Truppen ein Zeugnis aus, in dem er das „vorbildliche Verhalten" dieser Truppen lobte. Dieses Schreiben an den Landgrafen von Hessen-Kassel ist abgedruckt bei *Kipping* (1965), S. 26.

> finden. Aber Nordamerica ist das einzige Land in den anderen Welttheilen, wo selbst dieses Corps Truppen gebraucht werden soll. Sie sollen nicht zur See dienen, [...].

Die Kommandogewalt war dem König von Großbritannien folglich nur für die Durchführung eines Feldzuges übertragen worden, der räumlich und zeitlich begrenzt war. Auf die Dauer der Übergabe der Kommandogewalt oder die Möglichkeit ihres Widerrufs kommt es für eine wirksame Organleihe aber nicht an.[235] Die effektive Steuerung des Organverhaltens durch den König von Großbritannien während der Kriegführung in Nordamerika wurde nicht dadurch eingeschränkt, dass ihm die Kommandogewalt nur zeitlich und räumlich begrenzt übertragen worden war. Durch das Recht, die Truppen nach vier Jahren zurückrufen zu können, erlangte der Landgraf von Hessen-Kassel keine Kontrolle über die Truppen.

Während des Einsatzes hessischer Truppen in Nordamerika lag die Kontrolle über die Truppen jederzeit und uneingeschränkt beim König von Großbritannien. In dieser Zeit stand er an der Spitze der Befehlskette. Die hessischen Truppen handelten in Nordamerika in seinem Namen, auf seine Weisung und unter seiner Kontrolle. Damit waren die hessischen Truppen als Organ – wenn auch nur zeitweise und operationsbezogen – aus dem Organisationsverband von Hessen-Kassel aus- und in den Organisationsverband von Großbritannien eingegliedert.

1.2.3.6 Ergebnis

In dem hier untersuchten Vertrag wurde aus völkerrechtlicher Sicht eine Organleihe vereinbart.

1.2.3.7 Wortlautargument

Für dieses Ergebnis spricht zunächst einmal das Wortlautargument. Explizit ist in der Präambel und in Artikel III des Vertrages davon die Rede, dass der König von Großbritannien die hessischen Truppen „in seinen Dienst nehmen" beziehungsweise „in seinem Dienst einsetzen" will.

> Präambel
>
> Da Seine Großbritannische Majestät Verlangen tragen, ein Corps von 12.000 Mann von den Truppen seiner Durchlaucht

---

235 *Lüder* (2004), S. 104.

> des regierenden Landgrafen von Hessen-Cassel in Dero Dienste zu nehmen,[...].
>
> Dritter Artikel
>
> Dieses Corps von 12.000 Mann Hessischer Truppen, welches in Seiner Großbritannischen Majestät Diensten gebraucht wird [eingesetzt werde soll; d. V.][...].

Im französischen Original lautet die entsprechende Formulierung „emploier au Service“[236]; in der englischen Übersetzung für das britische Unterhaus „employing in his Britannic Majesty' s service“[237].

Diese in dem Vertag verwendete Begrifflichkeit „Indienstnahme“ wird auch in der gegenwärtigen Literatur noch als Synonym für den hier mit dem Ausdruck „Organleihe“ beschriebenen Vorgang gebraucht.[238]

1.2.3.8 Rechtsfolgeargument

1.2.3.8.1 Wechsel des international verantwortlichen Völkerrechtssubjekts

Ein weiteres Argument ist die Rechtsfolge der Organleihe. Eine Organleihe führt zu einem Wechsel des international verantwortlichen Völkerrechtssubjekts.[239] Das Verhalten des entliehenen Organs wird als Handeln des Staates angesehen, dem es zur Verfügung gestellt wurde.[240] Der begünstigte Staat wird der Adressat von Rechten und Pflichten, die sich aus dem Organverhalten ergeben und umgekehrt werden die Rechte und Pflichten, deren Adressat der Entleiher ist, auch auf die entliehenen Organe bezogen.[241] Folglich trägt der begünstigte Staat die völkerrechtliche Verantwortung bei Rechtsverletzungen durch das Organ, ist Partei von Verträgen, die das Organverhalten betreffen und Kriegs- beziehungsweise Konfliktpartei beim militärischen Einsatz der betreffenden Organe. Der Entsendestaat dagegen ist aus der völkerrechtlichen Verantwortlichkeit entlassen.[242]

---

236 Eine Abschrift der Ratifikationsurkunde mit dem französischen Vertragstext ist im Anhang ab Seite 221 abgebildet.

237 Die Übersetzung ist abgedruckt bei *Kapp* (1874), S. 256-259; *Frauenholz, v.* (1940), S. 468-472.

238 *Kisker* (1971), Fn. 608, S. 174.

239 *Dahm/Delbrück/Wolfrum* (2002), § 179 I 3, S. 917.

240 *Ipsen*, in: *ders.* (2004), § 40 Rn. 22, S. 642; *Dahm/Delbrück/Wolfrum* (2002), § 179 I 1, S. 916.

241 *Bothe* (1968), S. 49f.

242 *Dahm/Delbrück/Wolfrum* (2002), § 179 I 1, S. 916.

Ein Wechsel der international verantwortlichen Völkerrechtssubjekte war im untersuchten Fall gegeben:

Obwohl die hessischen Truppen in britischem Dienst maßgeblich an Kampfhandlungen beteiligt waren, war die Landgrafschaft Hessen-Kassel keine Konfliktpartei.[243] Hessen-Kassel gab keine Kriegserklärung ab. Der Landgraf von Hessen-Kassel konnte im Jahr 1780 ohne Probleme Frankreich besuchen, welches seit 1778 mit den Vereinigten Staaten von Amerika gegen Großbritannien verbündet war. Der Bündnisvertrag zwischen Frankreich und den Vereinigten Staaten von Amerika vom 6. Februar 1778 nennt nur Großbritannien als gegnerische Kriegspartei.[244]

Die Landgrafschaft Hessen-Kassel war auch nicht an der Beendigung des Konflikts beteiligt. Partei des Waffenstillstandes vom 30. November 1782[245] und des Friedensvertrages, der am 3. September 1783 in Paris unterzeichnet wurde[246] – und folglich auch Partei des vorausgegangenen Krieges – war lediglich das Königreich Großbritannien.

Dafür wurden aber die Rechte und die Pflichten, deren Adressat Großbritannien war, auf die hessischen Truppen bezogen, während diese im Dienst des Königreichs standen. Als der britische Oberbefehlshaber am 19. Oktober 1781 in Yorktown kapitulierte, gingen auch die dort eingesetzten hessischen Truppen in Kriegsgefangenschaft.

Im Friedensvertrag vom 3. September 1783 verpflichtete sich das Königreich Großbritannien zum Rückzug aller Truppen und zur Herausgabe der Kriegsbeute.

Article 7:

> There shall be a firm and perpetual peace between his Brittanic Majesty and the said states, and between the subjects of the one and the citizens of the other, wherefore all hostilities both by sea and land shall from henceforth cease. All prisoners on both sides shall be set at liberty, and his Brittanic Majesty shall with all convenient speed, and without causing any destruction, or carrying away any Negroes or other property of the American inhabitants, withdraw all his armies, garrisons, and fleets from the said United States, and from every post, place, and harbor within the same; leaving in all fortifications, the American

243 *Atwood* (1980), S. 30f.

244 Die Parteien vereinbarten ein Bündnis im Sinne einer Kriegsgenossenschaft. Zum Begriff der Kriegsgenossenschaft siehe Seite 81.

245 Das Waffenstillstandsabkommen ist im Anhang ab Seite 242 abgedruckt.

246 Der Friedensvertrag ist im Anhang ab Seite 246 abgedruckt.

> artilery that may be therein; and shall also order and cause all archives, records, deeds, and papers belonging to any of the said states, or their citizens, which in the course of the war may have fallen into the hands of his officers, to be forthwith restored and delivered to the proper states and persons to whom they belong.[247]

Daraufhin wurde auch die Kriegsbeute, die in die Hände der hessischen Truppen gefallen war, herausgegeben und mit dem Rückzug und dem Abtransport der hessischen Truppen begonnen.

Folglich konnte das Verhalten der ihrer Identität nach hessischen Truppen als Handeln von Großbritannien angesehen werden. Die Landgrafschaft Hessen-Kassel hatte keine völkerrechtliche Verantwortung für die in Amerika eingesetzten Truppen.

1.2.3.8.2 Die hessischen Truppen werden zu „Hilfstruppen" Großbritanniens

Die von Hessen-Kassel zur Verfügung gestellten Regimenter traten als das in Erscheinung, was die zeitgenössische Völkerrechtslehre als eine „Hilfstruppe" bezeichnete.

„Auxiliar- oder Hülffs-Völker [heißen die Truppen; d. V.], welche zwar einem Theil zu Hülffe kommen, ohne jedoch daß ihr Souverain an dem Krieg sonst Antheil nähme."[248]

„Die Hülfstruppen stehen unter denen alleinigen Befehlen des Souverains, in dessen Diensten sie seyend, und seiner Generalität [...]."[249]

„Wenn ein Souverän, ohne unmittelbare Teilnahme am Kriege, einem anderen nur Truppen oder Kriegsschiffe zur Verfügung stellt, nennt man diese Truppen oder Schiffe Hilfstruppen. Die Hilfstruppen stehen nach Maßgabe der Befehle ihres eigenen Souveräns dem anderen Souverän zur Verfügung. Werden sie ohne Vorbehalt und Einschränkung gegeben, so dienen sie sowohl zum Angriff als auch zur Verteidigung und unterstehen in Führung und Einsatz dem Fürsten, dem sie zu Hilfe kommen. Doch kann dieser über sie nicht frei verfügen wie über seine eigenen Untertanen. Sie sind ihm nur für seine eigenen Kriege gewährt, er ist also nicht berechtigt, sie eigenmächtig einer dritten Macht als Hilfstruppen zu überlassen."[250]

---

247 Artikel VII des Friedensvertrags vom 3. September 1783. Siehe Seite 249.

248 *Moser* (1752), 3. Buch, 1. Kapitel § 38, S. 201.

249 *Moser* (1780), 19. Buch, 4. Kapitel § 24, S. 137.

250 *Vattel* (1758/1959), Buch III § 81.

„Hülfe, oder auch Hülfstruppen werden diejenigen Truppen, so wohl zu Fuß, als auch zu Pferde genennet, welche ein anderes Volck, das eigentlich jetzt nicht krieget, einem Volcke zusendet, so Krieg führet."[251]

Die Rechtsfolge einer Organleihe war bei der hier untersuchten Indienstnahme hessischer Truppen durch das Königreich Großbritannien folglich gegeben.

1.2.4 Begriff „Truppenvermietung"

In der Literatur findet man für die hier dargestellte Organleihe auch den Begriff „Truppenvermietung".[252] Dieser Terminus kann als begriffliche Konkretisierung für die Beschreibung der hier untersuchten Organleihe angesehen werden.

Der Begriff des völkerrechtlichen „Leihens" eines Organs ist von dem zivilrechtlichen Institut der Leihe abgeleitet. Durch eine zivilrechtliche Leihe bekommt der Entleiher zeitweise den Gebrauch einer Sache gestattet.[253] Auch bei der zivilrechtlichen Miete wird zeitweise der Gebrauch einer Sache gewährt.[254] Nur erfolgt die Gebrauchsüberlassung bei der zivilrechtlichen Miete – im Gegensatz zur Leihe – nicht unentgeltlich, sondern gegen Zahlung eines Entgelts.

Auf das Völkerrecht übertragen bedeutet das: Stellt ein Staat oder eine Internationale Organisation einem anderen Staat oder einer anderen Internationalen Organisation eines seiner beziehungsweise ihrer Organe zur Verfügung und erfolgt dieses Zurverfügungstellen unter anderem deshalb, weil der begünstigte Staat dafür bezahlt, kann man von der funktionalen Äquivalenz her von einer „Organmiete" oder „Organvermietung" sprechen. Der untersuchte Vertrag enthält solche pekuniären Gegenleistungspflichten: Der König von Großbritannien verpflichtet sich im Gegenzug dafür, dass hessische Truppen in seinen Dienst gestellt werden, in den Artikeln V bis VIII des Vertrages zur Zahlung verschiedener Positionen.[255] Die Zurverfügungstellung erfolgt

251 *Wolff, v.* (1754), § 1179.

252 *Frauenholz, v.* (1940), S. 9; *Hollenberg* (1984), S. 101; *Redlich* (1965), S. 91 („troop lease"); *Demandt* (1972/1980), S. 268; *Münkler* (2002), Anmerkung 31, S. 263; *Losch* (1933), S. 22; *Papke* (1983), S. 193; *Atwood* (1980), S. 1 („hiring of troops"); *Kügler* (1980), S. 108; *Braubach* (1923), S. 10; *Auerbach* (1996), S. 29; *Magis* (1965), S. 9 und 13.

253 Vgl. § 598 Bürgerliches Gesetzbuch.

254 Vgl. § 535 Bürgerliches Gesetzbuch.

255 Siehe Seite 86ff.

nicht unentgeltlich und somit ist es gerechtfertigt, hier von einer „Organvermietung" zu sprechen.

Das Organ, welches „vermietet" wird, ist ein militärisches Exekutivorgan – die Truppen der Landgrafschaft Hessen-Kassel. Folglich wird im Begriff „Truppenvermietung" das konkrete Organ benannt, welches gegen Geld zur Verfügung gestellt wird.

Der Begriff „Truppenvermietung" ist damit eine spezielle und konkrete Charakterisierung der hier untersuchten Organleihe. Für den Fall einer Organleihe, bei der ein militärisches Exekutivorgan einem anderen Staat gegen Entgelt zur Verfügung gestellt wird, ist der Begriff „Truppenvermietung" folglich die passende Definition.

1.2.5 Begriff „Soldatenhandel" – Betrachtung der Truppenvermietung vom Innenverhältnis her

1.2.5.1 Herkunft des Begriffs „Soldatenhandel"

Für die Indienstnahme hessischer Truppen durch den König von Großbritannien findet man bis heute die Bezeichnung „Soldatenhandel" oder „Soldatenverkauf". Eine diesbezüglich besonders plastische Schilderung beschreibt den hier untersuchten Sachverhalt folgendermaßen: „Wieder bluteten Deutsche für England, diesmal nicht einmal als Verbündete, sondern verkauft von ihren Landesfürsten als Sklaven."[256]

Die Terminologie vom Verkauf wird bereits von Zeitzeugen des Vertrages benutzt: Die Oppositionspolitiker im englischen Unterhaus waren gegen die Indienstnahme auswärtiger Truppen zur Niederschlagung des Aufstandes in Amerika. Sie argumentierten moralisch und sprachen in der Parlamentsdebatte am 29. Februar 1776 vom „Verkauf der Untertanen durch den Landgrafen".[257] Die Amerikaner, die ihrerseits beim Kauf afrikanischer Sklaven keine moralischen Bedenken hatten, übernahmen diese Argumentation. Benjamin Franklin war seit Ende 1776 Vertreter der Aufständischen in Paris und fand dort wegen der Rivalität zwischen Frankreich und England ein offenes Ohr. Von dort aus betrieb er mit Pressemeldungen und Pamphleten „Feindpropaganda".[258] Sein Freund Mirabeau schrieb 1777 im holländischen Exil die Flugschrift: „Avis aux Hessiois et autres Peuples de l' All-

256 *Zischka* (1940), S. 78.

257 Zitiert bei *Kapp* (1874), S. 180. Zur Debatte im Unterhaus des britischen Parlaments siehe Seite 132.

258 *Auerbach* (1979), S. 325.

magne. Vendous par leur Princes à l' Angleterre"[259] und verbreitete damit den Vorwurf des Soldatenhandels in alle Welt.

Aber auch von Vertretern der deutschen Aufklärung liest man Ähnliches. Diese machten den Fürsten die alleinige Verfügung über das Militär seit langem argumentativ streitig und sahen in der Truppenvermietung den offensichtlichen Gipfel menschenfeindlicher fürstlicher Willkür.[260] Außerdem zogen die dem Königreich Großbritannien zur Verfügung gestellten Truppen gegen eine Revolution ins Feld, von der sich deutsche und europäische Aufklärer die Umsetzung ihrer gesellschaftspolitischen Ideale erhofften.[261]

So heißt es in einem Ausschnitt aus dem anonymen „Klagelied eines deutschen Biedermanns", das wahrscheinlich ein fränkischer Theologe 1776 zum Aufbruch des Ansbach-Bayreuther Truppenkontingents geschrieben hat:

> Klagt und beweint Patrioten unsere blühenden Söhne
> Welche die Fürsten um Gold Fremdlingen haben verkauft
> Unsere Brüder verkauft, damit sie fürstlicher schwelgen
> So verhandeln sie dich, theures germanisches Blut
> Dieser, damit er Welschlands Gaukler bezahle und jener
> Daß er des Goldes viel schütt' in der Buhlerin Schoß
> Teutsche wärt ihr ?
> Nein, bei Hermann, die seid ihr verdorbene nicht !
> Sonst ließet Ihr nimmermehr Eure Kinder verkaufen
> Um ein gerechtes Volk zu unterjochen mit Krieg !
> Was tat Dir, undeutscher, niedriger brittischer Soldknecht
> Jenes bessere Volk in der jüngeren Welt ?[...][262]

Später taucht der Begriff „Soldatenhandel" im Zusammenhang mit der Kritik an der deutschen Kleinstaaterei im gleichnamigen Buch von Friedrich Kapp – einem der schärfsten Kritiker dieser Erscheinung – wieder auf.[263] Trotz Widerspruch in der anschließenden Diskussion[264] wird der Begriff zur gängigen Definition für das Zurverfügungstellen von Truppen für ausländische Staaten durch deutsche Fürsten und findet Aufnahme in Meyers Konversationslexikon.[265] In der Brockhaus

---

259 *Mirabeau* (1777/1991). Auf deutsch: Rat an die Hessen und die übrigen von ihren Fürsten an England verkauften Völker.

260 *Blastenbrei* (2003), S. 37.

261 Ebenda.

262 Abgedruckt bei *Städtler* (1956), S. 46f.

263 *Kapp* (1874).

264 *Losch* (1933), S. 22; *Preser* (1900), S. 31f.

265 Meyers Konversations-Lexikon (1889), S. 9.

Enzyklopädie ist er noch in der 17. Auflage zu finden.[266] Historiker[267] und Juristen[268] bedienen sich bis heute dieser Bezeichnung.

1.2.5.2 Ist eine Truppenvermietung vom Innenverhältnis her betrachtet „Soldatenhandel"?

Einer juristischen Betrachtung hält dieser Begriff jedoch nicht stand. Er suggeriert, dass Menschen als Rechtsobjekte ohne Rechte und Pflichten verkauft wurden.

Die Soldaten hatten sich – freiwillig oder unfreiwillig – in den Capitulationen zum Eintritt in das jeweilige Regiment verpflichtet. Damit traten sie in ein öffentlich-rechtliches Dienstverhältnis.[269] Der Landgraf von Hessen-Kassel wurde dadurch ihr Dienstherr, nicht aber ihr Eigentümer.[270] Wenn der Landgraf etwas übertragen konnte, dann waren es die hoheitlichen Befugnisse, die ihm als Dienstherrn zustanden.

1.2.5.3 Truppenvermietung vom Innenverhältnis her betrachtet: Dienstverschaffungsvertrag

Indem der Landgraf von Hessen-Kassel die Kommandogewalt über seine Truppen zeitweise auf den König von Großbritannien übertrug, räumte er dem König von Großbritannien das dienstherrliche Weisungsrecht gegenüber den Soldaten der hessischen Truppen ein.

Die übrigen personalhoheitlichen Befugnisse gegenüber den Dienstverpflichteten standen aber weiterhin dem Landgrafen von Hessen-Kassel zu: Die Stellenbesetzungen, die Beförderungen und die Ausübung der Disziplinargewalt geschahen in seinem Namen.[271] Vor allem trafen den Landgrafen weiterhin die dienstherrlichen Pflichten. Die Soldaten wurden durch ein hessisches Kommissariat mit Verpflegung, Ausrüstung und Waffen versorgt und von hessischen Ärzten medizinisch betreut. Die Besoldung erfolgte durch die hessische Kriegskasse.[272]

---

266 Brockhaus Enzyklopädie (1973), S. 535.

267 *Neuhaus* (2005), S. 836; *Aretin, v.* (1993), S. 380; *Aretin, v.* (1997), S.495; *Schilling* (1989), S. 175f. Letzerer spricht ebenda auch von „Menschenschacher".

268 *Stolleis* (2008), S. 22; *Willoweit* (2005), § 23 II 4, S. 210; *Ebel/Thielmann* (2003), Rn. 314, S. 234; *Pernthaler* (1996), S.155.

269 Siehe Seite 43f.

270 So aber anscheinend *Canstein, v.* (1989), S. 74f.

271 Siehe Seite 62f.

272 *Kapp* (1874), S. 57.

Die Personalhoheit mit Ausnahme des Weisungsrechts lag weiterhin beim Landgrafen von Hessen-Kassel, der damit Dienstherr der Soldaten blieb. Die Soldaten als selbständige Rechtspersonen standen weiterhin mit ihm in einer Beziehung. Das „persönliche Verhältnis"[273] zwischen Dienstherr und Soldat wurde durch die Übertragung des Weisungsrechts nicht berührt.

Lediglich in ihrer Funktion als Organwalter traten die Soldaten in ein sogenanntes „amtliches Verhältnis"[274] zum König von Großbritannien. Durch die Übertragung des Weisungsrechts konnte der König von Großbritannien die von den Soldaten zu erbringenden Dienste konkretisieren. Für die Soldaten als Dienstverpflichtete änderte sich damit der „Leistungsadressat".[275] Sie erbrachten ihre Dienste für den König von Großbritannien und nicht für ihren Dienstherrn. Nach außen hin traten sie so als Repräsentanten des Königs von Großbritannien auf und ihre Handlungen wurden dem Königreich Großbritannien zugerechnet. Nach innen behielten die Soldaten jedoch ihre Identität als Soldaten des Landgrafen von Hessen-Kassel.

Der König von Großbritannien bekam durch die Übertragung des Weisungsrechts folglich die Dienste der Soldaten verschafft; die Soldaten als selbständige Rechtspersonen traten in keine direkte Beziehung zu ihm.

Was auf das Organ bezogen eine Organleihe ist, ist auf die Person des Organwalters bezogen somit kein Menschenverkauf, sondern ein Dienstverschaffungsvertrag.[276] Die Soldaten selbst waren nicht Vertragsgegenstand.

---

273 Zu diesem „persönlichen Verhältnis": *Maurer* (2009), §21 Rn. 41, S. 535.

274 Zu diesem „amtlichen Verhältnis": *Maurer* (2009), §21 Rn. 41, S. 535.

275 *Schaub* (2001), S. 274.

276 Dessen bekannteste Form ist heute der Arbeitnehmerüberlassungsvertrag. Ausführlich zum Dienstverschaffungsvertrag: *Müller-Glöge*, in: *Säcker/Rixecker* (2009), BGB, §611 Rn. 35ff; *Schaub* (2001), S. 336 ff.

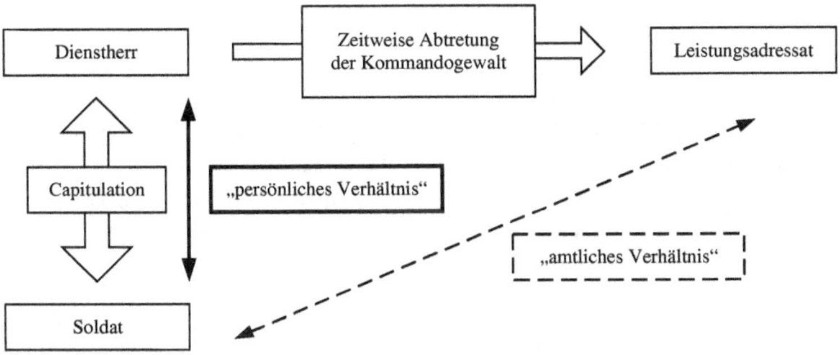

Skizze 1: Truppenvermietung

Die Bezeichnung „Soldatenhandel" ist somit keine Definition des Vertragscharakters, sondern allenfalls eine nachträgliche moralische Wertung.[277] Dies wird besonders daran deutlich, dass der Begriff nicht für alle Vereinbarungen dieser Art genutzt wird. Vielmehr wird bei demselben juristischen Vorgang danach differenziert, ob größere oder kleinere Staaten Truppen zur Verfügung stellten und in wessen Dienst die Truppen gestellt wurden beziehungsweise für welche Zwecke sie letztendlich zum Einsatz kamen.[278] Außerdem finden sich Literaten, die die Zurverfügungstellung von Truppen explizit als „Truppenvermietung" beschreiben und diese später aber trotzdem als „Soldatenhandel" verurteilen.[279]

1.2.5.4 Innenverhältnis als Argument für den Begriff „Truppenvermietung"

Die Tatsache, dass auf das Innenverhältnis bezogen ein Dienstverschaffungsvertrag vorliegt, ist eher ein weiterer Grund dafür, den Vertrag als „Truppenvermietung" zu charakterisieren.

Artikel III des Vertrages regelt, dass „das Corps völlig equippirt und mit Zelten und allen Ausrüstungen, die es bedarf, versorgt sein soll". Genaue Art und Umfang der persönlichen Ausrüstung werden im Vertrag nicht explizit aufgelistet; offenbar verstand es sich von selbst,

277 *Papke* (1983), S. 199; *Braubach* (1923), S. 20.

278 Siehe Seite 191.

279 *Braubach* (1923), S. 10 und 24; *Magis* (1965), S. 9f; *Demandt* (1972/1980), S. 268 und 282; *Demandt* (1969), S. 177 und 182; *Jähns* (1885), S. 285.

welche Ausrüstungsgegenstände die Soldaten mit sich führen mussten.[280] Gemäß Artikel IV gehörten auch Feldstücke (Kanonen) zur Ausrüstung des Corps.

Die persönliche Ausrüstung, die nicht Eigentum der Soldaten war, wie zum Beispiel der Uniformrock und die persönliche Bewaffnung sowie das Großgerät waren aus der hessischen Kriegskasse bezahlt worden und Eigentum des Landesherrn.[281] Somit stellte der Landgraf von Hessen-Kassel dem König von Großbritannien neben dem Personal auch noch dessen Ausrüstung zur Verfügung.

Mit anderen Worten: Der Landgraf von Hessen-Kassel vermietet dem König von Großbritannien einen Teil seiner Kriegsmaschinerie und überlässt ihm das dazugehörige Bedienungspersonal. Wenn man berücksichtigt, dass man auch heute die Überlassung von Maschinen mit Bedienungs- oder Wartungspersonal insgesamt als „Vermietung“[282] bezeichnet oder bei Dienstverschaffungsverträgen auch von „Personal-Leasing“[283] spricht, ist der Begriff „Truppenvermietung“ auch aus der innenrechtlichen Sichtweise eine treffende Definition des Vertragscharakters.

1.2.6 Abgrenzung zum „Truppenverkauf“

Wenn es in Bezug auf die Heeresaufbringung eine Art Handel gegeben hat, dann war es der „Verkauf von Truppen“. Um ihre Armeen nicht nur kurzfristig für einen Krieg, sondern langfristig zu vergrößern, „kauften“ Landesherren Truppen, die andere Landesherren aufgestellt hatten.[284]

Eine langfristige und deutliche Vergrößerung der Armee findet man insbesondere in Preußen: Das preußische Heer zählte bei Regierungsantritt von König Friedrich Wilhelm I. 40.000 Mann; beim Tod seines Sohnes König Friedrich II. hatte es eine Ist-Stärke von 194.000 Soldaten.[285] Dies erreichten die beiden unter anderem dadurch, dass sie alle angebotenen Truppen „aufkauften“.[286]

---

280 *Canstein, v.* (1989), S. 80.

281 *Canstein, v.* (1989), S. 81.

282 *Müller-Glöge*, in: *Säcker/Rixecker* (2009), BGB, §611 Rn. 38.

283 *Müller-Glöge*, in: *Säcker/Rixecker* (2009), BGB, §611 Rn. 35.

284 *Redlich* (1965), S. 91; *Canstein, v.* (1989), S. 75; *Papke* (1983), S. 199; *Braubach* (1923), S. 22.

285 *Duchhardt* (1997), S. 44.

286 *Redlich* (1965), S. 92.

Bekannt geworden ist besonders folgender Fall: Als August der Starke 1717 in der anbrechenden Friedenszeit keine vernünftige Verwendung für seine Truppen sah, tauschte er ein Dragoner-Regiment von 600 Mann bei Friedrich Wilhelm I. gegen die Porzellansammlung aus preußischen Schlössern ein.[287]

König Friedrich II. von Preußen interessierte sich auch für Truppen des Landgrafen von Hessen-Kassel. In einem Vertrag zwischen dem Königreich Preußen und der Landgrafschaft Hessen-Kassel vom 23. März 1743[288] heißt es:

> Dahingegen versprechen Ihro Königliche Majestät von Schweden, als Landgraff von Hessen-Cassell,[289] sobald Sie und Ihr Fürstliches Hauß, in dem Besitz und würklichen Genuß der Chur - Würde seyn, an Ihro Königliche Majestät in Preußen ein Bataillon von 800 Köpfen, nebst den Ober- und Unter-Offizieren, und was sonst, außer Gewehr und Mondur dazu gehöret, vor alle zeit als eigen zu überlaßen. Seine Königliche Majestät in Preußen aber wollen die Mondur und das Gewehr dazu Selbst fourniren.[290]

Zur Umsetzung dieser Vereinbarung ist es aber nie gekommen.[291]

1.2.6.1 Außenverhältnis

Bei diesen Truppenverkäufen wurden die Truppen dem begünstigten Staat nicht nur zeitweise zur Verfügung gestellt – wie es bei der Truppenvermietung der Fall war – sondern sie wurden vollständig in das Heer des Landesherrn, der sie „kaufte", integriert.[292]

Dazu übertrug der Landesherr, der die Truppen ursprünglich aufgestellt hatte, nicht nur die Kommandogewalt, sondern auch die Organisationsgewalt, die Gerichts- und die Gesetzgebungshoheit über den

---

287 *Papke* (1983), S. 199. In der „Geschichte der Preußischen Armee" werden viele weitere „Übernahmen" von Truppen fremder Landesherrn durch den König von Preußen aufgezählt: *Jany* (1967), S. 24f und 79f. Siehe auch *Losch* (1933), S. 22.

288 Abgedruckt bei *Hartwig* (1870), S. 225-237.

289 Zu dieser Zeit bestand eine Personalunion. König Friedrich I. von Schweden überließ die hessische Politik aber fast völlig seinem Bruder, dem späteren Landgrafen Wilhelm VIII.

290 Zweiter geheimer Zusatzartikel des Vertrages vom 23. März 1743, *Hartwig* (1870), S. 235.

291 *Losch* (1933), S. 21.

292 *Redlich* (1965), S. 91.

Verband auf den „Käufer".[293] Beim Landesherrn, der die Truppen ursprünglich aufgestellt hatte, verblieben keine Kompetenzen.

Die Truppen wurden damit nicht nur aus seinem Kontrollbereich, sondern aus seinem gesamten Hoheitsbereich herausgenommen. Dadurch trat die Truppe nicht nur außenrechtlich – wie bei der Truppenvermietung – als Organ des „Käufers" auf. Der „Käufer" wurde Inhaber des Regiments im Sinne der legislativen, exekutiven und judikativen Gewalt über den Verband und damit des Verbandes selbst. Mit dem Wechsel des Regimentsinhabers wechselte die Truppe auch ihre Identität.

Durch den Tausch der Hoheitszeichen auf den Uniformen und Flaggen wurde dieser Identitäts- und Inhaberwechsel nach außen hin deutlich gemacht.

1.2.6.2 Innenverhältnis

Auch diese Truppenverkäufe waren auf das Innenrecht bezogen keine „Soldatenverkäufe".

Die Soldaten hatten sich – freiwillig oder unfreiwillig – in den Capitulationen zum Eintritt in das Regiment des ursprünglichen Inhabers verpflichtet. Sie waren damit in ein öffentlich-rechtliches Dienstverhältnis getreten und hatten sich der Personalhoheit des ursprünglichen Regimentsinhabers unterworfen, der damit ihr Dienstherr wurde.[294]

Mit der Übernahme sämtlicher hoheitlicher Befugnisse über den Verband hatte der neue Regimentsinhaber nicht nur das Weisungsrecht gegenüber den Soldaten inne, sondern wurde Träger der gesamten Personalhoheit. Er trat in die Rechte und Pflichten aus dem öffentlich-rechtlichen Dienstverhältnis ein. Beförderungen und Stellenbesetzungen erfolgten nun im Namen des neuen Regimentsinhabers.[295] Er übte die Disziplinar- und Strafgewalt aus und bezahlte den Sold. Der neue Regimentsinhaber wurde folglich der neue Dienstherr der Soldaten.

Sowohl bei der Truppenvermietung als auch beim Truppenverkauf wurden die Soldaten außenrechtlich zu Organwaltern eines anderen Staates.

Innenrechtlich blieben sie bei der Truppenvermietung aber Dienstverpflichtete des „Vermieters", während sie beim Truppenverkauf den Dienstherrn wechselten und Dienstverpflichtete des „Käufers" wur-

293 *Papke* (1983), S. 199.

294 Siehe Seite 43f.

295 *Papke* (1983), S. 199.

den. Während die Truppenvermietung nur das amtliche Verhältnis betraf, berührte der Truppenverkauf auch das persönliche Verhältnis.

Für die Soldaten bedeutete ein Truppenverkauf, dass sie in den Dienst eines neuen Dienstherrn übertraten.[296] In einigen dieser Fälle soll es den Soldaten freigestellt worden sein, beim Wechsel des Dienstherrn den Dienst zu kündigen.[297] Nur ein geringer Prozentsatz der Soldaten machte davon Gebrauch, denn in der Regel verbesserte sich die Situation aller Dienstgrade und ihr Arbeitsplatz war gesichert.[298]

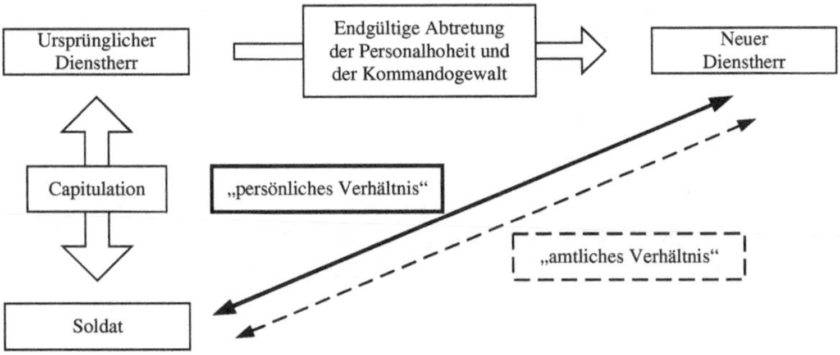

Skizze 2: Truppenverkauf

Wenn also etwas veräußert wurde, waren es die hoheitlichen Befugnisse über einen Verband und nicht die Soldaten als Rechtsobjekte.

1.2.6.3 Abgrenzung

Auf Grund des hier untersuchten Vertrages übertrug der Landgraf von Hessen-Kassel die Kommandogewalt über ein bestimmtes Kontingent seiner Truppen auf den König von Großbritannien.[299] Die anderen hoheitlichen Befugnisse über den Verband blieben aber beim Landgrafen von Hessen-Kassel.[300] In Artikel VI des Vertrages vom 15. Januar 1776 findet man zwar die Formulierung, dass die Truppe in „Großbritannischem Solde" stehe; Artikel VII stellt dies jedoch klar: Groß-

296 Dieser Rechtsgedanke findet sich heute in § 128 Beamtenrechtsrahmengesetz.

297 *Papke* (1983), S. 199.

298 Ebenda.

299 Siehe Seite 56ff.

300 Siehe Seite 62f.

britannien bezahlte einen Betrag, der dem Sold für ein entsprechend großes britisches Corps entsprach, an die Kriegskasse des Landgrafen von Hessen-Kassel. Aus dieser wurden die Soldaten dann besoldet.[301]

Der Landgraf von Hessen-Kassel blieb der Inhaber der Personalhoheit über die Soldaten dieser Truppen und damit ihr Dienstherr. Ein Dienstherrenwechsel fand nicht statt. Die Truppen trugen dementsprechend weiterhin hessische Fahnen, Uniformen und Hoheitsabzeichnen und behielten ihre Identität als „Truppen seiner Durchlaucht des regierenden Landgrafen von Hessen-Cassel"[302]. Sie blieben „hessisch".[303]

Bei dem hier untersuchten Vertrag handelt es sich folglich nicht um einen Truppenverkauf.

1.2.7 Abgrenzung von einem Bündnis im Sinne einer Kriegsgenossenschaft

Bei einem Vertrag, auf Grund dessen die Truppen verschiedener Dienstherren gemeinsam zum Einsatz kamen, könnte es sich auch um ein völkerrechtliches Bündnis handeln. Zudem wird der Vertrag in seiner Präambel mit dem Begriff „Allianz" – einem Synonym für ein Bündnis – bezeichnet.

Präambel

> [...] so haben Seine Majestät, in der Absicht, die Gegenstände dieser Allianz zu bestimmen, für gut befunden, den Herrn William Faucitt, Dero bevollmächtigten Minister und Obersten in Dero Diensten nach Cassel zu senden, und Seine Durchlaucht haben an Dero Seite, in dieser Absicht, den Freiherrn Herrn Martin Ernst von Schlieffen, Dero Staatsminister, Generallieutennant und Ritter Dero Ordens, ernannt, [...]

1.2.7.1 Weiter Bündnisbegriff

Heute ist der Bündnisbegriff weit gefasst und definiert ein Bündnis als einen völkerrechtlichen, zeitlich begrenzten oder unbegrenzten, kündbaren, organisierten oder nicht organisierten Zusammenschluss zweier oder mehrerer Staaten zur Erreichung eines bestimmten Ziels.[304] Diese weite Definition, die verschiedene Arten von Interessengemeinschaften

301 *Kapp* (1874), S. 57.

302 Ausdrücklich in der Präambel des Vertrages. Siehe Seite 236.

303 Ausdrücklich in Artikel III und Artikel XII des Vertrages. Siehe Seite 237 und Seite 239.

304 *Woyke*, in: ders. (2000), S. 278; *Ruge* (1971), S. 15ff.

umfasst, beschreibt aber keinen speziellen Typ eines völkerrechtlichen Vertrages mit konkreten Rechten und Pflichten.

1.2.7.2 Kriegsgenossenschaft

Die Art von Bündnissen, die man in der Geschichte und gerade in der Zeit des Absolutismus – als die internationalen Beziehungen vorrangig auf der Ebene Krieg und Friedensschluss angesiedelt waren – am häufigsten findet, sind diejenigen, in denen sich zwei oder mehr Staaten verbünden, um mit ihren militärischen Kräften ein räumlich und zeitlich begrenztes Ziel zu erreichen.[305]

Diese ursprünglichen – auf gegenseitige Verteidigung oder gemeinsamen Angriff gerichteten – Bündnisse sind dadurch gekennzeichnet, dass sie wenig und lediglich auf militärischem und nicht auf politischem Gebiet organisiert waren.[306] „Für die Fortbildung und Durchführung der in ihnen ausgedrückten Rechtsordnung sahen sie keine besonderen politischen Organe – das heißt keine hinsichtlich der Organträger von den Organen der verbundenen Staaten verschiedene Organe – vor" und entfalteten folglich auch keine Rechtspersönlichkeit.[307]

In der Zeit des hier untersuchten Vertragsschlusses definierte man dementsprechend nur solche völkerrechtlichen Verträge als „vollständiges Bündnis", in denen sich unabhängige Staaten zum gemeinsamen militärischen Handeln gegen andere Staaten verpflichteten, weshalb man Bündnisse auch als „Kriegsgenossenschaften" bezeichnete.[308]

Ein Bündnis im Sinne einer Kriegsgenossenschaft ist ein spezieller Typ eines völkerrechtlichen Vertrages, der die verbündeten Staaten konkret dazu verpflichtet, mit ihren militärischen Organen tätig zu werden und Staatsgewalt auszuüben.[309] Die Kriegsgenossenschaft verpflichtet nicht zur Übertragung hoheitlicher Befugnisse – weder auf eine zwischenstaatliche Organisation noch auf einen anderen Staat.

---

305 *Ruge* (1971), S. 33.

306 *Dischler*, in: *Strupp/Schlochauer* (1960), S. 259; *Ruge* (1971), S. 33.

307 *Kunz* (1929), S. 354f.

308 *Vattel* (1758/1959), Buch III § 80. Dieser ursprüngliche Bündnisbegriff findet sich noch bei *Dischler*, in: *Strupp/Schlochauer* (1960), S. 259: „Bündnisse (Allianzen) sind Verträge zwischen zwei oder mehr unabhängigen Staaten, die auf gegenseitige Verteidigung bei einem Angriff oder auf die Vornahme eines gemeinsamen Angriffs oder auf beide Zwecke gerichtet sind."

309 *Wengler* (1964), S. 1149.

Jeder Kriegsgenosse behält die volle Souveränität.[310] Somit trägt jeder Kriegsgenosse die völkerrechtliche Verantwortung für das Handeln seiner Organe, ist Partei von Verträgen, die das Organverhalten betreffen und Kriegs- beziehungsweise Konfliktpartei beim militärischen Einsatz der Organe.[311]

„Wo kein Zweifel ist, daß einige oder mehrere Souverainen würkliche und wahre Alliirte seyen; da ist die natürliche Folge davon, daß einer wie der andere ein würklicher und wahrer Feind desjenigen seye, gegen welchen der Krieg geführet wird."[312]

1.2.7.3 Begründet die Indienstnahme hessischer Truppen eine Kriegsgenossenschaft?

1.2.7.3.1 Hessen-Kassel wird keine Konfliktpartei

Der Landgraf von Hessen-Kassel blieb zwar der Dienstherr der Soldaten, die gegen die Aufständischen vorgingen,[313] übertrug für die Indienstnahme aber die Kommandogewalt über die besagten Truppen auf den König von Großbritannien.[314] Die Truppen behielten dadurch ihre hessische Identität,[315] wurden aber aus dem Organisationsverband von Hessen-Kassel ausgegliedert und zu Organen des Königreichs Großbritannien.[316] Die Landgrafschaft Hessen-Kassel trug keine völkerrechtliche Verantwortung für das Handeln der Truppen und war weder Konfliktpartei noch am Waffenstillstandsabkommen oder am Friedensvertrag beteiligt.[317]

1.2.7.3.2 Hilfeleistender Teil

Dementsprechend trat die Landgrafschaft Hessen-Kassel als Entsendestaat völkerrechtlich nicht als Kriegsgenosse von Großbritannien, sondern als das in Erscheinung, was die zeitgenössische Völkerrechtslehre als „Hilfsmacht" oder „hilfeleistenden Teil" bezeichnete.

---

310 *Ruge* (1971), S. 33.

311 *Vattel* (1758/1959), Buch III § 80.

312 *Moser* (1780), 19. Buch, 1. Kapitel § 6, S. 4.

313 Siehe Seite 62ff und 74.

314 Siehe Seite 56ff.

315 Siehe Seite 64.

316 Siehe Seite 66.

317 Siehe Seite 68f.

„Eine Hülffs-Macht ist diejenige, welche zwar ihrem Bundes-Verwandten Hülffe zuschickt, übrigens aber an dem Krieg selbst keinen Antheil nimmt.“[318]

„Ein bloß hülfleistender Theil ist kein Feind des kriegführenden Theils, gegen welchen er Hülfe leistet. Der hülfsleistende Theil, nebst dessen Landen und Leuten, werden also nicht nur nicht feindlich behandelt; sondern es verbleiben auch die Tractaten unter dem hülfsleistenden Theil und dem Staat, gegen welchen die Hülfe geleistet wird, bey Kräften; aller Staatsumgang endlich, nebst dem gemeinen Handel und Wandel, bleiben in dem Stand, wie zuvor.“[319]

„Ein hülfleistender Theil hat hingegen auch keinen Antheil an denen Eroberungen oder anderen Kriegsvortheilen des kriegführenden Theils [dem Hilfe geleistet wird; d. V.]; außer, wenn es anderst verglichen wäre.“[320]

Das gemeinsame Vorgehen von – ihrer Identität nach – hessischen Truppen und – ihrer Identität nach – britischen Truppen war aus völkerrechtlicher Sicht kein gemeinsames Handeln der Völkerrechtssubjekte Großbritannien und Hessen-Kassel. Die in britischen Dienst genommenen hessischen Truppen traten in Nordamerika als „Hilfstruppe“[321] von Großbritannien in Erscheinung und nicht als Organ eines Kriegsgenossen. Völkerrechtlich gesehen handelten nur Organe des Organisationsverbandes von Großbritannien und damit handelte Großbritannien als Völkerrechtssubjekt allein.

Die Indienstnahme hessischer Truppen durch Großbritannien begründet folglich keine Kriegsgenossenschaft zwischen Hessen-Kassel und Großbritannien.

1.2.7.4 Separate Bündnisverpflichtungen

1.2.7.4.1 Kriegsgenossenschaft zwischen Hessen-Kassel und Großbritannien

Der Vertrag enthält aber auch Normen, in denen sich die Landgrafschaft Hessen-Kassel nicht nur zur Übertragung, sondern auch zur Ausübung hoheitlicher Gewalt verpflichtet. Hessen-Kassel und Groß-

318 *Moser* (1752), 3. Buch, 3. Kapitel § 1, S. 215.

319 *Moser* (1780), 19. Buch, 5. Kapitel §§ 1 und 2, S. 144.

320 *Moser* (1780), 19. Buch, 4. Kapitel § 27, S. 139.

321 Siehe Seite 69.

britannien verpflichten sich in Artikel X des Vertrages für den Fall, dass der andere angegriffen wird, Beistand zu leisten.

> Zehnter Artikel
>
> Im Fall daß der Durchlauchtigste Landgraf in dem Besitz seiner Staaten angegriffen oder beunruhigt werden sollte, versprechen Seine Großbritannische Majestät, und machen sich anheischig, demselben allen Beistand zu leisten, welchen zu geben in Ihrer Macht ist. Dieser Beistand soll so lange fortgesetzt werden, bis Seine Durchlaucht eine völlige Sicherheit und billige Genugttuung erlangt haben. Der Durchlauchtigste Landgraf verspricht gleichergestalt an Seiner Seite, daß im Falle da Seine Majestät der König von Großbritannien in Dero Königreichen, Gebieten, Ländern, Provinzen oder Städten angegriffen und beunruhigt würden, denselben alle Hilfe zu leisten, welche zu geben in Ihrer Macht ist. Dieser Beistand soll gleichfalls so lange gegeben werden, bis Seine Majestät einen guten und vortheilhaften Frieden erlangt haben.

Der Bündnisfall – der Fall, ab dessen Eintritt Beistand geleistet werden muss – wird in Artikel XI nochmals explizit beschrieben.

> Elfter Artikel
>
> In der Rücksicht, diese Allianz und Vereinigung vollkommener zu machen und unter den Partheien keinen Zweifel in der Absicht der Gewißheit des Beistandes, welchen sie kraft dieses Tractats zu gewarten haben, zu lassen, so ist man ausdrücklich übereingekommen, daß um künftig beurtheilen zu können, ob der Fall, in welchem diese Allianz und der stipulierte Beistand eintreten müsse, da sei oder nicht, so es hinlänglich sein soll, daß eine von den beiden Partheien wirklich von feindlichen Waffen angegriffen worden, ohne zuerst offenbare Gewalt gegen denjenigen, der ihn angreift, gebraucht zu haben.

Hessen-Kassel und Großbritannien verbünden sich folglich, um mit gemeinsamem Handeln ihrer militärischen Kräfte ein räumlich und zeitlich begrenztes Ziel zu erreichen. Artikel X und Artikel XI des Vertrages begründen eine Kriegsgenossenschaft.

Diese Kriegsgenossenschaft zwischen Großbritannien und Hessen-Kassel muss getrennt von der Indienstnahme hessischer Truppen durch Großbritannien betrachtet werden. Sie war nicht die Grundlage für den hier untersuchten Einsatz hessischer Truppen. Die hessischen Truppen kämpften im Amerikanischen Unabhängigkeitskrieg nicht als Organ von Hessen-Kassel in Erfüllung einer Beistandspflicht gegenüber Großbritannien. Der Einsatz hessischer Truppen beruhte auf der Indienstnahme durch den König von Großbritannien.

1.2.7.4.2 Historischer Hintergrund

Die Bündnisverpflichtungen der Artikel X und XI des Vertrages dienten dazu, die Bedrohungen auszubalancieren, die aus der Truppenvermietung resultieren konnten. Hessen-Kassel hatte mit der Vermietung von Truppen auch schon schlechte Erfahrungen gemacht:

Als sich seit 1754 der englisch-französische Konflikt in Nordamerika zuspitzte und sich der Siebenjährige Krieg abzeichnete, schlossen Hessen-Kassel und Großbritannien am 18. Juni 1755 einen Truppenvermietungsvertrag[322]. Die hessischen Truppen wurden im Rahmen der sogenannten Observationsarmee eingesetzt, die unter britischer Führung das Kurfürstentum Hannover vor dem Einfall französischer Truppen schützen sollte, da König Georg II. von Großbritannien in Personalunion auch Kurfürst von Hannover war.[323]

Die Landgrafschaft Hessen-Kassel als Entsendestaat war von der völkerrechtlichen Verantwortung für das hessische Kontingent der Observationsarmee entbunden und folglich keine Kriegspartei.[324] Trotzdem besetzten französische Truppen das Land und plünderten es aus. Der Landgraf war gezwungen, sein Land zu verlassen. Daraufhin bemühte er sich darum, dass Hessen-Kassel Kriegsgenosse und gleichberechtigter Partner Großbritanniens und damit Partei des Siebenjährigen Krieges wurde.[325] Es kam aber lediglich zu einer Verlängerung des Truppenvermietungsvertrages.[326] Artikel III des Verlängerungsvertrages vom 17. Januar 1759 enthält allerdings folgende Vereinbarung:

> Da nun zwei Jahre verflossen, als der Krieg unglücklicherweise in Deutschland ausgebrochen, und zu Trotz des Traktats der zwischen Ihro Majestät und Seiner Hochfürstlichen Durchlaucht getroffen worden, Dero Lande durch die Krone Frankreich und Dero Alliierte angefallen und eingenommen worden, als verspricht und verbindet sich Ihro Majestät der König von Großbritannien, die Waffen nicht ehender niederzulegen, bis Seine Hochfürstliche Durchlaucht wieder in Dero Staaten und Besitzungen vollkommen hergestellt seien werden.[327]

---

322 Siehe Seite 176.

323 Siehe Seite 177.

324 *Duchhardt* (1997), S. 215; *Hollenberg* (1984), S. 106.

325 *Demandt* (1972/1980), S. 278.

326 Abgedruckt bei *Moser* (1780), 19. Buch, 4. Kapitel § 14b, S. 121-124. Siehe auch Seite 178.

327 Artikel III des Vertrages vom 17. Januar 1759, *Moser* (1780), 19. Buch, 4. Kapitel § 14b, S. 123.

Vor diesem Hintergrund sind die Beistandsverpflichtungen des Vertrages vom 15. Januar 1776 zu sehen.

Im Jahr 1776 stellte Hessen-Kassel wieder Truppen in den Dienst von Großbritannien und es bestand wieder die Möglichkeit, dass Frankreich sich in den Konflikt einschaltete. Tatsächlich schloss Frankreich 1778 eine Kriegsgenossenschaft mit den amerikanischen Staaten. Folglich bestand erneut die Gefahr, dass Hessen-Kassel, obwohl es keine Kriegspartei war, wieder von Frankreich mit Krieg überzogen wurde.[328]

Diese Gefahr verwirklichte sich aber nicht. 1780 besuchte der Landgraf von Hessen-Kassel ohne Probleme Frankreich.[329] Der Bündnisfall trat nicht ein.

Der Vertrag vom 15. Januar 1776 ist damit auch ein Bündnisvertrag im Sinne einer Kriegsgenossenschaft.[330] Die Bündnisverpflichtungen stehen aber im Hintergrund. Sie dienten lediglich dazu, die im Vordergrund stehende Indienstnahme hessischer Truppen durch Großbritannien politisch abzusichern.

1.2.8 Der Vertrag unter dem Gesichtspunkt der Gegenleistungspflichten

1.2.8.1 Begriff „Subsidienvertrag"

In der Literatur werden die Verträge, in denen ein Landesherr einem anderen seine Truppen gegen Geld zur Verfügung stellt, – auch parallel zu den Begriffen „Truppenvermietung" oder „Soldatenhandel" – als „Subsidienverträge" bezeichnet.[331]

Eine Subsidie war eine pauschale Geldsumme, zu deren Zahlung sich viele „Mieter" von Truppen verpflichteten und damit eine der vertraglichen Gegenleistungspflichten in vielen Truppenvermietungsverträgen. Auch im Vertrag vom 15. Januar 1776 wurde die Zahlung einer Subsidie vereinbart:

---

328 *Eelking* (1863/1976), S. 11.

329 *Atwood* (1980), S. 31.

330 *Auerbach* (1996), S. 29; *Lowell* (1884/1901), S. 16; *N.* (1884), S. 346; *Kapp* (1874), S. 54; *Eelking* (1863/1976), S. 11. Die drei Letzten sprechen von einem „Schutz- und Trutzbündnis".

331 *Papke* (1983), S. 193; *Losch* (1933), S. 7 und 15; *Preser* (1900), S. 13ff; *Eelking* (1863/1976), S. 1; *Brauer* (1962), S. 9; *Canstein, v.* (1989), S. 3; *Kügler* (1980), S. 108; *Jähns* (1885), S. 285; *Steiger* (2000), S. 128; *Aretin, v.* (1993), S. 36; *Davenport/Paullin* (1937), S. 118 („ treaty of subsidy").

Sechster Artikel

In allen vorigen Tractaten ist eine gewisse Zeit, welche dieselben dauern sollten, bestimmt worden. Aber in dem gegenwärtigen haben Seine Großbritannische Majestät lieber gewollt, sich auf keine längere Zeit verbindlich zu machen, als Dieselbe diese Truppen brauchten. Anstatt desselben willigen Sie ein, daß die Subsidie von dem Tag dieser Unterzeichnung an bis zum Auslauf des Tractats doppelt sein soll, das heißt, daß sie für dieses Corps von 12.000 Mann jährlich auf die Summe von 450.000 Thaler Banco, den Thaler gerechnet zu 35 Sols Holländisch, oder zu vier Schilling, 9 Pence, 3 Farthings Englisch steigen, und die Subsidie auf diesen Fuß die ganze Zeit hindurch fortdauern soll, in welcher dieses Corps Truppen im Großbritannischen Solde bleibt.

1.2.8.1.1 Historische Definitionen

Das Wort „Subsidie" stammt von dem lateinischen Begriff „subsidia", welcher einerseits das dritte Treffen der altrömischen Schlachtreihe, das erst im Notfall in den Kampf eingriff, bezeichnete, andererseits aber auch die Bedeutung von allgemeiner Hilfe beziehungsweise Unterstützung hatte.

Emer de Vattel, ein Völkerrechtsgelehrter des 18. Jahrhunderts, beschreibt eine Subsidie als „eine Geldsumme, die ein Souverän einem anderen alljährlich zahlt als Entgelt für ein ihm zur Kriegführung überlassenes oder bereitgestelltes Truppenkontingent. Verträge, in denen man sich solch eine Hilfsquelle sichert, heißen Subsidienverträge."[332] Für Vattel ist das aber nicht die einzige Bedeutung dieses Begriffs: Er spricht auch von einer Subsidie, wenn „die Hilfe einer am Krieg nicht unmittelbar beteiligten Macht in Geldleistungen besteht."[333]

Auch der in derselben Epoche wirkende Völkerrechtsgelehrte Christian Wolff versteht unter Subsidien einerseits Gelder, die ein Staat, der keinen Krieg führt, einem kriegführenden Staat zur Bestreitung der Kriegskosten überlässt und andererseits solche Gelder, die ein kriegführender Staat für das Zurverfügungstellen von Truppen an den Entsendestaat zahlt.[334]

---

332 *Vattel* (1758/1959), Buch III § 82.

333 Ebenda.

334 „Subsidia hodie dicuntur pecuniae quae genti bellum gerenti solvuntur a gente alia, cuius bellum non est, ut illa sumtum in rem militarem facere possit. Idiomate patrio dicuntur Subsidien-Gelder, item simpliciter Subsidien. Veniunt tamen etiam apud nos hoc nomine pecuniae, quae a gente bellum

Für Johann Jacob Moser liegt ein Subsidienvertrag vor, „wenn ein Souverain einem anderen ganz oder halb souverainen Herrn eine gewisse Summe Geldes in der Absicht auf das Militaire und [oder; d. V.] gewisse Gegenbedingungen verspricht."[335]

Er führt aus, dass „die Bedingungen bey dergleichen Tractaten gar sehr verschiden seyn können:

Meistens gibt der eine Herr Geld, daß der andere eine gewisse Anzahl Mannschafft zu seinen Diensten parat halten – und, auf Verlangen, ihme, oder einem seiner Alliirten, würkliche Dienste leisten lassen solle.

Zuweilen begehret auch der, so das Geld gibt, nicht, daß die Mannschafft ihme, Dienste leisten solle; sondern er will nur den, der das Geld erhält, dadurch in den Stand setzen, seine eigene Mannschafft davon erhalten oder vermehren; mithin einem gemeinsamen Feind den nöthigen oder desto stärkeren Widerstand leisten zu können.

Ja ein Hof gibt zuweilen dem anderen bloß darum Subsidien, damit er stille sitze, und dem Gegentheil keine Völker überlasse, oder gar sich völlig auf seine Seite schlage."[336]

Bereits früher und an anderer Stelle nennt Johann Jacob Moser diese drei Motive als hauptsächlichen Grund für die Zahlung von Subsidien:

„ (1.) Entweder nemlich geschiehet es, damit der Souverain, so solche bekommt, dadurch in den Stand gesetzet werden möge, seine auf den Beinen habende Macht zu vermehren oder auch nur zu erhalten.

(2.) Oder es geschiehet, damit ein solcher Souverain demjenigen, der die Subsidien bezahlt, auf dessen Begehren eine gewisse Anzahl Mannschafft, oder Schiffe etc. abfolgen lasse, um sich deren entweder nach Gefallen oder bey und nach gewissen Umständen bedienen zu können.

(3.) Oder es werden endlich auch wohl einem Souverain bloß zu dem Ende Subsidien gegeben, damit er sich in keine Bündnisse mit der Gegenparthie einlassen oder an gewissen, bereits entstandenen oder

---

gerente solvuntur alteri pro auxiliis. Posses quoque appellare Pecunias Subsidiarias": *Wolff, v.* (1749), § 654. In Wolffs in deutscher Sprache verfasstem Werk ist nur die erste Bedeutung angegeben: *Wolff, v.* (1754), § 1179.

335 *Moser* (1779), 15. Buch, 2. Kapitel § 15, S. 62.

336 *Moser* (1779), 15. Buch, 2. Kapitel § 15, S. 63.

noch entstehenden Streitigkeiten einen oder keinen Anteil nehmen möge."[337]

1.2.8.1.2 Subsidienpolitik im Zeitalter des Absolutismus

Im Zeitalter des Absolutismus stellten in erster Linie die Kolonialmächte Großbritannien und Frankreich Subsidien zur Verfügung.[338] Subsidienzahler in bedeutend kleinerem Rahmen waren die Niederlande, Spanien und die Habsburger Kaiser.

Frankreich nutzte Subsidienzahlungen vor allem dafür, um sich eine politische und militärische Klientel in Europa und im Reich aufzubauen. Bereits in Friedenszeiten wurden von Frankreich – das wie keine andere Macht Außenpolitik „ins Reich hinein" betrieb, um eine Schwächung der Habsburger Kaiser zu erreichen – Subsidien in Form von Jahresgeldern an deutsche Landesherren gezahlt, um diese politisch festzulegen.[339] Dadurch gelang es Frankreich in der Zeit zwischen dem Westfälischen Frieden und dem 2. Französischen Raubkrieg (1672-1678)[340], eine beachtliche Anzahl Reichsfürsten an sich zu binden.[341]

Unter dem Eindruck der Annexionspolitik Ludwigs XIV. orientierte sich die Masse der Reichsstände wieder am Kaiser. Trotzdem hatte Frankreich auch weiterhin „politische Brückenköpfe" im Reich, die Subsidien erhielten, bis sich Frankreich 1756 endgültig aus der Reichspolitik zurückzog.[342]

Die finanzielle Einflussnahme von Mächten außerhalb des Reiches auf deutsche Fürsten war keine neue Erscheinung des Absolutismus:

Bereits vor dem Westfälischen Frieden verpflichteten sich deutsche Fürsten gegenüber auswärtigen Mächten in Form von lehensrechtlichen Verträgen zu politischem Wohlverhalten und erhielten dafür so genannte „Pensionen".[343] Bekannt sind vor allem die Pensionen, die Frankreich während des 15. und 16. Jahrhunderts an Personen und Gremien in der Schweiz zahlte, damit diese den Reislauf zu den Fah-

---

337 *Moser* (1750), 11. Buch, 2. Kapitel §§ 7-9, S. 536.

338 *Duchhardt* (1997), S. 45.

339 *Duchhardt* (1990), S. 32.

340 Dieser Krieg wird auch als Holländischer Krieg bezeichnet. Siehe dazu Seite 149.

341 *Duchhardt* (1990), S. 32.

342 *Duchhardt* (1990), S. 31f.

343 *Redlich* (1965), S. 89; *Braubach* (1923), S. 6f.

nen des Zahlers unterstützten und den zu anderen Fahnen unterbanden.[344]

Während die Pensionäre noch persönliche politische Dienste schuldeten, verpflichteten die Subsidien ihre Empfänger dagegen in ihrer Funktion als Landesherr. Folglich wurden Subsidien nicht nur für politisches Wohlverhalten bei reichsinternen Angelegenheiten gezahlt, sondern auch für politische und vor allem militärische Unterstützung bei internationalen Konflikten.

So verpflichtete Frankreich bei sich abzeichnenden Konflikten seine – bereits im Frieden politisch gebundenen – Subsidienempfänger als Kriegsgenossen oder zumindest zu wohlwollender Neutralität. Mit zusätzlichen Subsidiengeldern sollten die Empfänger Streitkräfte aufstellen beziehungsweise ihre vorhandenen Streitkräfte vergrößern, um als Neutrale den Durchzug feindlicher Heere verhindern zu können oder als Kriegsgenossen zu gemeinsamer Kriegführung befähigt zu sein.

Bezeichnend dafür ist Frankreichs diplomatische Vorbereitung des Spanischen Erbfolgekrieges (1701-1714)[345].

Am 9. März 1701 schlossen das Königreich Frankreich und das Kurfürstentum Bayern einen Vertrag, in dem sich der Kurfürst Max II. Emanuel verpflichtete, sich im Fall eines Krieges um das spanische Erbe mit allen Kräften für Philipp von Anjou einzusetzen und dafür ein Heer von 10.000 Mann aufzustellen. Im Gegenzug dazu erhielt er von Ludwig XIV. eine monatliche Subsidie von 40.000 Talern.[346]

Bereits am 13. Februar 1701 hatte sich der jüngere Bruder von Max II. Emanuel, der Kurfürst und Erzbischof von Köln, Josef Clemens, gegenüber Frankreich dazu verpflichtet, seine Nachbarn, soweit sie Anhänger von Habsburg seien, im Kriegsfall in Schach zu halten. Zu diesem Zweck sollte er ein Heer von 10.000 Mann aufstellen, wofür ihm eine monatliche Subsidie von 25.000 Talern gewährt wurde.[347]

Als Kriegsgenossen Frankreichs agierten beide im Spanischen Erbfolgekrieg in eigener völkerrechtlicher Verantwortung und wurden deshalb am 6. November 1702 durch den Regensburger Reichstag zu Reichsfeinden erklärt.

---

344 *Papke* (1983), S. 194f. Zum „Reislauf" siehe Seite 47.

345 Siehe dazu Seite 155.

346 *Braubach* (1923), S. 46.

347 *Braubach* (1923), S. 51.

Auch die anderen Subsidiengeber erkauften mit solchen Zahlungen militärischen Beistand. Als erster Vertrag dieser Art überhaupt gilt der Vertrag zwischen dem Königreich Großbritannien und dem Bistum Münster vom 13. Juni 1665.[348] Der König von Großbritannien versprach dem Fürstbischof von Münster, Bernhard von Galen, eine Subsidie in Höhe von 500.000 Pfund, damit dieser die Niederlande, mit denen sich Großbritannien seit 1664 im Krieg befand, von Osten her angreife und so eine zweite Front eröffne. Der als „Kanonenbischof" berühmt gewordene Bernhard von Galen griff daraufhin – nicht nur wegen der Subsidie, sondern auch wegen vorausgegangener Konflikte mit den Niederlanden und der Aussicht auf Gebietsgewinne – im eigenen Namen und in eigener Verantwortung die Niederlande an.

Im Allgemeinen waren die kleinen und mittleren deutschen Territorien zu einer selbständigen Kriegführung aber nicht in der Lage.[349] Ihrer Bündnisfähigkeit waren damit enge Grenzen gesetzt.[350] Denjenigen, die kein Interesse an einer innerreichischen Klientel hatten, konnten diese kleinen Völkerrechtssubjekte, die auf der europäischen Bühne kaum Bedeutung hatten, nur eine Sache anbieten – ihre Truppen.

Deshalb verpflichteten vor allem Großbritannien und die Niederlande die kleinen deutschen Territorien nicht als Kriegsgenossen, denen sie mit weiteren finanziellen Hilfen den Truppenunterhalt und die Kriegführung hätten ermöglichen müssen, sondern zahlten Subsidien dafür, dass letztere Truppen für den Subsidiengeber bereithielten und im vereinbarten Fall in seine Dienste stellten. Die Kosten für den Truppenunterhalt übernahmen sie dann selbst.[351]

Da viele Landesherren deutscher Territorien ihre Truppen anboten, gab es dementsprechend viele Verträge, in denen unter anderem die Zahlung einer Subsidie für die Zurverfügungstellung von Truppen versprochen wurde.

Wie aber schon das Beispiel des Vertrages mit dem Bistum Münster aus dem Jahr 1665 zeigt, wurden auch von Großbritannien Subsidien nicht nur dafür ausgegeben, um Landesherren zu Truppenvermietungen zu veranlassen. Auch dieses Königreich zahlte Subsidien zur finanziellen Unterstützung von Kriegsgenossen und außenpolitischen Partnern, die grundsätzlich dazu in der Lage waren, militärische Operationen selbständig durchzuführen. So wurden die Subsidien, die

---

348 Abgedruckt bei *Kohl* (1980), S.455-456.

349 *Papke* (1983), S. 192; *Aretin, v.* (1993), S. 244. Siehe auch Seite 193f.

350 *Aretin, v.* (1993), S. 244.

351 Siehe Seite 95ff.

Großbritannien dem verbündeten Haus Habsburg während des Österreichischen Erbfolgekrieges (1740-1748)[352] zukommen ließ, nicht dafür gezahlt, dass habsburgerische Truppen in den Dienst Großbritanniens traten. Vielmehr sollte Habsburg durch die finanziellen Zuwendungen unter anderem dazu befähigt werden, selbst Truppen anzumieten.[353]

Im Siebenjährigen Krieg (1756-1763) zahlte das Königreich Großbritannien Subsidien an die Landgrafschaft Hessen-Kassel, das Herzogtum Braunschweig und auch an das Königreich Preußen.[354] Während die ersten beiden als Gegenleistung dafür Truppen für die von Großbritannien geführte Observationsarmee stellten, erhielt Preußen die Subsidien, ohne dass dafür auch nur ein Soldat des Preußenkönigs in großbritannische Dienste trat. Preußen sollte die Subsidien zum Unterhalt und zum Ausbau seiner eigenen Streitkräfte nutzen, mit denen es im eigenen Namen und in eigener Verantwortung Krieg gegen Frankreich, Habsburg und Russland führte. [355]

Subsidien waren folglich finanzielle Unterstützungen, die ein Staat einem anderen Staat in der Absicht zukommen ließ, ihn zu einem bestimmten, für den Geldgeber vorteilhaften Handeln oder Unterlassen zu bewegen oder ihm dies zu ermöglichen.[356]

Noch heute ist „Subsidie" das niederländische Wort für eine Subvention beziehungsweise für finanzielle Unterstützung. Das französische Wort dafür ist „subside", das englische „subsidy".

1.2.8.1.3 Ergebnis: Subsidienvertrag als eigenständiger Vertragstyp

Subsidien wurden nicht ausschließlich dafür gezahlt, um den Empfänger zu einer Truppenvermietung zu veranlassen. Ihre Auszahlung bezweckte auch andere Formen militärischen Beistands oder sonstiges politisches Wohlverhalten. Es hing davon ab, welcher Staat mit welcher Intention als Subsidiengeber auftrat und was der Empfänger politisch und militärisch zu bieten hatte.

---

352 Siehe dazu Seite 170.

353 *Brauer* (1962), S. 169f.

354 Siehe dazu Seite 177f.

355 Vertrag vom 11. April 1758. Dieses Abkommen wurde am 7. Dezember 1758, am 9. November 1759 und am 12. Dezember 1760 erneuert. Auf Grund dieser Verträge zahlte Großbritannien während des Siebenjährigen Krieges viermal 670.000 Pfund (= 2.680.000 Pfund) an Preußen: *Zischka* (1940), S. 73.

356 *Magis* (1965), S. 1.

Ihre Auszahlung konnte eine der Gegenleistungen für die Zurverfügungstellung von Truppen sein, musste es aber nicht. Subsidien waren somit nicht nur das Entgelt für eine Truppenvermietung. Nicht jeder Vertrag, in dem sich eine Partei zur Zahlung von Subsidien verpflichtete, war somit auch ein Truppenvermietungsvertrag.

Truppenvermietungsverträge waren damit aber nicht einfach nur Unterfälle von Subsidienverträgen. Es gab auch viele Truppenvermietungsverträge, die keine Vereinbarungen über Subsidienzahlungen enthielten.[357] Somit war auch nicht jeder Vertrag, in dem sich die Parteien über die Zurverfügungstellung von Truppen einigten, ein Subsidienvertrag.

Obwohl in vielen völkerrechtlichen Verträgen, in denen sich eine Partei zur Truppenvermietung verpflichtete, auch die Zahlung von Subsidien durch die andere Partei vereinbart wurde, standen die Zahlung von Subsidien und die Zurverfügungstellung von Truppen nicht immer in einem Synallagma. Subsidienverträge und Truppenvermietungsverträge müssen begrifflich voneinander getrennt werden.[358]

Der untersuchte Vertrag ist aber einer dieser vielen Fälle, in dem die Vertragspartner übereinkamen, dass im Gegenzug zur Indienstnahme von Truppen auch eine Subsidie gezahlt werden sollte. Sie diente als besonderer Anreiz, da der Landgraf von Hessen-Kassel auf Grund seiner finanziellen Situation nicht unbedingt auf die sonstigen materiellen Vergütungen der Truppenvermietung angewiesen war.[359] Durch die Zusicherung zusätzlicher pekuniärer Unterstützung wurde das Wohlwollen des Fürsten erreicht und die Truppenvermietung damit überhaupt erst möglich gemacht.[360]

Folglich kann man in diesem Fall auch von einem Subsidienvertrag sprechen. Die konkretere Verpflichtung ist aber die zur Truppenvermietung und deshalb ist die Charakterisierung des Vertrages als „Truppenvermietungsvertrag" vorzuziehen.

---

357 *Braubach* (1923), S. 10. *Braubach* und *Magis* zählen aber auch solche Verträge zu den Subsidienverträgen, da sie andere Gegenleistungen als „verdeckte" beziehungsweise „indirekte" Subsidien definieren: *Braubach* (1923), S. 11; *Magis* (1965), S. 46.

358 *Hollenberg* (1984), S. 101.

359 *Kapp* (1874), S. 54 und 60.

360 *Canstein, v.* (1989), S. 121.

1.2.8.2 Ausschließliche Gegenleistungen

Es gab aber auch Zahlungen, die ausschließlich als Gegenleistungen für die Zurverfügungstellung von Truppen gezahlt wurden und zu denen sich die begünstigten Staaten in so gut wie jedem Truppenvermietungsvertrag verpflichteten.

1.2.8.2.1 Werbegeld

So ist auch im Vertrag vom 15. Januar 1776 die Zahlung von Subsidien nicht die einzige Gegenleistungspflicht von Großbritannien. Die Gegenleistungspflicht, die im untersuchten Vertrag als erste genannt wird, ist die Verpflichtung zur Zahlung von sogenanntem „Werbegeld".[361]

> Fünfter Artikel
>
> Um die Unkosten gutzuthun, welche der Durchlauchtigste Landgraf aufwenden muß, besagtes Corps von 12.000 Mann zu bewaffnen, und in marschfertigen Stand zu setzen, verspricht Seine Majestät der König von Großbritannien Seiner Durchlaucht für jeden Soldat zu Fuß 30 Thaler Banco Werbegeld, sowohl für die Infanterie als für die Jäger und Artilleristen, wenn von letzteren welche gegeben werden sollten. Die totale Summe davon soll nach der Zahl der Mannschaft, aus der dieses Corps besteht, und so wie dieselben in den vorigen Allianzen gerechnet worden, berichtiget werden.[...]

Dieses Geld wurde somit dafür gezahlt, dass der Landgraf von Hessen-Kassel Soldaten anwarb, ausbildete und ausrüstete beziehungsweise dies bereits getan hatte – oder anders formuliert: Er bekam diese Mittel dafür, dass er Truppen aufstellte oder aufgestellt hatte.

Das Werbegeld war damit das Äquivalent dafür, dass der Mieter eine fertig ausgebildete und ausgerüstete Truppe einsetzen konnte.[362] Er musste nicht selbst mit der Aufstellung von Truppen beginnen und ersparte dementsprechende Aufwendungen bei der eigenen Heeresaufbringung. Folglich stand die Verpflichtung zur Zahlung von Werbegeld immer im Synallagma zu der Verpflichtung, voll ausgebildete und ausgerüstete Truppen zur Verfügung zu stellen. Die zusätzlichen Subsidienzahlungen waren lediglich ein weiterer Anreiz, um einen Landesherrn zu einer Truppenvermietung zu bewegen.[363] Dementspre-

---

361 Andere sprechen von „Aushebungsgeld": *Magis* (1965), S. 33.

362 *Canstein, v.* (1989), S. 97.

363 Siehe Seite 93.

chend lässt sich die Verpflichtung zur Zahlung von Werbegeld auch bei fast allen Truppenvermietungen nachweisen.[364]

Es kam vor, dass eine pauschale Summe als Werbegeld festgesetzt wurde.[365] In den meisten Fällen berechnete sich das Werbegeld aber nach einer Pro-Kopf-Rate, bei der danach differenziert wurde, welcher Waffengattung die Soldaten zuzurechnen waren, da die Ausrüstung eines berittenen Soldaten mehr Aufwand erforderte als die eines Infanteristen.[366] Diese Berechnungsgrundlage liegt auch Artikel V des Vertrages vom 15. Januar 1776 zugrunde.

Nach und nach hatten sich feste Sätze für diese Pro-Kopf-Raten etabliert.[367] Der hier vereinbarte Satz von 30 Talern Banco[368] findet sich bereits in einem Truppenvermietungsvertrag zwischen dem Königreich Großbritannien und der Landgrafschaft Hessen-Kassel vom 18. Juni 1755.[369] Auch in den parallel zum hier untersuchten Vertrag abgeschlossenen Truppenvermietungsverträgen mit dem Herzogtum Braunschweig, dem Fürstentum Waldeck, dem Fürstentum Anhalt-Zerbst, den Markgrafschaften Brandenburg-Ansbach und Brandenburg-Bayreuth und der Grafschaft Hessen-Hanau verpflichtete sich Großbritannien zur Zahlung von 30 Talern Banco Werbegeld pro Soldaten zu Fuß.[370]

Gelang es dem Landesherrn, die Kosten für die Werbung, Ausbildung und Ausrüstung eines Soldaten unter der Werbegeldrate zu halten, deckte das Werbegeld nicht nur die Unkosten – wie im Vertrag vorgesehen –, sondern brachte einen zusätzlichen Gewinn ein.

1.2.8.2.2 Soldzahlungen

Eine weitere Gegenleistungspflicht von Großbritannien ist die Verpflichtung, die Kosten für die Besoldung der hessischen Truppen zu übernehmen.

---

364 *Braubach* (1923), S. 10; *Magis* (1965), S. 33; *Papke* (1983), S. 195, *Redlich* (1965), S. 100.

365 *Braubach* (1923), S. 11; *Magis* (1965), S. 34.

366 *Braubach* (1923), S. 11; *Magis* (1965), S. 33; *Papke* (1983), S. 195.

367 *Braubach* (1923), S. 11; *Magis* (1965), S. 33.

368 Ein Reichstaler (französisch: écus) entsprach einer Krone, weshalb man in der Literatur beide Bezeichnungen vorfindet: *Papke* (1983), S. 230. Banco war eine von der Kurantwährung zu unterscheidende, speziell dem Giroverkehr dienende, stabile Verrechnungswährung: *Magis* (1965), S. 43.

369 Abgedruckt bei *Brunner* (1888), S. 205-213. Siehe dazu Seite 176.

370 Zu den parallel abgeschlossenen Verträgen siehe Seite 181ff.

Indem der Landgraf von Hessen-Kassel die Kommandogewalt über seine Truppen zeitweise auf den König von Großbritannien übertrug, räumte er diesem das dienstherrliche Weisungsrecht gegenüber den Soldaten der hessischen Truppen ein.[371] Dadurch konnte der König von Großbritannien die von den Soldaten zu erbringenden Dienste konkretisieren und wurde damit zum Leistungsadressaten.[372] Durch die Indienstnahme ersparte sich der König von Großbritannien somit nicht nur die Werbung, Ausbildung und Ausrüstung der Soldaten, sondern kam in erster Linie in den Genuss der Dienste der Soldaten des Landgrafen von Hessen-Kassel.

Im Gegenzug übernahm er dafür die Kosten dieser Dienstleistungen. Die Übernahme der Besoldungskosten war damit das Äquivalent dafür, dass die Soldaten ihre Dienste für den König von Großbritannien erbrachten. Derjenige, in dessen Namen die Truppen zum Einsatz kamen – egal ob Dienstherr oder nicht – zahlte auch ihren Unterhalt.

Die Verpflichtung, die Kosten für die Besoldung zu übernehmen, stand folglich ebenfalls immer im Synallagma zur Verpflichtung, Truppen zur Verfügung zu stellen. Sie war der Kern der Gegenleistungen bei Truppenvermietungen und lässt sich bei allen Verträgen dieser Art nachweisen.[373]

Diese Verpflichtung erfüllten die begünstigten Staaten, indem sie die gemieteten Truppen entweder direkt aus den eigenen Kriegskassen besoldeten oder einen entsprechenden Betrag an die Kriegskasse des Truppenvermieters überwiesen.[374] Letztere Verfahrensweise wurde bei dem hier untersuchten Vertrag gewählt:

> Siebter Artikel
>
> Was die Bezahlung und das Tractement sowohl das ordentliche als das außerordentliche besagter Truppen anbetrift, so sollen dieselben in aller Rücksicht, auf den nehmlichen Fuß mit den Britischen Nationaltruppen gesetzt werden und Seinem Majestät Kriegsdepartement soll ohne Aufschub an das Kriegsdepartement Seiner Durchlaucht ein genaues und getreues Verzeichnis von der Bezahlung und dem Tractement, daß die Britischen Truppen genießen, geben. Diese Bezahlung und Tractement soll, in Rücksicht daß seine Durchlaucht dieses Corps

371 Siehe Seite 56ff.

372 Siehe Seite 74.

373 *Braubach* (1923), S. 12; *Magis* (1965), S. 36; *Papke* (1983), S. 195, *Redlich* (1965), S. 100.

374 *Magis* (1965), S. 39.

> nicht ohne außerordentliche Unkosten, in einer so kurzen Zeit in marschfertigen Stand setzen können, für die erste Division vom ersten Februar und für die zwote sieben Tage vorher ehe sie ihren Marsch antritt, anfangen. Es soll dieselbe in die Hessische Kriegskasse, ohne etwas davon zu verkürzen oder abzuziehen, bezahlet werden, damit es nach denen, den Zweck befördernden Absichten ausgetheilet werden könne. Auch soll eine Summe von 20.000 Pfund Sterling sogleich auf die Rechnung besagter Bezahlung voraus bezahlet werden.

Dadurch behielt der Landgraf von Hessen-Kassel formal die versorgungsrechtliche Verantwortung für die hessischen Truppen.[375]

Oft wurde in Truppenvermietungsverträgen vereinbart, dass die Bezahlung der angemieteten Truppen der Besoldung der eigenen Truppen des begünstigten Staates zu entsprechen habe.[376] Diese Vereinbarung findet sich auch in Artikel VII des untersuchten Vertrages. Ziel dieser Regelung war es, dass die Soldaten der gemieteten Truppen den Soldaten der Regimenter des Königs von Großbritannien finanziell gleichgestellt wurden, damit sie sich gegenüber letzteren nicht zurückgesetzt fühlten und denselben Einsatz wie jene erbrachten.[377] Da die hessische Kriegskasse den Sold ausbezahlte, wurde vertraglich festgelegt, dass der Sold ohne Abzüge und in seiner Höhe dem großbritannischen entsprechend an die Soldaten ausgezahlt werden sollte.[378] Ein zusätzlicher Gewinn des Entsendestaats durch den Empfang von Geldern für eine höhere Besoldung bei gleichzeitiger Auszahlung des ursprünglichen, niedrigeren Soldes – wie es bei früheren Truppenvermietungen vorgekommen war[379] – war somit nicht möglich. Friedrich Kapp, für den die hessischen Landgrafen den „Soldatenhandel" nur betrieben, „um ihre Einkünfte zu vergrößern und ihren Luxus zu befriedigen",[380] bringt vor, dass der Landgraf von Hessen-Kassel auch bei den Besoldungskosten einen „unerlaubten Gewinn" machte, indem er

375 Siehe Seite 61f.

376 *Magis* (1965), S. 37.

377 *Canstein, v.* (1989), S. 93.

378 Von diesem höheren Sold profitierten auch die Angehörigen der Soldaten in der Heimat. Schon während der Kriegsjahre schickten die hessischen Soldaten über 600.000 Taler an erspartem Sold an ihre Familien und die Heimkehrer brachten 1783 soviel Geld mit, dass man namentlich in kirchlichen Kreisen fürchtete, der gemeine Mann könne durch diesen Überfluss zu Luxus und leichtsinniger Lebensweise verführt werden: *Wegner* (1999), S. 94; *Auerbach* (1979), S. 323.

379 *Braubach* (1923), S. 12.

380 *Kapp* (1874), S. 18.

mehr Soldaten in Anrechnung bringen ließ, als wirklich in Dienst waren.[381] Ob dies bei der eingehenden Musterung der hessischen Truppen durch den britischen Kommissar überhaupt möglich war, ist fraglich.[382]

1.2.8.2.3 Personal- und Materialersatz

Weiterhin verpflichtete sich Großbritannien, die Ausfälle an Soldaten und Gerät zu ersetzen.

> Achter Artikel
>
> Sollte es sich unglücklicherweise zutragen, daß von besagtem Corps ein Regiment oder Compagnie verloren ginge oder aufgerieben würde, entweder durch Unglücksfälle auf der See oder auf andere Weise, entweder zum Theil oder völlig, oder daß die Feldstücke und andere Geräthschaften mit welchen dasselbe versorget ist, von dem Feinde genommen würden, oder auf dem Meere verlohren gingen, so werden Seine Majestät der König von Großbritannien Sorge tragen, es zu veranstalten, daß die Ausgaben für die nöthigen Recruten sowohl, als auch der Werth besagter Feldstücke und Geräthschaften bezahlet werde, wiewohl mit der Bedingung, daß die Artillerie und besagte Regimenter und Compagnien wieder hergestellt werden. Besagte Recruten sollen auf demselben Fuß mit denjenigen gestellt werden, welche den Hessischen Offiziers kraft des fünften Artikels des Tractats von 1702 geliefert wurden, in der Absicht, daß das Corps alle Zeit erhalten, und in einem ebenso guten Stande als es überliefert worden, zurückgesendet werden möge. Die Recruten, welche alle Jahre nöthig sind, werden den Englischen Commissairs, disciplinirt und völlig ausgerüstet, nach dem Platze ihrer Einschiffung, in den Zeitpunkten, die Seine Großbritannische Majestät bestimmen werden, geliefert werden.

1.2.8.2.3.1 Geldersatz

Ziel der Regelung war es, dass die Truppen während des Einsatzes sowohl personell als auch materiell jederzeit voll einsatzbereit waren und nach dem Einsatz im Dienst des Königs von Großbritannien in dem Zustand, in dem sie ausgezogen waren, zu ihrem Dienstherrn zurückkehrten. Dazu mussten Verwundete und Getötete durch neue Soldaten ersetzt werden.

---

381 *Kapp* (1874), S. 58.

382 *Braubach* (1923), S. 13.

Gemäß dem Vertrag war der König von Großbritannien nicht zur Rekrutierung dieses Personalersatzes oder zur Lieferung von Material verpflichtet, um so eine Naturalrestitution zu erreichen, sondern zur Leistung von Geldersatz, durch den der geschädigte Dienstherr in die Lage versetzt wurde, den Schaden in vollem Umfang auszugleichen. Zu diesem Zweck verpflichtete sich Großbritannien, weitere Werbegelder an den Landgrafen von Hessen-Kassel für die Anwerbung, Ausrüstung und Ausbildung zusätzlicher Soldaten zu zahlen.

Explizit ist in Artikel VIII lediglich der Ersatz der Verluste geregelt, die durch Unglücksfälle auf See oder durch Feindeinwirkung entstehen. Für den Ersatz der Verluste durch Fahnenflucht oder durch Krankheiten – die Hauptgründe für die Personaldefizite der hessischen Truppen im Amerikanischen Unabhängigkeitskrieg[383] – gibt es keine ausdrückliche Regelung. Da aber auch Großbritannien an der vollen personellen Einsatzbereitschaft des hessischen Corps großes Interesse hatte, zahlte das Königreich für alle nachgeführten Rekruten Werbegeld, ohne zu unterscheiden, ob diese als Ersatz für gefallene, desertierte oder durch Krankheit verstorbene Soldaten nachgesandt wurden.[384] Die Pflicht zum Geldersatz bestand somit stillschweigend für alle personellen Verluste während des Einsatzes der hessischen Truppen im Dienst des Königs von Großbritannien.

Großbritannien hatte mit dieser Regelung das finanzielle Risiko für personelle und materielle Verluste der hessischen Truppen für die Zeit, in der diese sich in großbritannischen Diensten befanden, übernommen. Damit trug derjenige, in dessen Namen und auf dessen Weisung die Truppen handelten, die Risiken, denen Truppen bei Einsätzen in bewaffneten Konflikten typischerweise ausgesetzt sind.

Die Verpflichtung Großbritanniens zum Ersatz der Ausfälle stand somit in einem unmittelbaren und ausschließlichen Zusammenhang mit der Verpflichtung seitens Hessen-Kassel, Truppen in den Dienst von Großbritannien zu stellen. Die Verpflichtung, die Ausfälle an Menschen und Material zu ersetzen, war folglich ein typischer Bestandteil eines Truppenvermietungsvertrages. Deshalb lassen sich auch bei fast allen Truppenvermietungen Ersatzzahlungen der Mieter

383 Zu den Abgängen und Verlusten der hessischen Truppen: *Kipping* (1965), S. 57f. Der erste neuzeitliche Krieg, bei dem mehr Soldaten durch Feindeinwirkung als durch Krankheiten ums Leben kamen, war der Deutsche Krieg 1866.

384 *Canstein, v.* (1989), S. 108.

nachweisen – auch wenn die Verpflichtungen dazu nicht immer ausdrücklich vereinbart wurden.[385]

Es kam vor, dass begünstigte Staaten dem Truppenvermieter pauschale Summen für zusätzliche Rekrutierungsmaßnahmen zur Verfügung stellten.[386] Meistens aber erfolgte die Bezahlung – genau wie beim Werbegeld für die ursprünglichen Soldaten – mittels einer Pro-Kopf-Rate.[387] Auch im untersuchten Fall zahlte Großbritannien für den Personalersatz 30 Taler Banco pro zusätzlich angeworbenem Soldaten.[388]

1.2.8.2.3.2 Exkurs: Anwerbung des Personalersatzes

Zur eigentlichen Herstellung der vollen personellen Einsatzbereitschaft war wiederum der Landgraf von Hessen-Kassel verpflichtet. Der Geldersatz, der den Landgrafen finanziell in die Lage versetzte, weitere Rekrutierungen vorzunehmen, wurde unter der Bedingung gezahlt, dass die neuen Rekruten zur Auffüllung der in Nordamerika eingesetzten Truppen verwendet werden mussten.

Diese neuen Rekruten wurden folglich im Namen des Landgrafen von Hessen-Kassel angeworben und beim Dienstantritt auf ihn vereidigt, sodass der Landgraf ihr Dienstherr war. Sie selbst waren Angehörige der hessischen Truppen. Genau wie die Soldaten der beiden ursprünglichen Divisionen wurden auch die Soldaten des Personalersatzes vor ihrem Abmarsch vom Landgrafen besichtigt und an den Einschiffungsorten vom britischen Kommissar Oberst Faucitt in den britischen Dienst eingemustert, wobei sie einen Treueeid auf den König von Großbritannien schwuren.[389] Dadurch wurden sie in den Dienst des Königs von Großbritannien gestellt, behielten aber ihre Identität als hessische Soldaten.[390]

Diese zusätzlichen Rekrutierungen für seine in Nordamerika eingesetzten Truppen waren für Hessen-Kassel jedoch nicht unproblematisch. Bereits vor dem Abmarsch des ursprünglichen hessischen Corps hatte die personelle Verstärkung desselben durch die jungen Männer der Kantone spürbare Schwierigkeiten in der Landwirtschaft verursacht. Mit seinen 300.000 Einwohnern war Hessen-Kassel nicht in der

385 *Braubach* (1923), S. 14; *Magis* (1965), S. 39, *Redlich* (1965), S. 100.

386 *Magis* (1965), S. 39f.

387 Ebenda.

388 *Canstein, v.* (1989), S. 108.

389 Siehe Seite 57.

390 Siehe Seite 74.

Lage, den erforderlichen Rekrutennachschub ohne erhebliche Substanzverluste aufzubringen.[391] Deshalb hatte Landgraf Friedrich II. verfügt, die Verluste der hessischen Truppen in Nordamerika primär durch die Anwerbung von Ausländern – das heißt Personen, die nicht aus Hessen-Kassel stammten – zu ersetzen.[392] Aber auch außerhalb von Hessen-Kassel war das Rekrutenreservoir bald erschöpft. Es blieb daher nicht aus, dass die Werber alle Leute verpflichteten, derer sie habhaft werden konnten. So kam es, dass dem Landgrafen bei der Besichtigung der von Kassel abgehenden Rekrutentransporte viele sehr kleine und alte Leute auffielen und er einige Entlassungen anordnete; so beispielsweise die eines 63-Jährigen, der zudem völlig gebückt ging.[393]

Auch der britische Unterhändler und Kommissar Oberst Faucitt, der alle hessischen Truppenkontingente in den britischen Dienst einmusterte und der den Zustand des ursprünglichen Corps sehr gelobt hatte, schrieb nach London, dass die neuen Rekruten sehr schlecht seien. Man könne aber nicht wählerisch sein, da es ohnehin schwer sei, Leute anzuwerben.[394] Auch Beschwerden der hessischen Offiziere in Nordamerika über den Zustand der ihnen zugeführten Rekruten blieben nicht aus.

Hinzu kam, dass die Werbung im Ausland wesentlich teurer war als Rekrutierungen in Hessen-Kassel.

Das Fürstentum Waldeck, das zur selben Zeit auch einen Truppenvermietungsvertrag mit dem Königreich Großbritannien abgeschlossen hatte und genau wie die Landgrafschaft Hessen-Kassel zur Herstellung der vollen personellen Einsatzbereitschaft verpflichtet war, versuchte ebenfalls, die zusätzlichen Rekruten im Ausland anzuwerben. Die Kosten, die Waldeck dabei in die Auslandswerbung investieren musste, waren pro Rekrut doppelt so hoch wie der britische Geldersatz in Höhe von 30 Talern Banco.[395]

Auch Hessen-Kassel dürfte mit der Geldersatzpauschale von 30 Talern Banco keinen Gewinn erwirtschaftet haben.

Insgesamt gingen sieben Rekrutentransporte von Karlshafen über Bremerlehe – dem heutigen Bremerhaven – beziehungsweise vom

391 *Kipping* (1965), S. 40.

392 *Kipping* (1965), S. 39. Siehe auch Seite 49.

393 *Kipping* (1965), S. 42.

394 Ebenda.

395 *Canstein, v.* (1989), S. 242.

damalig hessischen Rheinfels über Dordrecht nach Nordamerika ab: am 11. Mai 1777 unter Oberst von Wöllwarth, am 10. November 1777 unter Major von Hatzfeld, am 28. Februar 1778, am 3. März 1779 unter Oberst von Keudel, am 21. März 1780 unter Generalmajor von Knoblauch, am 24. Februar 1781 unter Oberst von Benning und am 23. März 1782 unter Oberst von Hatzfeld.[396] Am 3. Februar 1783 ordnete der Landgraf die Einstellung der Werbungen für die hessischen Truppen in Nordamerika an.

1.2.8.2.4 Transportkosten

Schließlich verpflichtete sich Großbritannien auch noch zur Übernahme sämtlicher Transportkosten.

Vierzehnter Artikel

> Alle bei diesen Truppen nöthige Transporte, sowohl der Leute selbst, als ihrer Effecten, sollen auf die Unkosten Seiner Großbritannischen Majestät geschehen, und keiner der zu den besagten Truppen gehöret, soll irgend einiges Postgeld für Briefe bezahlen, in Rücksicht der großen Entfernung der Orte.

Damit die hessischen Truppen im Namen des Königs von Großbritannien in Nordamerika eingesetzt werden konnten, mussten sie auch dorthin befördert werden. Die Kosten dieser Verlegung standen folglich ebenfalls in einem unmittelbaren Zusammenhang zur Truppenvermietung. Daher war auch die Übernahme der Kosten für die Transporte in Dienst genommener Truppen stets eine Gegenleistung für die Zurverfügungstellung von Truppen.

Die Verpflichtung dazu ist aber bei den meisten Truppenvermietungsverträgen nicht zu finden. Da die Einsatzorte bei Truppenvermietungen innerhalb Europas durch Fußmärsche zu erreichen waren und bei diesen nur die üblichen Unterhaltskosten anfielen, entstanden keine Mehrkosten durch den Transport. Bei einem Einsatz in Übersee waren aber Schiffstransporte notwendig, die entsprechende Kosten mit sich brachten.

Im untersuchten Fall mussten die Truppen mit Schiffen befördert werden und folglich wurde die Übernahme der Transportkosten im Vertrag thematisiert. Für die Betrachtung der Truppenvermietung von den Gegenleistungspflichten her spielt diese nicht regelmäßig nachweisbare Gegenleistungspflicht aber nur eine untergeordnete Rolle.

---

396 *Kipping* (1965), S. 44; *Atwood* (1980), S. 254. Zu den diplomatischen Problemen beim Durchzug der Truppen durch die Gebiete der rheinischen Territorialherren: *Schulte* (1971), S. 175ff.

1.2.8.3 Ergebnis: Insoldnahme

Während nicht jede Truppenvermietung durch die Zahlung von Subsidien veranlasst wurde, zahlten die Indienstnehmer aber grundsätzlich bei jeder Truppenvermietung Gelder für die Werbung, die Ausrüstung, den Ersatz und vor allem für die Besoldung der in Dienst genommenen Truppen. Diese Zahlungen, die das Aufstellen von Truppen, das Rekrutieren von Personalersatz sowie die Verschaffung der Dienste der Soldaten und damit konkrete Leistungen des Truppenvermieters im Zusammenhang mit der Truppenvermietung entlohnten oder zumindest die damit verbundenen Kosten abdeckten und nicht nur das Wohlwollen des Truppenvermieters vergüteten, wurden stets als Gegenleistungen für Truppenvermietungen erbracht. Sie dienten ausschließlich als Entgelt für die Zurverfügungstellung von Truppen.

In jedem Vertrag, in dem sich eine Partei zur Zahlung von Werbegeld und der Besoldung von Truppen anderer Dienstherren verpflichtete, sagte die andere Partei zu, Truppen in den Dienst des Zahlers zu stellen. Diese Verpflichtungen standen stets im Synallagma.

Versucht man, die Truppenvermietung von den Gegenleistungen her zu definieren, dann sollte man – auf den Kern der ausschließlichen Gegenleistungen bezogen – von einer „Insoldnahme" sprechen.[397] Dafür spricht auch der Wortlaut des Vertrags: Neben der Formulierung, dass „die Truppen im Dienst des Königs von Großbritannien eingesetzt werden sollen", findet man auch die Formulierung, dass die Truppen während dieser Zeit im „Großbritannischen Sold" stehen.

Sechster Artikel

> [...]Anstatt desselben willigen Sie ein, daß die Subsidie von dem Tag dieser Unterzeichnung an bis zum Auslauf des Tractats doppelt sein soll, das heißt, daß sie für dieses Corps von 12.000 Mann jährlich auf die Summe von 450.000 Thaler Banco, den Thaler gerechnet zu 35 Sols Holländisch, oder zu vier Schilling, 9 Pence, 3 Farthings Englisch steigen, und die Subsidie auf diesen Fuß die ganze Zeit hindurch fortdauern soll, in welcher dieses Corps Truppen im Großbritannischen Solde bleibt.

Auch in anderen Verträgen zwischen Großbritannien und Hessen-Kassel ist davon die Rede, dass sich hessische Truppen in „His Majesty´s pay" befinden.[398]

---

397 *Eelking* (1863/1976), S. 1.

398 *Losch* (1933), S. 13.

2 Formelle Rechtmäßigkeit

Im Zeitalter des Absolutismus erreichte die Regelung völkerrechtlicher Beziehungen durch Staatsverträge eine vorher nie gekannte Perfektion.[399] Die Technik des Vertragsschlusses, der Redaktion und Ratifikation hatte im Verlauf dieser Zeit bedeutende Fortschritte gemacht.[400] Die Wissenschaft der Epoche hatte parallel dazu die Theorie dieser internationalen Verträge vorzüglich ausgearbeitet.[401]

Danach war ein völkerrechtlicher Vertrag formell gültig, „wenn in der Art und Weise des Abschlusses kein Mangel vorliegt; daher kann man nichts anderes verlangen als eine genügende Handlungsbefugnis der Kontrahenten und eine genügend zum Ausdruck gebrachte Einigung beider Teile."[402]

Die aus dem Mittelalter überkommene Übung, völkerrechtliche Verträge durch Eide zu bekräftigen, wurde nur noch als eine entbehrliche persönliche Handlung angesehen, die an der Natur des Vertrages nichts ändert. Sie kam im 18. Jahrhundert außer Gebrauch. „Der Eid ist eine persönliche Handlung. Er kann nur die Person desjenigen angehen, der entweder selbst schwört oder einen anderen in seinem Namen schwören lässt. Da indessen diese Handlung keine neue Verpflichtung schafft, ändert sie nichts an der Natur des Vertrages. So ist ein beschworenes Bündnis nur für denjenigen beschworen, der es geschlossen hat; wenn aber das Bündnis real ist, überdauert es ihn und geht als unbeschworenes Bündnis auf seinen Nachfolger über."[403]

Außerdem ging man dazu über, die Landesherren im Vertragstext und in der Präambel nicht mehr mit ihren Namen, sondern nur noch mit ihren wichtigsten Titeln aufzuführen. Damit wurde zum Ausdruck gebracht, dass sich die Vertragsschließenden nicht nur für ihre Person, sondern für den von ihnen vertretenen und verkörperten Staat verpflichteten.[404] Auch im hier untersuchten Vertrag ist nur vom „König von Großbritannien" und dem „Landgrafen von Hessen-Kassel" die Rede, ohne die jeweiligen Amtsinhaber namentlich zu benennen.

---

399 *Ziegler* (2007), S. 150.

400 *Grewe* (1988), S. 422.

401 *Ziegler* (2007), S. 151.

402 *Vattel* (1758/1959), Buch II § 157.

403 *Vattel* (1758/1959), Buch II § 226.

404 *Grewe* (1988), S. 421.

2.1 Vertragsabschlusskompetenz

Was die genügende Befugnis der Kontrahierenden betrifft, können nach der damaligen Völkerrechtslehre „die öffentlichen Verträge nur durch die staatlichen Gewalthaber, durch die Souveräne, die im Namen des Staats kontrahieren, errichtet werden."[405] Das bedeutet aber nicht, „dass Vertragsschlüsse dieser Natur nicht auch durch Fürsten oder Gemeinwesen, die hierzu durch Bewilligung des Souveräns, durch das staatliche Grundgesetz, durch Vorbehalte oder die Gewohnheit legitimiert sind, getätigt werden können."[406]

Mit heutigen Worten: Parteien eines völkerrechtlichen Vertrages können nur Völkerrechtssubjekte sein, die die Fähigkeit und das Recht besitzen, Verträge zu schließen.

2.1.1 Vertragsabschlusskompetenz der Landgrafschaft Hessen-Kassel

2.1.1.1 Glied des Heiligen Römischen Reiches Deutscher Nation

Die Landgrafschaft Hessen-Kassel war ein Reichsstand – das bedeutet, sie war eines der Glieder des Heiligen Römischen Reiches Deutscher Nation. Damit war die Landgrafschaft in einen übergreifenden politischen Verband integriert, dem sie nicht auf Grund eines Vertrages sondern statusmäßig angehörte.[407] Der Kaiser stand diesem Verband als nominelles Oberhaupt vor und hatte damit formell das Recht der Oberaufsicht über die Reichsstände.[408] Weiterhin war der Kaiser immer noch oberster Lehnsherr und die Landesherren der Territorien waren ihm persönlich zu Treue und Gehorsam verpflichtet. Folglich unterlagen die Reichsstände formal dem Reichsverfassungs- und dem Lehnsrecht und damit einer gewissen herrschaftlichen „Oberhoheit".[409]

2.1.1.2 Landeshoheit

Im Verhältnis zu ihrem Herrschaftsgebiet war den Ständen des Reiches aber in Artikel VIII § 1 Instrumentum Pacis Osnabrugensis (IPO), des

---

405 *Vattel* (1758/1959), Buch II § 154.

406 Ebenda.

407 *Schilling* (1989), S. 131.

408 *Randelzhofer* (1967), S. 169.

409 *Steiger* (2000), S. 123.

Friedens von Osnabrück, als Teil des Westfälischen Friedens[410] von 1648, das jus territoriale – die Landeshoheit – zugesichert worden:

> Damit aber Vorsorge getroffen sei, dass künftig keine Streitigkeiten in bezug auf die Verfassung entstehen, sollen sämtliche Kurfürsten, Fürsten und Stände des Römischen Reiches in ihren alten Rechten, Vorrechten, Freiheiten, Privilegien, der ungehinderten Ausübung der Landeshoheit sowohl in geistlichen als auch in weltlichen Angelegenheiten, Herrschaften, Regalien sowie in deren Besitz kraft dieses Vertrages derart bestätigt und bekräftigt werden, dass sie von niemandem jemals unter irgendeinem Vorwand tatsächlich beeinträchtigt werden können oder dürfen.[411]

Diese Landeshoheit wurde als selbständiger Rechtstitel anerkannt und damit als eine einheitliche Herrschaftsgewalt, die ihrerseits Quelle hoheitlicher Rechte war.[412] Ihr entsprach die Untertänigkeit der Territorialangehörigen.[413] Folglich traten die Landesherren innerhalb der Territorien als die alleinige Macht in Erscheinung, die für das Gemeinwohl ihres Herrschaftsbereichs verantwortlich war.[414] Konkrete Möglichkeiten des Kaisers beziehungsweise des Reichs in die Landeshoheit und damit in das Verhältnis zwischen Landesherr und Untertanen einzugreifen, waren gering. Mit der formalen Oberaufsicht des Kaisers waren in dieser Hinsicht keine realen Befugnisse mehr verbunden.[415]

Die Landesherren waren in ihren Territorien zwar formal nicht höchste – aber faktisch letzte Gewaltträger.[416]

---

410 Dieser wurde in der Literatur das 18. Jahrhunderts auch als „Grundgesetz des Heiligen Römischen Reiches" bezeichnet: *Eisenhard* (1760), S. 18.

411 Artikel VIII § 1 IPO (= § 62 IPM) in der Orginalfassung: Ut autem provisum sit, ne posthac in statu politico controversiae suboriantur, omnes et singuli electores, principes et status Imperii Romani in antiquis suis iuribus, praerogativis, libertate, privilegiis, libero iuris territorialis tam in ecclesiasticis quam politicis exercitio, ditionibus, regalibus horumque omnium possessione vigore huius transactionis ita stabiliti firmatique sunto, ut a nullo unquam sub quocunque praetextu de facto turbari possint vel debeant.

412 *Böckenförde* (1969), S. 472.

413 *Willoweit* (2005), § 22 II 3, S. 200.

414 *Steiger* (2000), S. 123.

415 *Randelzhofer* (1967), S. 169.

416 *Steiger* (2000), S. 123.

2.1.1.3 Bündnisrecht

Die allgemeine Herrschaftsgewalt nach innen fand ihre Ergänzung in der Selbständigkeit nach außen. Zu der Landeshoheit aus Artikel VIII § 1 IPO trat noch das Bündnisrecht der Reichsstände aus Artikel VIII § 2 Abs. 2 IPO:

> Insbesondere aber soll den einzelnen Ständen das Recht zustehen, unter sich oder mit Auswärtigen zu ihrer Erhaltung und Sicherheit Bündnisse zu schließen, jedoch in der Weise, dass sich solche Bündnisse nicht gegen den Kaiser, gegen das Reich und dessen Landfrieden oder insbesondere gegen diesen Vertrag richten, vielmehr so beschaffen sind, dass der Eid, durch den jeder von ihnen Kaiser und Reich verpflichtet ist, in allen Teilen unberührt bleibt.[417]

Dieses Bündnisrecht wurde – ungeachtet des auf Verlangen des Kaisers beigefügten Vorbehalts – grundsätzlich anerkannt. Es unterlag keiner Anzeigepflicht und keinem Genehmigungsvorbehalt durch Kaiser oder Reichstag.[418] Im Jahr 1760 schrieb der Helmstedter Professor Johann Friedrich Eisenhard (1720-1783) zu diesem Thema:

„[...] das Recht der Bündnisse [ist; d.V.] einem jeden Stande des Reiches hinlänglich und ohne die geringste Ausnahme zugestanden worden. Es wird in denselben [den Artikeln des IPO; d. V.] nirgends einer erforderlichen Einwilligung des Kaysers oder des Reiches gedacht, sondern alles der Stände eigenem Gutdünken und Verantwortung anheim gestellt. [...] Es ist nur ihrer Pflicht als Reichsständen zu überlassen, dass sie in Ausübung dieses Rechtes nicht gegen die Verbindung, in welcher sie mit dem Staatskörper [dem Reich; d.V.] stehen, fürnehmen."[419]

Auch beschränkte sich dieses Recht nicht auf den Abschluss von Bündnissen im Sinne einer Kriegsgenossenschaft[420], wie es eine strenge wörtliche Auslegung erscheinen lässt.

---

417 Artikel VIII § 2 Abs. 2 IPO (= § 63 Abs. 2 IPM) in der Orginalfassung: Cumprimis vero ius faciendi inter se et cum exteris foedera pro sua cuiusque conservatione ac securitate singulis statibus perpetuo liberum esto, ita tamen, ne eiusmodi foedera sint contra Imperatorem et Imperium pacemque eius publicam vel hanc inprimis transactionem fiantque salvo per omnia iuramento, quo quisque Imperatori et Imperio obstrictus est.

418 *Böckenförde* (1969), S. 471.

419 *Eisenhard* (1760), S. 25f.

420 Zum Begriff der Kriegsgenossenschaft siehe Seite 81.

2.1.1.3.1 Abgeleitetes jus ad bellum

Zunächst einmal zog das Bündnisrecht der Reichsstände aus Artikel VIII § 2 Abs. 2 IPO das jus ad bellum nach sich.[421] In einer Zeit, in der die internationalen Beziehungen in erster Linie auf der Ebene Krieg und Friedensschluss angesiedelt waren, beinhaltete die Verpflichtung auf den Bündnisfall auch die Pflicht zum Kriegseintritt und setzte somit das jus ad bellum voraus. So wurde es auch zur Zeit des hier untersuchten Vertrages gesehen:

„Gestattet also der westphälische Frieden den Reichsständen das Recht, Bündnisse zu schliessen und sich darin Beystand versprechen zu lassen, so gestattet er ihnen auch dadurch in der That das Recht, ihrerseits ebenfalls Beystand zu versprechen und zu leisten, und was ist dies anders, als das Recht des Krieges?"[422]

2.1.1.3.2 Abgeleitetes Vertragsschließungsrecht

Außerdem lässt sich aus Artikel VIII § 2 Abs. 2 IPO a majore ad minus der Schluss ziehen, dass die Reichsstände befugt waren, alle möglichen Verträge untereinander und mit auswärtigen Mächten abzuschließen.[423] Explizit gilt das für das Recht, Truppenvermietungsverträge zu schließen.

Wenn die Stände des Reiches gemäß Artikel VIII § 2 Abs. 2 IPO befugt waren, sich dazu zu verpflichten, an der Seite eines Kriegsgenossen selbständig mit ihren militärischen Exekutivorganen tätig zu werden und völkerrechtlich eigenverantwortlich Gewalt auszuüben, dann waren sie erst recht dazu befugt, sich dazu zu verpflichten, anderen Staaten diese Exekutivorgane zur Verfügung zu stellen, damit diese mit ihnen Staatsgewalt ausüben konnten. So kamen zwar die Organe der Reichsstände zum Einsatz, deren Verhalten wurde aber einem anderen Völkerrechtssubjekt zugerechnet. Die Verpflichtung zur Truppenvermietung war im Hinblick auf Artikel VIII § 2 Abs. 2 IPO somit ein wesensgleiches Minus zu einer Bündnisverpflichtung und wurde als weniger schwerwiegende Befugnis von dieser Regelung mitumfasst.

---

421 *Steiger* (2000), S. 122; *Böckenförde* (1969), S. 471. Andere Ansicht: *Papke* (1983), S. 207.

422 *Häberlin* (1797), S. 197f.

423 *Randelzhofer* (1967), S. 159.

Dies war auch die Ansicht der zeitgenössischen Staatsrechtslehre:

Johann Friedrich Eisenhard schrieb 1760: „Das Recht der Stände des deutschen Reiches, Auswärtigen Kriegesvölker zu überlassen, gründet sich auf derselben Recht, mit ausländischen Mächten Bündnisse zu schließen."[424] Weiterhin führt er aus: „Derowegen [wegen der Zusicherung des Bündnisrechts in Artikel VIII § 2 Abs. 2 IPO; d.V.] können Stände des Heil. Röm. Reiches mit desto grösserer Sicherheit sich in ein Bündnis mit Auswärtigen einlassen, und diesem zu Folge auch ihre Kriegesvölker ihnen zuschicken. Ja wenn auch gleich dieses letztere nicht mit besonderen Worten ausgedrücket ist, so verstehet es sich doch von selbst, daß es auch mit darunter begriffen sey, weil das Recht, fremden Mächten Kriegesvölker zu überlassen, auf dem Recht der Bündnisse beruhet."[425]

Im Jahr 1797 stellte der später ebenfalls in Helmstedt lehrende Staatsrechtler Karl Friedrich Häberlin (1756-1808) fest: „Hat nun aber ein Stand des Reichs das Recht, Bündnisse schliessen und dergleichen Kriege führen zu dürfen, so liegt hierin schon das Recht, Hülfstruppen zu schicken, so genannte Subsidien Traktate zu schliessen, und in Gefolg derselben, Truppen in Bereitschaft zu halten und selbige im Nothfall einem Dritten zum Dienst zu überlassen, Werbung zu gestatten, und selbst in fremde Dienste zu treten."[426]

Auch der Abschluss aller anderen Arten völkerrechtlicher Verträge wurde als weniger schwerwiegend als die Verpflichtung zur Kriegsgenossenschaft angesehen und dementsprechend wurde aus Artikel VIII § 2 Abs. 2 IPO ein allgemeines Vertragsabschlussrecht der Reichsstände abgeleitet.[427]

Das Bündnisrecht bedeutete für die Reichsstände somit die Zuerkennung außenpolitischer Handlungsfähigkeit.[428] Sie waren durch Artikel VIII § 2 Abs. 2 IPO grundsätzlich Träger des „jus belli ac pacis"[429]:

---

424 *Eisenhard* (1760), S. 14.

425 *Eisenhard* (1760), S. 18f.

426 *Häberlin* (1797), S. 202.

427 *Randelzhofer* (1967), S. 159.

428 *Böckenförde* (1969), S. 471.

429 Der Begriff „jus belli ac pacis" wird in Anlehnung an das 1625 erschienene Werk „De jure belli ac pacis" von Hugo Grotius gebraucht. Wenn aber ausschließlich das darin enthaltene Recht zur Kriegführung bezeichnet wird, wird in dieser Untersuchung nicht der Ausdruck „jus belli" sondern der präzisere und in Abgrenzung zum „jus in bello" entwickelte Begriff „jus ad bellum" verwendet.

Sie hatten prinzipiell das Recht, mit anderen gleichberechtigten Mächten Krieg zu führen, Verträge zur Vorbereitung wie auch zur Beendigung eines Krieges sowie Verträge zur Regelung des friedlichen Verkehrs mit diesen abzuschließen und Gesandtschaften mit ihnen auszutauschen.[430]

2.1.1.4 Völkerrechtssubjektivität

Die Landeshoheit als Innengewalt und das jus belli ac pacis als Außengewalt ergänzten sich zu staatlicher Gewalt im eigentlichen Sinne und konstituierten die Reichsstände als selbständige politische Einheiten, die dem Reich nicht einfach nur untergeordnet waren.[431] Zwar waren sie in Anbetracht ihrer statusmäßigen Bindung an das Reich und der Einschränkung ihres Bündnisrechts nicht im Bodin'schen Sinne souverän[432] – die zeitgenössische Literatur bezeichnete ihren Zustand als „halbsouverän"[433] und die von den Landesherren in den deutschen Territorien ausgeübte Gewalt wurde in Abgrenzung zur Souveränität als „Superioritas"[434] oder eingedeutscht als „Superiorität" betitelt – dennoch waren sie befähigt, selbständig mit Staaten außerhalb des Reiches in Beziehung treten zu können. Dementsprechend beteiligten sich die Reichsstände am Völkerrechtsverkehr des Theatrum Europaeum, nahmen völkerrechtliche Pflichten auf sich und erwarben völkerrechtliche Rechte. „Diese Trägerschaft von völkerrechtlichen Rechten und Pflichten kennzeichnet das Völkerrechtssubjekt."[435] Die Stände des Reiches waren folglich Subjekte des Völkerrechts.[436]

2.1.1.5 Einschränkungen des Bündnisrechts

Die abgeleitete Befugnis zum Abschluss von Truppenvermietungs- und sonstigen Verträgen unterlag aber – genau wie das Recht zur Verpflichtung zur Kriegsgenossenschaft – gewissen Einschränkungen. Die Bündnisse und alle anderen völkerrechtlichen Verträge der Reichs-

---

430 *Steiger* (2000), S. 115.

431 *Schilling* (1989), S. 133; *Böckenförde* (1969), S. 473.

432 *Steiger* (1999), S. 614; *Schilling* (1989), S. 130; *Böckenförde* (1969), S. 476. Andere Ansicht: *Randelzhofer* (1967), S. 193; *Ziegler* (2007), S. 147.

433 *Moser* (1750), S. 21f.

434 Bereits in Artikel V § 30 IPO war vom „jus territorii et superioritatis"die Rede.

435 *Randelzhofer* (1967), S. 160.

436 *Vattel* (1758/1959), Buch II § 154; *Steiger* (2000), S. 124; *Böckenförde* (1969), S. 473; *Schilling* (1989), S. 133; *Randelzhofer* (1967), S. 58; *Canstein, v.* (1989), S. 124; *Kotulla* (2008), Rn. 929, S. 235.

stände durften sich gemäß Artikel VIII § 2 Abs. 2 IPO nicht gegen Kaiser und Reich, gegen den Reichslandfrieden und gegen die Ordnung des Westfälischen Friedens selbst richten.

Sinn und Zweck der ersten Einschränkung war es, dass sich kein Reichsstand mit einer auswärtigen Macht verbündete, um mit dieser militärisch gegen den Kaiser oder andere Reichsstände vorzugehen.[437] Der hier untersuchte Vertrag zielte darauf, dass die von ihrem Landgrafen verkörperte Landgrafschaft Hessen-Kassel dem Königreich Großbritannien Truppen zur Bekämpfung der Aufständischen in den amerikanischen Kolonien zur Verfügung stellte.

Kaiser und Reich waren in diesen Konflikt in keiner Weise involviert, sodass sich die Verpflichtung, dem Königreich Großbritannien Truppen zur Verfügung zu stellen, auch nicht gegen sie richten konnte. Dementsprechend gab es auch keine kaiserlichen Proteste gegen den Vertrag, wie sie Verträge, die sich nach Ansicht des Kaisers gegen ihn und das Reich richteten, nach sich zogen.[438]

Die Einschränkung zu Gunsten des Landfriedens zielte darauf ab, das Reich als innere Friedensordnung zu schützen, indem sie jede Vereinbarung über den aktiven Gebrauch des jus ad bellum innerhalb des Reiches untersagte.[439] Der Frieden innerhalb des Reiches wurde durch den Einsatz hessischer Truppen in den amerikanischen Kolonien nicht beeinträchtigt.

Auch die durch den Westfälischen Frieden geschaffene territoriale und religionsrechtliche Ordnung wurde durch diesen außereuropäischen Konflikt, in welchem die hessischen Truppen zum Einsatz kommen sollten, nicht berührt.

Völkerrechtliche Verpflichtungen eines Reichsstandes mit dem Ziel, Truppen für die Bekämpfung von Mächten außerhalb Europas zur Verfügung zu stellen, unterlagen folglich keinen Einschränkungen. Im untersuchten Fall galt das reichsständische Vertragsschließungsrecht somit uneingeschränkt.

2.1.1.6 Ergebnis

Als einer der Stände des Reiches war die Landgrafschaft Hessen-Kassel Träger des jus belli ac pacis. Dieses Recht unterlag im untersuchten Fall

---

437 *Canstein, v.* (1989), S. 125.

438 *Losch* (1933), S. 25.

439 *Böckenförde* (1969), S. 474.

keinen Einschränkungen und folglich war die Landgrafschaft Hessen-Kassel ein vertragsabschlusslegitimiertes Völkerrechtssubjekt.

2.1.2 Vertragsabschlusskompetenz des Königreichs Großbritannien

Als Königreich unterlag Großbritannien keiner Oberhoheit und war folglich souverän. Souveräne Staaten hatten per se das uneingeschränkte jus belli ac pacis.[440] Damit hatte das Königreich Großbritannien die Fähigkeit und das Recht, völkerrechtliche Verträge abzuschließen.

2.1.3 Ergebnis

Die Vertragsschließenden hatten somit eine genügende Handlungsbefugnis.

2.2 Einigung

Weiterhin verlangte die zeitgenössische Völkerrechtslehre die „genügend zum Ausdruck gebrachte Einigung beider Teile"[441]. Dazu verhandeln die Vertragspartner „miteinander durch Beauftragte, die mit genügenden Vollmachten ausgestattet sind und gewöhnlich ‚Bevollmächtigte' genannt werden. [...] Die Rechte des Beauftragten werden durch das ihm erteilte Mandat begrenzt. Er darf nicht davon abweichen, aber alles, was er im Rahmen seines Auftrages und gemäß dem Umfang seiner Vollmacht verspricht, bindet sein Auftraggeber."[442]

2.2.1 Exkurs: Vorgeschichte der Vertragsverhandlungen

Als der bewaffnete Aufstand in den amerikanischen Kolonien mit dem Gefecht von Lexington am 19. April 1775 begann, war das Königreich Großbritannien militärisch nicht darauf vorbereitet. Die Zahl britischer Truppen in Nordamerika musste unter allen Umständen erheblich verstärkt werden.[443] Die britische Armee verfügte aber zu diesem Zeitpunkt über keine starken Reserven. Nach den Friedensschlüssen von Paris und Hubertusburg im Februar 1763[444] war die britische Armee

440 *Steiger* (1999), S. 614.

441 *Vattel* (1758/1959), Buch II § 157.

442 *Vattel* (1758/1959), Buch II § 156.

443 *Eelking* (1863/1976), S. 1; *Hamecher* (1991), S. 5; *Kapp* (1874), S. 23.

444 Siehe dazu Seite 181.

erheblich verkleinert worden und viele der verbliebenen Regimenter waren in anderen Kolonien gebunden.[445]

Der Plan, schnell eine Großzahl an Rekruten im eigenen Land anzuwerben, wurde verworfen, da er kaum Aussicht auf Erfolg hatte. Man rechnete mit wenig Freiwilligen, da der Versuch, den Aufstand in den amerikanischen Kolonien niederzuschlagen, in den unteren Schichten der britischen Bevölkerung keine Unterstützung fand.[446] Außerdem lehnten Handel und Gewerbe unter dem Gesichtspunkt der beginnenden Industrialisierung eine Entvölkerung des Arbeitsmarktes durch übermäßige Rekrutierungen ab.[447]

Auch die Fremdwerbung im Reich durch britische Werber am Rhein und durch den selbständigen Werber von Scheither brachte bei weitem nicht die benötigte Anzahl von Rekruten.[448]

Deshalb fasste man in Großbritannien auch eine andere Art der Heeresaufbringung ins Auge. Bereits im Oktober 1774 hatte der Oberkommandierende der britischen Truppen in Nordamerika, General Gage, in Anbetracht des sich abzeichnenden Konflikts die Anmietung ausländischer Truppen gefordert.[449]

Am geeignetsten erschien es der britischen Regierung, einen Truppenvermietungsvertrag mit dem Zarenreich Russland abzuschließen. Das russisch-britische Verhältnis war zu dieser Zeit gut.[450] Außerdem bestand so die Möglichkeit, durch nur einen Vertrag ein großes Truppenkontingent in Dienst zu nehmen. Dies war zeitsparender als beispielsweise mit mehreren deutschen Fürsten, deren Armeen wesentlich kleiner waren, über die Zurverfügungstellung mehrerer kleiner Kontingente verhandeln zu müssen.

Ein weiterer Vorteil eines Truppenvermietungsvertrages mit dem Zarenreich lag darin, dass nach Ansicht der britischen Generalität das Risiko, dass russische Soldaten im Einsatzland desertierten, gering war. Man argumentierte, dass russische Soldaten auf Grund mangelnder Sprachkenntnisse keine Beziehung zu den Kolonisten aufbauen

445 *Dean* (2008), S. 34.

446 *Canstein, v.* (1989), S. 39; *Hamecher* (1991), S. 5; *Kapp* (1874), S. 23.

447 *Canstein, v.* (1989), S. 39; *Kapp* (1874), S. 23.

448 Zur Fremdwerbung im Reich siehe Seite 48.

449 *Atwood* (1980), S. 24; *Canstein, v.* (1989), S. 35.

450 *Kapp* (1874), S. 24.

könnten und folglich nicht desertierten beziehungsweise zur Desertion angestiftet werden könnten.[451]

Katharina die Große kam der britischen Bitte nach einem Truppenkontingent von 20.000 Mann aber nicht nach. Im September 1775 ließ sie dem britischen Gesandten ihr Bedauern darüber ausdrücken, dass sie keine Truppen in den Dienst Großbritanniens stellen könne.[452]

Aber bereits während der Verhandlungen in Russland versuchte die britische Regierung auch noch andernorts, Truppen in Dienst zu nehmen. In den Niederlanden wurde angefragt, ob diese ihre Schottische Brigade für den Einsatz in Nordamerika zur Verfügung stellen könnten.[453] Aber auch die Niederlande hatten an einer Truppenvermietung kein Interesse. Um jeden Anschein von Unhöflichkeit gegenüber dem mächtigen Nachbarn zu vermeiden, willigten die Generalstaaten zwar ein, ihre Schottische Brigade in den Dienst Großbritanniens zu stellen, fügten aber die Bedingung hinzu, dass dieser Verband nicht außerhalb von Europa eingesetzt werden dürfe.[454] Dies kam einer Absage gleich.

Georg III. war aber nicht nur König von Großbritannien, sondern in Personalunion auch Kurfürst von Hannover. In letzterer Funktion befahl er, fünf Bataillone der hannoverschen Armee bis zum 1. September 1775 zur Verschiffung vorzubereiten. Diese Truppen ließ er – quasi im Rahmen eines Insichgeschäfts – in britische Dienste nehmen und als Garnisonstruppen in Gibraltar und Port Mahon auf Menorca einsetzen.[455] So wurden die britischen Truppen, die zuvor dort stationiert waren, frei für den Kampf in Nordamerika.

Aber auch die Truppen anderer deutscher Fürsten waren dem König von Großbritannien angeboten worden. Als im August 1775 Berichte über Kämpfe in den amerikanischen Kolonien in deutschen Zeitungen erschienen, bot der Erbprinz von Hessen-Kassel, der zu dieser Zeit als selbständiger Graf von Hessen-Hanau regierte, dem König von Groß-

---

451 *Atwood* (1980), S. 24.

452 *Kapp* (1874), S. 26; *Atwood* (1980), S. 24.

453 Bei dieser Schottischen Brigade handelte es sich um einen ursprünglich von Großbritannien aufgestellten Verband. Dieser war im Jahr 1616 in den Hoheitsbereich der Niederlande überstellt worden und somit zu einem seiner Identität nach niederländischen Verband geworden: *Kapp*, S. 27. Auch wenn dieser Verband sich schon lange nicht mehr aus den ursprünglich in Schottland angeworbenen Soldaten zusammensetzte, handelte es sich bei der Bitte um dessen Indienstnahme aber im Prinzip um den Versuch, eine verkaufte Truppe „zurückzumieten". Zum Truppenverkauf siehe Seite 76ff.

454 *Kapp* (1874), S. 28; *Atwood* (1980), S. 24.

455 *Canstein, v.* (1989), S. 38; *Kapp* (1874), S. 29; *N.* (1884), S. 341.

britannien in einem persönlichen Schreiben Truppen der Grafschaft Hessen-Hanau an.[456] Unter Bezugnahme auf dieses Schreiben machte der Erbprinz von Braunschweig im Namen seines Vaters im September 1775 ein entsprechendes Angebot.[457] Außerdem berichtete der britische Gesandte in Den Haag, Sir Joseph Yorke, dem König von Großbritannien, dass es grundsätzlich möglich wäre, Truppen von Hessen-Kassel, Hessen-Darmstadt, Württemberg, Sachsen-Gotha und Baden zu bekommen.[458]

Auf die Angebote aus der Grafschaft Hessen-Hanau und dem Herzogtum Braunschweig antwortete der König von Großbritannien zunächst zögerlich, da man noch davon ausging, durch einen Truppenvermietungsvertrag mit dem Zarenreich ein einziges, großes und einheitlich organisiertes Truppenkontingent zur Verfügung gestellt zu bekommen. Als sich aber Anfang November 1775 die Aussicht auf ein russisches Kontingent endgültig zerschlagen hatte, sah das britische Kabinett die Indienstnahme von Truppen deutscher Fürsten als letzte Gelegenheit zur schnellst- und größtmöglichen Truppenergänzung.[459]

2.2.2 Bevollmächtigung der Unterhändler

Mit der Leitung der Vertragsverhandlungen wurde der englische Offizier Sir William Faucitt[460] (1728 – 1804) beauftragt. Oberst Faucitt hatte während des Siebenjährigen Kriegs in Deutschland als Flügeladjutant britischer Generäle gedient und dabei die deutschen Territorien näher kennengelernt. Er verfügte auch über exzellente Kenntnisse der deutschen und französischen Sprache. So übersetzte er unter anderem die Ausbildungsvorschriften und taktischen Handbücher der preußischen Armee aus dem Deutschen ins Englische. Auf Grund dieser Landes- und Sprachkenntnisse und seines diplomatischen Talents wurde er als Unterhändler ausgewählt.

Bereits im August 1775 war er nach Hannover geschickt worden, um die Indienstnahme der fünf kurfürstlich hannoverschen Bataillone

---

456 *Kapp* (1874), S. 34; *Atwood* (1980), S. 24; *Canstein, v.* (1989), S. 42. Dieser Brief ist abgedruckt bei *Kapp* (1874), S. 243.

457 *Atwood* (1980), S. 24; *Canstein, v.* (1989), S. 42.

458 *Kapp* (1874), S. 33f; *Atwood* (1980), S. 24.

459 *Canstein, v.* (1989), S. 42.

460 „Faucitt" ist die Schreibweise, die im Vertrag und in der Korrespondenz gebraucht wird und folglich auch hier verwendet wird. In anderen Werken findet sich allerdings auch die Schreibweise „Fawcett".

durchzuführen.[461] Danach reiste er nach Stade, wo er die vom selbständigen Werber von Scheither angeworbenen Rekruten inspizierte und bei entsprechender Eignung in die britischen Armee einstellte.

Am 14. November 1775 schickte ihm der Earl of Suffolk[462] als zuständiger britischer Minister folgende Instruktionen nach Stade:

> Reisen Sie sofort nach Empfang dieser Depesche unter irgend welchem Vorwand nach Braunschweig und suchen Sie dort zu ermitteln, ob der Herzog Willens ist, dem König eine Anzahl seiner Truppen für den Dienst in Amerika zu überlassen. Sie können sich darüber leicht beim Erbprinzen unterrichten. Wenn Serenissimus geneigt ist, dem König beizustehen, so überreichen Sie unverzüglich das einliegende Beglaubigungsschreiben und beginnen Sie ohne jeden Zeitverlust Ihre Unterhandlungen.
>
> Ich sende Ihnen zugleich einliegend Abschriften der früheren, namentlich im letzten Krieg abgeschlossenen Subsidienverträge. Sie können diesmal im Notfall die höchsten der früher festgesetzten Preise zahlen. Abweichende Bestimmungen in den einzelnen Punkten, wenn sie sonst im Ganzen auf dasselbe herauskommen, bleiben Ihrer Diskretion überlassen. Obgleich uns in unserer gegenwärtigen Lage weniger als sonst an den Kosten liegt, so dürfen Sie auf der anderen Seite doch auch nicht verschwenden und es wird Ihnen hoch angerechnet werden, wenn Sie möglichst billige Bedingungen zu erlangen im Stande sind. Es wird mit einem gewissen Grad von Recht und Billigkeit geltend gemacht werden, dass der von uns verlangte Dienst neu und für ferne Lande bestimmt ist. Wenn wir das auch zugeben müssen, so hat der amerikanische Krieg doch nichts mit irgend einer europäischen Macht zu tun und kann die Beteiligung daran für keinen Deutschen nachteilige Folgen haben. Was nun die weite Entfernung betrifft, so muss zugestanden werden, dass die Truppen zum Teil wenigstens durch neue Aushebungen vollzählig zu erhalten sind, die für den aushebenden Fürsten zu einer neue Last werden, wenn irgend ein glückliches Ereignis den Kampf bald beenden würde. Sie können diesem Einwande, wenn er stark betont werden sollte, damit begegnen, dass Sie sich verpflichten, dass die Subsidie während der wirklichen Verwendung der Truppen in Kraft bleiben und erst sechs Monate nach gegebener Kündigung aufhören soll. Wenn mehr als sechs Monate beansprucht werden, so berichten Sie vorher darüber an mich. Bei früheren Gelegen-

461 *Kapp* (1874), S. 29; *Atwood* (1980), S. 25.

462 Henry Howard 12th Earl of Suffolk and 5th Earl of Berkshire (1739-1779), von 1771 bis 1779 Secretary of State for the Northern Department.

heiten war es nichts Ungewöhnliches, dass der seine Truppen vermietende Fürst den Überschuss für sich behalten hat, der sich aus dem Unterschied zwischen englischer und deutscher Löhnung ergab. Das kann im gegenwärtigen Falle nicht gestattet werden, weil es für uns sehr wichtig ist, dass der Soldat ermutigt wird, seinen Dienst in Amerika freudig zu tun.

Wir glauben kaum, dass der Herzog von Braunschweig mehr als 3000 bis 4000 Mann liefern kann. Ihre Aufgabe ist, so viel als möglich für den Krieg in Amerika von ihm zu erlangen. Der König gibt Ihnen zugleich einen ähnlichen Auftrag für Kassel. Finden Sie in Ihrer Unterhaltung mit dem Erbprinzen, dass sich in Braunschweig nichts machen und erwarten lässt, so reisen Sie sofort nach Kassel, wo Sie Mittel und Wege finden werden, dem Landgrafen auf den Zahn zu fühlen und im übrigen gerade so wie in Braunschweig zu handeln. Es lässt sich kaum voraussetzen, dass der Landgraf mehr als 5000 Mann liefern kann; versuchen Sie jedenfalls auch hier soviel als möglich zu bekommen. Wenn Sie in Braunschweig Aussicht auf Erfolg haben, so ergreifen Sie den ersten günstigen Moment und machen Sie einen Vorschlag, oder nehmen Sie einen Ihnen gemachten an. Reisen Sie, nachdem Sie mir Bericht erstattet haben, sofort nach Kassel. Sind Sie dort sicher durchzudringen oder abschlägig beschieden zu werden, so gehen Sie nach Braunschweig zurück und schließen Sie mit dem Herzog ab.

Es ist in dieser Sache überhaupt die größte Tätigkeit erforderlich, da der König sich in der einen oder anderen Weise ohne Zeitverlust darüber verlässigen will, ob und wie schnell er fremde Truppen für Amerika erhalten kann. Zu diesem Ende schicke ich Ihnen zwei Kuriere, welche Ihnen als Ihre Bediente nach Braunschweig und Kassel folgen sollen und deren Einen Sie sofort, nachdem die selbst Gewissheit darüber erlangt haben, ob Truppen zu haben sind, noch vor Erledigung aller Förmlichkeiten hierher zurückschicken wollen.

Es entspricht weder der Würde noch dem Interesse Ihres Hofes, dass Sie, wenn es überhaupt vermieden werden kann, als erfolgloser Bittsteller bei irgend einem der Fürsten auftreten. Meine eigenen Hoffnungen für den günstigen Abschluss des Ihnen anvertrauten Geschäftes, ich gestehe es offen, sind nicht sanguinisch. Treten Sie also in Ihrer amtlichen Eigenschaft nicht eher auf, als bis Sie eine sichere Aussicht auf Erfolg vor sich haben.[463]

---

463 Public Record Office London, SP 81/181, Suffolk to Faucitt, 11. Nov. 1775. Deutsche Übersetzung bei *Kapp* (1874), S. 34-36.

Nachdem Faucitt Anfang Dezember 1775 mit einem Unterhändler in Braunschweig den Entwurf eines Truppenvermietungsvertrages zwischen dem Königreich Großbritannien und dem Herzogtum Braunschweig-Wolfenbüttel ausgearbeitet und an das Außenministerium in London weitergesandt hatte,[464] reiste er ins benachbarte Kassel, wo er am 10. Dezember 1775 ankam. Dort traf er mit dem Minister und Generalleutnant der Landgrafschaft Hessen-Kassel, Martin Ernst von Schlieffen, zusammen, mit dem er aus dem Siebenjährigen Krieg noch oberflächlich bekannt war.

Martin Ernst von Schlieffen (1732-1825) war nach seiner Entlassung aus dem preußischen Militärdienst im Jahr 1757 in die Dienste des Landgrafen von Hessen-Kassel getreten. Im Siebenjährigen Krieg war er als einer der Adjutanten des Herzogs Ferdinand von Braunschweig eingesetzt und avancierte nach diesem Krieg zu einem wichtigen Berater von Landgraf Friedrich II.

Bei diesem ersten Gespräch sagte von Schlieffen zu, sich beim Landgrafen für das Anliegen Faucitts einzusetzen. Bereits zwei Tage später, am 12. Dezember 1775, teilte von Schlieffen Faucitt mit, dass der Landgraf den Vorschlag des Königs von Großbritannien mit Vergnügen annehme und ihn - von Schlieffen - zur Führung entsprechender Verhandlungen bevollmächtigt habe.[465]

Im Vertrag selbst findet sich in der Präambel eine sogenannte Vollmachtsklausel, wie man sie auch in heutigen völkerrechtlichen Verträgen findet. Darin werden die beiden Unterhändler mit Namen und als Bevollmächtigte genannt.

Präambel

> Da Seine Großbritannische Majestät Verlangen tragen, ein Corps von 12.000 Mann von den Truppen seiner Durchlaucht des regierenden Landgrafen von Hessen-Cassel in Dero Dienste zu nehmen, und dieser Fürst nichts mehr wünschet, als Beweise der Zuneigung zu geben, die ihn für Seine Majestät erfüllet, so haben Seine Majestät, in der Absicht, die Gegenstände dieser Allianz zu bestimmen, für gut befunden, den Herrn William Faucitt, Dero bevollmächtigten Minister und Obersten in Dero Diensten nach Cassel zu senden, und Seine Durchlaucht haben an Dero Seite, in dieser Absicht, den Freiherrn Herrn Martin

464 Die endgültige Fassung des Truppenvermietungsvertrages zwischen dem Königreich Großbritannien und dem Herzogtum Braunschweig wurde von den beiden am 9. Januar 1776 unterzeichnet. Der Vertrag ist abgedruckt bei *Davenport/Paullin* (1937), S. 112-117. Siehe auch Seite 181.

465 *Kapp* (1874), S. 53, *Hamecher* (1991), S. 35.

Ernst von Schlieffen, Dero Staatsminister, Generallieutennant und Ritter Dero Ordens, ernannt, welche auf gehörige Art bevollmächtigt, übereingekommen sind, daß [...]

2.2.3 Vertragsverhandlungen

Im Rahmen des Gesprächs vom 12. Dezember 1775 erkundigte sich von Schlieffen sogleich, wie viele Soldaten der König von Großbritannien in seinen Dienst nehmen wolle. Faucitt erwiderte, dass man 10-12.000 Mann benötige, ohne jedoch davon auszugehen, dass die Landgrafschaft Hessen-Kassel in der Lage wäre, so viele Soldaten zur Verfügung zu stellen. Zu Faucitts Erstaunen teilte ihm von Schlieffen daraufhin mit, dass ein hessisches Kontingent in dieser Stärke bis zum April des kommenden Jahres abmarschbereit sein könnte.[466] Von Schlieffen war dadurch in einer guten Verhandlungsposition. Er konnte ein großes Kontingent gut ausgebildeter Soldaten anbieten, durch dessen Indienstnahme Großbritannien in die Lage versetzt wurde, den notwendigen schnellen und massierten Gegenschlag zu führen. Außerdem war die finanzielle Lage der Landgrafschaft Hessen-Kassel relativ gut.[467] Der Landgraf war nicht um jeden Preis auf die britischen Zahlungen für eine Truppenvermietung angewiesen – Großbritannien dagegen aber auf die hessischen Truppen.

Folglich stellte von Schlieffen entsprechende Bedingungen. Er verlangte, dass das Werbegeld auch für die Offiziere gezahlt werden müsse, während es der Herzog von Braunschweig nur für die Soldaten verlangt und erhalten hatte.[468] Von Schlieffen handelte auch eine wesentlich höhere Subsidie als der Unterhändler in Braunschweig heraus und bestand darauf, dass alle Beträge in der stabilen und für Hessen-Kassel günstigeren Verrechnungswährung Taler Banco abgerechnet würden.[469] Außerdem zielte von Schlieffen auch auf eine politische Absicherung des Projekts durch ein Bündnis im Sinne einer Kriegsgenossenschaft zwischen der Landgrafschaft Hessen-Kassel und dem Königreich Großbritannien für den Fall, dass ein Vertragspartner angegriffen werde. Großbritannien sollte neben Geldzahlungen auch zum Schutz der territorialen Integrität des Truppenvermieters verpflichtet werden.[470]

---

466 *Atwood* (1980), S. 25.

467 *Kapp* (1874), S. 54; *Atwood* (1980), S. 27.

468 *Kapp* (1874), S. 56.

469 *Kapp* (1874), S. 56f. Zur Währung siehe Fußnote 368.

470 Zu den Hintergründen siehe Seite 85f.

Der Entwurf eines Vertrages mit diesen Bedingungen wurde am 20. Dezember 1775 nach London geschickt. Suffolk schrieb daraufhin am 2. Januar 1776 an Faucitt:

> Der [für Großbritannien günstigere; d. V.] Vertrag mit Braunschweig mag Ihnen als Muster für den mit Hessen abzuschließenden dienen. Der König wünscht, dass wo möglich ein Vertrag dem anderen gleiche. Können Sie daher den Entwurf von von Schlieffen dem braunschweigischen Vertrag näher bringen, so ist es desto besser. Sollte von Schlieffen dagegen auf seiner Parade mit Redensarten bestehen, so beharren Sie nicht auf ihrer Verwerfung, sondern behalten Sie sich wesentliche Punkte vor. Eine Ersparnis würde uns allerdings sehr erwünscht seien, indessen darf sie nicht unserem großen Zweck im Wege stehen, welcher darin besteht, dass wir so schnell als tunlich möglichst viele Soldaten erhalten. Wenn deren 10.000 Mann zu erlangen sind, so wird hoffentlich ein Teil derselben früher als zur festgesetzten Zeit zu marschieren im Stande sein. Sie wissen selbst, von welch ungeheurer Wichtigkeit eine frühzeitige Einschiffung ist.
>
> Der erste Gegenstand, der Ihre ernste Aufmerksamkeit verdient, ist die Währung, in welcher das Werbegeld und die Subsidie bezahlt werden sollen. Der Vorteil von fast 50 Prozent, welchen der Kasseler Hof auf diese Weise über den Braunschweiger gewinnt, sollte eigentlich durch die außerordentliche Schnelligkeit in der Beförderung der Truppen ausgeglichen werden. Darauf kommt Alles an. Diesen Vorzug müssen wir wenigstens vom Landgrafen erlangen. Gehen Sie schlimmstenfalls aber auf alle seine Bedingungen ein, wenn sie keine besseren festsetzen können Das Verlangen der Werbegelder für Offiziere ist neu, sollte also nicht zugegeben werden. Die von Ihnen angenommene Art der Subsidienzahlung ist vom König gebilligt. Hoffentlich wird der Landgraf nicht darauf bestehen, dass die doppelte Subsidie noch ein ganzes Jahr nach der Rückkehr seiner Truppen in ihre Heimat gezahlt wird. Geben Sie höchstens sechs Monate zu. Die Löhnung der Truppe sollte eigentlich mit ihrer Rückkehr aufhören, jedenfalls aber muss sie mit dem Monat ihrer Rückkehr enden.[471]

Das primäre Ziel von Großbritannien war folglich die schnellstmögliche Indienstnahme großer und gut ausgebildeter Truppen. Man wünschte sich zwar, die Kosten dafür so gering wie möglich zu halten, war aber grundsätzlich bereit, auf die hessischen Forderungen einzu-

---

471 Public Record Office London, SP 81/182, Suffolk to Faucitt, 2. Jan. 1776. Deutsche Übersetzung bei *Kapp* (1874), S. 59f.

gehen, wenn dies der einzige Weg wäre, das hessische Kontingent zur Verfügung gestellt zu bekommen. Die britische Regierung ging zu dieser Zeit davon aus, den Aufstand in den amerikanischen Kolonien mit einem großangelegten Feldzug schnell niederschlagen zu können. Auch wenn die Indienstnahme der dafür notwendigen Truppen zu teureren Konditionen als erwartet erfolgte, würde sie nicht von langer Dauer sein und die britische Staatskasse würde nur kurzfristig und damit nicht übermäßig belastet werden.[472]

Es gelang Faucitt aber auch in den folgenden Gesprächen mit von Schlieffen nicht, günstigere finanzielle Konditionen auszuhandeln. Von Schlieffen kannte die Lage, in der sich Großbritannien befand und konnte auf Zeit spielen.[473] Als Faucitt einsah, dass er keine besseren Bedingungen mehr aushandeln konnte und eine Indienstnahme hessischer Truppen durch weitere Verhandlungen noch weiter hinausgezögert wurde, stimmte er von Schlieffens Bedingungen zu.

2.2.4 Vordatierung der Unterzeichnung und vorläufige Anwendung

Am 31. Januar 1776 unterzeichneten Faucitt und von Schlieffen den Vertrag und legten damit den Vertragstext endgültig als amtlich und unveränderlich fest. Im letzten Artikel des Vertrages heißt es dazu:

> Fünfzehnter Artikel
>
> [...] haben wir, Unterzeichnete, mit gehöriger Vollmacht von Seiner Majestät dem König von Großbritannien einer, und von Seiner Durchlaucht dem regierenden Landgrafen von Hessen-Cassel andrer Seits, versehen, gegenwärtigen Tractat unterzeichnet, und Sorge getragen, daß das Siegel unsrer Wappen darunter gesetzet wurde.

Faucitt berichtete daraufhin nach London:

> Der Landgraf, der keine Schulden, sondern sehr gute Finanzen hat, ist in diesen Dingen schwer zu behandeln. Er hätte einfach sein Korps nicht marschieren lassen. Er hält den Krieg von nur kurzer Dauer und will sich sicher stellen.[474]

Obwohl die Unterzeichnung des Vertrages erst am 31. Januar 1776 stattfand, wurde der Vertrag auf Wunsch des Landgrafen, der das

---

472 *Atwood* (1980), S. 26.

473 *Kapp* (1874), S. 54.

474 Public Record Office London, SP 81/182, Faucitt to Suffolk, 1. Feb. 1776. Deutsche Übersetzung bei *Kapp* (1874), S. 60.

britische Ministerium für die eingetretene Verzögerung des Abschlusses verantwortlich machte, im gegenseitigen Einvernehmen auf den 15 Januar 1776 vordatiert.[475] Dementsprechend wird der Vertrag nach diesem Datum zitiert. Zwar entfaltete der unterzeichnete Vertrag vor seiner Ratifikation keine Bindungswirkung für die Vertragspartner und trat folglich auch nicht mit der Unterzeichnung in Kraft – laut Vattel bleibt „alles, was der Minister abschließt bis zur Ratifikation in der Schwebe"[476] –, aber es lag im Interesse beider Parteien, den Vertrag schon vor der Ratifikation anzuwenden. Die Indienstnahme hessischer Truppen durch Großbritannien sollte schnellstmöglich erfolgen und dementsprechend sollten die Vorbereitungen dafür bereits vor der Ratifikation anlaufen. Deshalb hatten sich die Unterhändler im Vertrag auf dessen vorläufige Anwendung geeinigt und diese vorläufige Anwendung vom Datum der Unterzeichnung abhängig gemacht.

Dritter Artikel

> [...] Ehemals pflegte die Unterzeichnung der Tractaten, einige Zeit vor dem Termin der Forderung, daß die Truppen nun marschieren sollten, vorauszugehen; da aber bei den jetzigen Umständen keine Zeit verlohren werden darf, so soll der Tag der Unterzeichnung bei dem gegenwärtigen Tractat, als der Termin dieser Forderung angesehen werden, und drei Bataillons Grenadiers, sechs Bataillons Infanterie und eine Compagnie Jäger sollen den vierzehnten Februar im Stande sein, vor Seiner Majestät Commissair die Musterung zu passiren, [...]

Sechster Artikel

> In allen vorigen Tractaten ist eine gewisse Zeit, welche dieselben dauern sollten, bestimmt worden. Aber in dem gegenwärtigen haben Seine Großbritannische Majestät lieber gewollt, sich auf keine längere Zeit verbindlich zu machen, als Dieselbe diese Truppen brauchten. Anstatt desselben willigen Sie ein, daß die Subsidie von dem Tag dieser Unterzeichnung an bis zum Auslauf des Tractats doppelt sein soll, das heißt, daß sie für dieses Corps von 12.000 Mann jährlich auf die Summe von 450.000 Thaler Banco, den Thaler gerechnet zu 35 Sols Holländisch, oder zu vier Schilling, 9 Pence, 3 Farthings Englisch steigen, und die Subsidie auf diesen Fuß die ganze Zeit hindurch fortdauern soll, in welcher dieses Corps Truppen im Großbritannischen Solde bleibt.[...]

---

475 *Kapp* (1874), S. 58; *Atwood* (1980), S. 25.

476 *Vattel* (1758/1959), Buch II § 156.

Durch die Rückdatierung kam der Landgraf von Hessen-Kassel in den Genuss zusätzlicher Subsidienzahlungen, mit denen seine – ebenfalls schon vor dem 31. Januar 1776 begonnenen – Vorbereitungen zur Mobilmachung seiner Truppen entlohnt werden sollten.[477]

2.2.5 Ratifikation

Obwohl die Vertragsparteien bereits nach der Unterzeichnung begannen, dem nachzukommen, was die Unterhändler vereinbart hatten, wurde die Einigung erst mit der Ratifikation für die Vertragsparteien verbindlich. „Da aber die Fürsten nur durch die Waffen zur Erfüllung ihrer Verbindlichkeiten gezwungen werden können, hat man sich daran gewöhnt, sich erst dann auf ihre Verträge zu verlassen, wenn sie diese genehmigt und ratifiziert haben."[478] Die Ratifikation war und ist heute immer noch die gegenüber dem Vertragspartner abgegebene förmliche Erklärung des betreffenden Staates, mit der dieser bestätigt, durch einen Vertrag gebunden zu sein.[479] Bei bilateralen Verträgen geschieht dies durch den Austausch entsprechender Urkunden. Auch der hier untersuchte Vertrag sieht den Austausch von Ratifikationen vor.

> Fünfzehnter Artikel
>
> Der Tractat soll von den höchsten contrahirenden Partheien bestätigt [ratifiziert; d. V.] , und diese Bestätigung [Ratifikation; d. V.] desselben so bald als möglich ausgewechselt werden. [...]

König Georg III. unterzeichnete die Ratifikationsurkunde am 12. Februar 1776 und erklärte damit die völkerrechtliche Gebundenheit des Königreichs Großbritannien an die Einigung der Bevollmächtigten.[480] Suffolk übersandte die Urkunde am selben Tag an Faucitt und teilte ihm in einem Begleitschreiben mit, dass der König sehr zufrieden mit der Vorgehensweise von Faucitt sei.[481]

Landgraf Friedrich II. erklärte die Verbindlichkeit der Einigung für die Landgrafschaft Hessen-Kassel mit der Ratifikationsurkunde, die er am 24. Februar 1776 unterzeichnete.[482] Als sich Faucitt, der in der Zwi-

---

477 *Atwood* (1980), S. 25.

478 *Vattel* (1758/1959), Buch II § 156.

479 Statt aller *Heintschel von Heinegg*, in: *Ipsen* (2004), § 10 Rn. 18, S. 132.

480 Eine Abschrift dieser Ratifikationsurkunde ist im Anhang ab Seite 221 abgebildet.

481 Public Record Office London, SP 81/182, Suffolk to Faucitt, 12. Feb. 1776.

482 Diese Urkunde befindet sich heute im Public Record Office London, SP 108/280.

schenzeit Truppenvermietungsverträge mit anderen deutschen Staaten ausgehandelt hatte, wieder in Kassel aufhielt, tauschten er und von Schlieffen die Urkunden aus. Damit trat die völkerrechtliche Bindungswirkung des Vertrages ein.

2.2.6 Ergebnis

Die verbindliche Einigung beider Teile war damit deutlich zum Ausdruck gebracht.

Faucitt blieb noch bis 1780 in Deutschland und fungierte dort als britischer Unterhändler, Kommissar und Verbindungsoffizier zu den Entsendestaaten. Von Schlieffen, dem der Wunsch, das Kommando über die hessischen Truppen in Amerika selbst zu übernehmen, vom Landgrafen verweigert wurde, weil dieser sich nicht von seinem fähigsten Berater trennen wollte,[483] blieb bis zum Tod von Landgraf Friedrich II. hessischer Minister. Im Dezember 1776 verhandelten und einigten sich beide über die Indienstnahme zusätzlicher Jägerverbände und unterzeichneten am 11. Dezember 1776 einen weiteren Truppenvermietungsvertrag.[484]

2.3 Innerstaatliche Zustimmungsverfahren

„Der Souverän, der sich im Besitz der vollen und unbeschränkten Herrschaft befindet, ist ohne Zweifel berechtigt, im Namen des von ihm repräsentierten Staates Verträge abzuschließen, und die von ihm eingegangenen Verpflichtungen binden die ganze Nation. Aber nicht alle Staatsoberhäupter haben die Befugnis, öffentliche Verträge allein abzuschließen. Einige sind gehalten, die Meinung eines Senats oder der Repräsentanten der Nation einzuholen. Aus den Grundgesetzen eines jeden Staates ist zu ersehen, wer im Staate ermächtigt ist, im Namen des Staates gültig zu kontrahieren."[485]

Folglich ist nachzuprüfen, ob und welche Gremien außer den Landesherren innerstaatlich am Vertragsschluss mitwirken mussten und ob diese Mitwirkung gemäß dem innerstaatlichen Recht auch stattfand.

2.3.1 Mitwirkung der Landstände von Hessen-Kassel

In der Landgrafschaft Hessen-Kassel gab es neben dem Landgrafen auch noch die Institution der Landstände – die politische Vertretung

---

483 *Eelking* (1863/1976), S. 21; *Hamecher* (1991), S. 39.

484 Abgedruckt bei *Davenport/Paullin* (1937), S. 129.

485 *Vattel* (1758/1959), Buch II § 154.

des Adels und der Städte. Die erste Kurie, genannt „Prälaten und Ritterschaft“, vereinigte die landsässigen Ritter und die sogenannten Prälaten – den Deutschordenskomtur und die Vertreter der Universität Marburg, der ritterschaftlichen Stifte und der Hohen Hospitäler als Rechtsnachfolger ehemaliger geistlicher Korporationen. In der zweiten Kurie, der sogenannten „Landschaft“, saßen die Vertreter der Städte.

Am hier untersuchten Vertragsschluss wirkten die Landstände aber nicht direkt mit.

2.3.1.1 Kein Zustimmungsvorbehalt aus Reichsrecht

Das Bündnisrecht und das daraus abgeleitete allgemeine Vertragsschließungsrecht war in Artikel VIII § 2 Abs. 2 IPO ausschließlich den Reichsständen eingeräumt worden. Es stand nicht mehr dem landsässigen Adel, den Städten und Stiftern innerhalb der Territorien zu. Diese blieben als selbständig außenpolitisch Handelnde gegenüber den Landesherren auf der Strecke.[486] Auch von einer Mitwirkung in ihrer Funktion als Landstände bei der Ausübung des reichsständischen Bündnisrechts war in Artikel VIII § 2 Abs. 2 IPO keine Rede.

„Weil nun den Landständen weder das Recht der Bündnisse, noch das Recht einer Kriegesmacht zu unterhalten, zukommt, sondern dieses alles einzig und allein zu der Landeshoheit eines Reichsstandes gehöret, so kommt ihnen auch nicht die Gewalt zu, in diesen Dingen etwas zu ordnen, sondern es beruhet dieses auf des Landesfürsten eigenem Willen. Ein Reichsstand bedarf der Einwilligung seiner Landesstände nicht, wenn er selbst in die Kriegsdienste eines Auswärtigen sich begiebet, warum sollte derselbe denn erfordert werden, wenn er seine Kriegesvölker einer fremden Macht vermöge [...] eines Subsidientractates überlässet.“[487]

Es gab folglich keine reichsrechtlichen Mitwirkungsbefugnisse der Landstände beim Abschluss völkerrechtlicher Verträge.

2.3.1.2 Kein Zustimmungsvorbehalt aus Landesrecht

Aber auch nach Landesrecht war der Landgraf beim Abschluss völkerrechtlicher Verträge nicht auf die Mitwirkung und Zustimmung der Landstände angewiesen. Gemäß dem großen Vergleich zwischen Ritterschaft und Landgraf vom 2. Oktober 1655, dem die Bedeutung eines „Landesgrundgesetzes“ zukam, sollten die Landtage die Steuern be-

486 *Böckenförde* (1969), S. 473.

487 *Eisenhard* (1760), S. 35.

willigen und über wichtige Staats- und Landesangelegenheiten beraten.[488] Letztere Zusage war allerdings sehr unbestimmt.

In der Verfassungspraxis wurde auf den Landtagen in erster Linie über die für das Stehende Heer erforderlichen Steuern beraten, bevor sie von den Ständen bewilligt wurden.[489] Gelegentlich verhandelte man auch über Gerichts-, Polizei- und Wirtschaftsangelegenheiten.[490] Auf die auswärtige Politik und den damit verbundenen Einsatz des Stehenden Heeres nahmen die Landtage jedoch überhaupt keinen Einfluss.[491] Zwar hatte die Ritterschaft auf dem Landtag von 1658 noch einmal versucht, sich in die Außenpolitik einzuschalten und gegen den Beitritt der Landgrafschaft Hessen-Kassel zum Ersten Rheinbund 1658 protestiert, doch konnte dieser Protest den Beitritt und die tatkräftige Mitwirkung des Landgrafen von Hessen-Kassel in diesem Bündnis nicht verhindern.[492]

Auf dem Landtag von 1688 war es dann schon so weit, dass die Landstände erklärten, die Unterrichtung über die Konföderation des Landesherrn mit auswärtigen Fürsten dankbar aufgenommen zu haben.[493] Wenn die Landstände über den Beitritt der Landgrafschaft zu Kriegsgenossenschaften und über damit verbundene Kriegsanstrengungen informiert wurden, dann geschah dies nur deshalb, weil sie die dafür benötigten Steuern bewilligen sollten.[494] Bei der Vermietung von hessischen Truppen standen diese aber im Sold des Staates, der sie in seinen Dienst nahm. Dem Landgrafen entstanden für diese Truppen keine Unterhaltskosten. Folglich war der Landgraf bei Truppenvermietungen nicht auf Steuern angewiesen, die von den Landständen formal bewilligt werden mussten. Vielmehr konnte er mit den Subsidien, die in den meisten Fällen für Truppenvermietungen gezahlt wurden, Rücklagen in der Kriegskasse bilden. Dementsprechend blieben die Landstände von Hessen-Kassel bei Truppenvermietungen, bei denen der Landgraf das Stehende Heer gewinnbringend einsetzte, gänzlich unbehelligt, wurden nicht informiert, geschweige denn um ihr Votum gebeten.[495] Noch auf dem Landtag von 1786 versicherten die Land-

---

488 *Demandt* (1969), S. 170f. Zur Steuerbewilligung durch die Landstände siehe Seite 34.

489 Siehe Seite 36.

490 *Demandt* (1969), S. 171.

491 *Krüger* (2003), S. 27.

492 *Demandt* (1969), S. 171.

493 Ebenda.

494 *Hollenberg* (1984), S. 105.

495 Ebenda.

stände, es sei „ihnen nie in den Sinn gekommen, die bey Schließung der Subsidien-Tractaten mit andern Mächten solitarie [alleinzustehende; d.V.] zum Grunde liegende Hoheitsrechte ihres durchlauchtigsten Landesherrn im geringsten zu bezweifeln".[496]

Die landesrechtlichen Befugnisse der Landstände von Hessen-Kassel beschränkten sich auf das Recht der Steuerbewilligung, wobei sie aber stets widerstandslos den Forderungen des Landgrafen nachgaben[497] und auf Stellungnahmen zu innenpolitischen Problemen.[498] Auf ihre Zustimmung bei wichtigen politischen Entscheidungen kam es nicht an.[499] Besonders galt dies für die Außenpolitik und damit auch für den Abschluss völkerrechtlicher Verträge. Dies war eine alleinige Kompetenz der Landgrafen und völlig unabhängig von der Zustimmung der Landstände.

Folglich war ein formales, verfassungsrechtliches Zustimmungsverfahren zum hier untersuchten Vertragsschluss in Hessen-Kassel nicht notwendig und fand auch nicht statt.

2.3.1.3 Informelle Befürwortung des Truppenvermietungsvertrages durch die Landstände

Obwohl die Landstände auf den Landtagen nicht offiziell über die Truppenvermietungen informiert wurden, wussten sie selbstverständlich von den Verträgen und den daraus fließenden Einnahmen.[500] Deshalb forderte vor allem die Landschaft (Städte) auf den Landtagen unter Hinweis auf die Subsidien seit 1715 wiederholt eine Entlastung bei der Kontribution.[501] Die Subsidien sollten nicht nur der landgräflichen Kriegskasse, sondern dem ganzen Land zugutekommen. Auf dem Landtag von 1734 sagte König Friedrich I. (1676-1751) – der älteste Sohn von Landgraf Karl war in Personalunion König von Schweden und Landgraf von Hessen-Kassel – den Landständen unverbindlich zu, „wenn etwa währendem Krieg Ihro Kriegscassa einige Subsidien zu-

---

496 § 8 Landtagsabschied vom 01. Mai 1786. Abgedruckt bei *Hollenberg* (1989), S. 545.

497 Siehe Seite 36.

498 *Krüger* (2003), S. 28.

499 *Demandt* (1969), S. 173f.

500 *Hollenberg* (1984), S. 105.

501 Die Ritterschaft war von der Kontribution befreit. Siehe Seite 35.

fließen solten, alsdann dererselben in Gnaden eingedenck – und sie zu soulagiren ohnvergeßen seyn“ zu wollen.[502]

1754 forderte Landgraf Wilhelm VIII. (1682-1760) neben der Kontribution einen Sonderbeitrag zum Unterhalt des Stehenden Heeres, da die hessischen Truppen sieben Jahre lang keine auswärtige Verwendung mehr gefunden hatten.[503] Die Bewilligung dieser Sondersteuer erfolgte aber unter dem ausdrücklichen Vorbehalt, dass die auf mehrere Jahre verteilte Erhebung aufhören sollte, sobald „die Hochfürstliche Kriegscassa Subsidien oder sonst einen Zufluss erhalten oder auch ein Theil derer Trouppen in fremden Sold überlaßen werden solte“.[504] Dieser Fall trat bereits im folgenden Jahr ein: Am 18. Juni 1755 schlossen die Landgrafschaft Hessen-Kassel und das Königreich Großbritannien einen Truppenvermietungsvertrag.[505]

Aber gerade dieser Vertrag erwies sich als äußerst folgenschwer für das Land und zeigte die ganze risikoreiche Problematik dieser Art der Militärfinanzierung auf. Die Landgrafschaft Hessen-Kassel war zwar keine Kriegspartei, hatte aber dem Gegner Frankreichs Truppen zur Verfügung gestellt und wurde deshalb von französischen Truppen besetzt und ausgeplündert.[506] Für den Landgrafen war es deshalb ein außerordentlich glücklicher Zufall, dass gerade der Abschluss dieses Truppenvermietungsvertrages von den Landständen zwar nicht im Rahmen eines verfassungsrechtlichen Zustimmungsverfahrens, welches gar nicht notwendig war, aber immerhin informell eindeutig im Voraus befürwortet worden war. So blieb das Einvernehmen zwischen ihm und den Landständen auch nach der französischen Besatzung erhalten, zumal er schon 1758 versprach, dass er die zu erwartenden englischen Entschädigungszahlungen zur Tilgung der Schulden verwenden wolle, die die Landstände zur Erfüllung der französischen Kontributionsforderungen aufnehmen mussten.[507]

Das Ergebnis war die auf dem Landtag von 1764 zwischen Landgraf Friedrich II. und den Landständen getroffene Vereinbarung, dass der

---

502 § 5 Landtagsabschied vom 09. Oktober 1734. Abgedruckt bei *Hollenberg* (1989), S. 287.

503 Siehe Seite 36.

504 § 2 Landtagsabschied vom 25. Juni 1754. Abgedruckt bei *Hollenberg* (1989), S. 336.

505 Siehe Seite 85 und 176.

506 Siehe Seite 85.

507 § 5 Landtagsabschied vom 30. Mai 1758. Abgedruckt bei *Hollenberg* (1989), S. 369.

Landgraf die landständischen Schulden übernahm und diese dafür eine in 36 Jahresraten von je sieben Schreckenbergern aufzubringende Landsteuer bewilligten.[508] Trotz der schlechten Erfahrungen wurden im Landtagsabschied auch wieder Truppenvermietungen ins Auge gefasst:

> [...]Würden sodann auch in der Folge die hiesige Trouppen von der Crone England wieder in Sold verlanget, mithin man dadurch Gelegenheit erhalten, die bißhiehin vorenthaltene Entschädigung gantz oder zum Theil nachzubekommen, so soll dasjenige, was deßwegen bezahlt werden wird, wenigstens zur Helffte dem Land an seinen jetzo verwilligten Schreckenbergern zugute kommen; und wann inzwischen etwa von einer oder anderen außwärtigen Macht Subsidien erfolgen, so werden Seine Hochfürstliche Durchlaucht alßdann auff eine diesen proportionirliche Erleichterung des Landes gnädigst bedacht seyn.[...][509]

Der nächste Truppenvermietungsvertrag, den die Landgrafschaft Hessen-Kassel abschloss, war der hier untersuchte. Folglich war auch der Abschluss dieses Vertrages im Voraus von den Landständen wegen der Aussicht auf Steuersenkungen befürwortet worden. Auch wenn ihre Zustimmung verfassungsrechtlich nicht notwendig war – wie oben gezeigt, lag die Vertragsabschlusskompetenz nach Reichs- und Landesrecht allein beim Landesherrn – war sie doch gegeben. Der Landgraf handelte nicht gegen den Willen der Landstände.[510] Es gab auch auf diesem Sektor keine oppositionellen Spannungen zwischen dem Landgrafen und den Landständen.[511]

Mit der Verordnung vom 30. Juni 1776 erließ der Landgraf für die Dauer des Einsatzes hessischer Truppen in Nordamerika – und damit für die Dauer britischer Zahlungen an die hessische Kriegskasse – die halbe Kontribution und setzte die Erhebung aller zur Kriegskasse fließenden Steuern aus.[512] Damit kam er der im Landtagsabschied von

508 § 8 Landtagsabschied vom 10. November 1764. Abgedruckt bei *Hollenberg* (1989), S. 443.

509 § 12 Landtagsabschied vom 10. November 1764. Abgedruckt bei *Hollenberg* (1989), S. 447.

510 *Preser* (1900), S. 21; *Auerbach* (1979), S. 324.

511 *Demandt* (1969), S. 182.

512 Die Verordnung vom 30. Juni 1776 ist abgedruckt bei *Kapp* (1874), S. 65f.

1764 in Aussicht gestellten „proportionirlichen Erleichterung des Landes"[513] nach.[514]

2.3.2 Mitwirkung des britischen Parlaments

In Großbritannien war das Recht zum Abschluss von völkerrechtlichen Verträgen auch nach der Verabschiedung der Bill of Rights im Jahre 1689 eine Prärogative des Königs und fiel somit im Grundsatz in seine ausschließliche Zuständigkeit.[515] Aber schon seit Beginn des 18. Jahrhunderts beanspruchte das Parlament die Genehmigung bestimmter Arten von Verträgen.[516] Darunter fielen auch die Verträge, in denen die finanzielle Belastung des Staates in irgendeiner Form eine Rolle spielte.

2.3.2.1 Durchgriff des Haushaltsrechts des Unterhauses

Anders als die Landstände in Hessen-Kassel, die nur das Steuerbewilligungsrecht hatten, war das Unterhaus des britischen Parlaments Inhaber des Haushaltsrechts.[517] Damit hatte das Unterhaus nicht nur das Recht darüber zu beschließen, wie viel Steuern erhoben werden durften, sondern auch wofür diese Gelder genutzt werden sollten. Die Staatsausgaben unterlagen der Genehmigung und damit auch der Kontrolle des Unterhauses, welches diese mittels des Versorgungsausschusses (committee of supply) ausübte.[518]

Ohne parlamentarische Zustimmung konnte der König von Großbritannien finanziellen völkerrechtlichen Verpflichtungen nicht nachkommen. Das Haushaltsrecht des Parlaments griff an dieser Stelle auf das Vertragsschließungsrecht des Königs durch und deshalb mussten völkerrechtliche Verträge, die Geldausgaben beinhalteten, entweder vor oder nach der Ratifikation durch die Krone parlamentarisch gebilligt werden.[519] Im hier untersuchten Vertrag verpflichtete sich das Königreich Großbritannien zur Zahlung verschiedener Geldbeträge an

---

513 § 12 Landtagsabschied vom 10. November 1764. Abgedruckt bei *Hollenberg* (1989), S. 447.

514 § 10 Landtagsabschied vom 15. Mai 1779. Abgedruckt bei *Hollenberg* (1989), S. 520.

515 *Hatschek* (1978), § 43 II, S. 608.

516 Ebenda.

517 *Magis* (1965), S. 24.

518 *Magis* (1965), S. 26.

519 *Loewenstein* (1967), S. 518.

die Landgrafschaft Hessen-Kassel.[520] Folglich musste dem Vertrag vom 15. Januar 1776 vom britischen Parlament zugestimmt werden.

2.3.2.2 Debatte und Abstimmung

Am 29. Februar 1776 wurden die Truppenvermietungsverträge mit der Landgrafschaft Hessen-Kassel, dem Herzogtum Braunschweig-Wolfenbüttel und der Grafschaft Hessen-Hanau im Unterhaus des britischen Parlaments debattiert. Seitens der Opposition gab es Kritik an den Verträgen:[521] Einige Abgeordnete bemängelten die starken Belastungen des britischen Steuerzahlers durch die hohen Werbegelder und umfangreichen Subsidien, die bis zu einem Jahr nach dem Einsatz der Truppen gezahlt werden mussten. Andererseits wurde bezweifelt, dass der König von Großbritannien ausreichende Kontrolle über die fremden Truppen in seinem Territorium habe. Es wurde auch darauf hingewiesen, dass sich viele Deutsche in Amerika angesiedelt hätten, die die ebenfalls aus den deutschen Staaten stammenden Soldaten leicht zum Desertieren überreden könnten. Andere sprachen die Befürchtung aus, dass Großbritannien durch die Bündnisverpflichtungen gegenüber der Landgrafschaft Hessen-Kassel in einen Konflikt auf dem Kontinent hineingezogen werden könnte. Schließlich wurde auch moralisch argumentiert: Die Verträge wurden als Menschenverkäufe gebrandmarkt, denen man keinesfalls zustimmen könne.

Diese Art der Kritik war aber nicht neu. Auch gegen vorherige Truppenvermietungsverträge war im britischen Parlament opponiert worden – allerdings stets erfolglos.[522] Der Widerstand kam in erster Linie von den Abgeordneten, die grundsätzlich ein militärisches Vorgehen – in diesem Fall in den amerikanischen Kolonien – ablehnten und sich deshalb gegen die Anmietung von Truppen aussprachen. Wenn die Abgeordneten des britischen Parlaments aber von der Notwendigkeit des Einsatzes von Militär überzeugt waren, stimmten sie eher der Anmietung von Truppen anderer Staaten als der Vergrößerung des britischen Heeres zu, da sie auf Grund der Erfahrungen vor der Glorreichen Revolution von 1688 in einem starken Stehenden Heer eine Gefahr für den Bestand der freiheitlichen Verfassung sahen.[523]

---

520 Siehe Seite 86ff.

521 Der Verlauf der Debatte mit Schwerpunkt auf den Redebeiträgen der Oppositionspolitiker ist wiedergegeben bei *Kapp* (1874), S. 178-182; *Lowell* (1884/1901), S. 22-25.

522 *Atwood* (1980), S. 28f.

523 *Brauer* (1962), S. 21.

Die große Mehrheit der Abgeordneten sah eine militärische Intervention als die einzige Möglichkeit, den Konflikt in den amerikanischen Kolonien schnell und effektiv zu beenden und hielt auch die Vertragsbedingungen für akzeptabel. Man ging von einer kurzen Dauer der Indienstnahme und dementsprechend von überschaubaren Kosten aus. Folglich verlief die parlamentarische Auseinandersetzung bei der Genehmigung der Verträge nach Wunsch der Regierung. Das Unterhaus überwies am 29. Februar 1776 die Verträge mit 242 gegen 88 Stimmen an den Versorgungsausschuss (committee of supply).[524] Dessen Zustimmung zu den Verträgen erfolgte am 4. März 1776, sodass das Oberhaus am 5. März 1776 zur Entscheidung über die Verträge aufgerufen war.[525] Die Argumente glichen denen im Unterhaus und mit 100 gegen 32 Stimmen wurden die Verträge schließlich auch von den Lords gebilligt.[526]

Die Zustimmung des britischen Parlaments zum hier untersuchten Vertragsschluss lag vor.

2.3.3 Ergebnis

Wo ein innerstaatliches Zustimmungsverfahren erforderlich war, lag es vor. Damit war der Vertrag vom 15. Januar 1776 auch nach innerstaatlichem Recht der Vertragsparteien formell rechtmäßig zu Stande gekommen.

Die formelle Rechtmäßigkeit des hier untersuchten Vertrages nach zeitgenössischem Recht ist zu bejahen.

---

524 *Kapp* (1874), S. 182f; *Lowell* (1884/1901), S. 25.

525 *Kapp* (1874), S. 183.

526 *Kapp* (1874), S. 186; *Lowell* (1884/1901), S. 29.

3 Materielle Rechtmäßigkeit

In der Geschichtsschreibung des 19. und frühen 20. Jahrhunderts haben die Truppenvermietungsverträge des Absolutismus im Allgemeinen und der Truppenvermietungsvertrag zwischen der Landgrafschaft Hessen-Kassel und dem Königreich Großbritannien vom 15. Januar 1776 im Besonderen schroffe Verurteilung erfahren. Die Rechtmäßigkeit oder Rechtswidrigkeit des hier untersuchten Vertrages von seinem Inhalt her ist aber allein danach zu beurteilen, inwieweit dieser mit dem zeitgenössischen Staats- und Völkerrecht im Einklang stand. Die geäußerte Kritik ist folglich dahingehend zu untersuchen, ob sie Verstöße gegen das materielle Recht der Epoche anprangert oder ob lediglich der Widerspruch zu Ideen und Geisteshaltungen, die keinen beziehungsweise noch keinen Niederschlag im zeitgemäßen Recht gefunden hatten, missbilligt wird. Der Wandel politischer Ideen ändert nichts an der Verbindlichkeit der bis dahin bestehenden völkerrechtlichen Regeln, sondern kann lediglich einen Rechtserzeugungsprozess in Gang setzen, der zur Herausbildung neuer völkerrechtlicher Rechtssätze führt.[527]

3.1 Vorwurf der Nichtachtung des Reiches

Für die Kritiker sind die Truppenvermietungsverträge, die die Reichsstände abschlossen, einer „der schlimmsten Auswüchse des ganzen unhistorischen, gott- und rechtlosen Souveränitätsschwindels deutscher Fürsten"[528] beziehungsweise eine Auswirkung des „Grundübels der deutschen Geschichte – der Kleinstaaterei".[529] In den Truppenvermietungsverträgen zeige sich die „Nichtachtung des Reiches" durch die deutschen Fürsten am deutlichsten.[530] In ihrer politischen Urteilslosigkeit und Kurzsichtigkeit und um persönlicher Augenblicksvorteile willen hätten sie die Interessen der Gesamtheit vergessen. Einziger Sinn und Zweck der Truppenvermietungen sei es gewesen, in den Genuss von Subsidien zu kommen und die fürstliche Haus- und Familienpolitik voranzubringen. Ihren Ambitionen hätte jeglicher reichspolitische Akzent gefehlt. Anstatt sich außen- und sicherheitspolitisch für das Reich zu engagieren, hätten die deutschen Fürsten Truppen nur aufgestellt, um sie in den Dienst fremder Mächte zu stellen. Damit

527 *Ipsen*, in: *ders.* (2004), § 3 Rn. 4, S. 46.

528 *Kapp* (1874), Vorwort zur 2. Auflage.

529 *Magis* (1965), S. 11.

530 *Braubach* (1923), S. 24.

hätten sie sich einerseits von fremden Geldern abhängig gemacht und wären so zu Vasallen der Subsidienzahler geworden.[531] Andererseits wären ihre Truppen als Hilfstruppen fremder Mächte nicht für und im Sinne des Reiches – ja oft sogar gegen die Interessen des Reiches eingesetzt worden.[532]

Fraglich ist, inwieweit die Stände des Reiches rechtlich dazu verpflichtet waren, im Rahmen ihrer Außen- und Sicherheitspolitik auf die Interessen des Reiches Rücksicht zu nehmen und ob sich daraus reichsrechtliche Einschränkungen für Truppenvermietungen ergaben.

Zunächst einmal bleibt festzuhalten, dass das in der Kritik zum Ausdruck kommende Reichsdenken zur Zeit des hier untersuchten Vertragsschlusses in erster Linie nur in der Literatur existierte. Ein „deutsches Bewusstsein" gab es weder in der Politik des Kaisers noch in der der Reichsstände.[533]

3.1.1 Keine Zurverfügungstellung von Truppen gegen Kaiser und Reich

Zu berücksichtigen hatten die Stände des Reiches die Regelungen des Westfälischen Friedens. Gemäß Artikel VIII § 2 Abs. 2 IPO durften sich die Bündnisse und alle anderen völkerrechtlichen Verträge der Reichsstände nicht gegen Kaiser und Reich richten. Einem Reichsstand fehlte somit schon die Vertragsabschlussbefugnis für einen Vertrag, in dem sich dieser Reichsstand mit einer auswärtigen Macht verbündete, um mit dieser militärisch gegen den Kaiser und das Reich oder gegen einzelne Reichsstände vorzugehen.[534]

Ebenso war ein Reichsstand nicht befugt, Truppenvermietungsverträge mit Feinden des Reiches oder einzelner Reichsstände abzuschließen. Auf diese Weise hätte er sich verpflichtet, diesen Feinden Truppen zur Verfügung zu stellen, die dann gegen den Kaiser oder andere Reichsstände eingesetzt worden wären, sodass sich auch ein solcher Vertrag gegen Kaiser und Reich gerichtet hätte.

Die zeitgenössische Staatsrechtslehre brachte dies wie folgt zum Ausdruck:

„[...] weil ein Bündnis, so zum Schaden des deutschen Reiches mit einem Fremden wäre gemachet worden, wider die Grundgesetze des

531 *Braubach* (1923), S. 4.

532 *Magis* (1965), S. 12f.

533 *Huber* (1943), S. 84; *Papke* (1983), S. 193.

534 Siehe Seite 111.

heil. Römischen Reiches liefe, also auch ein Stand des deutschen Reiches seine Kriegesvölker an keinen Fremden überlassen kan, der dieselbe zum Nachtheile des Vaterlandes brauchen wollte. Ein solches Verfahren würde nimmermehr mir der Pflicht bestehen können, womit ein jeder Reichsstand dem gemeinen Wesen verbunden ist. [...] Die Eintracht zwischen Haupte und Gliedern würde aufgehoben werden, wenn ein Reichsstand zum Schaden des gemeinen Wesens seine Kriegsvölker einem öffentlichen Feinde des Vaterlandes überliesse."[535]

Wie oben gezeigt, war die Landgrafschaft Hessen-Kassel zum Abschluss des hier untersuchten Vertrages befugt.[536] Die Truppen wurden dem Königreich Großbritannien zur Bekämpfung der Aufständischen in den amerikanischen Kolonien zur Verfügung gestellt und nicht zum Einsatz gegen den Kaiser oder einen anderen Reichsstand.

3.1.2 Verpflichtungen aus der Reichskriegsverfassung

Darüber hinaus gab es noch die Verpflichtungen aus der Reichskriegsverfassung, die die Reichsstände bei ihrer Außen- und Sicherheitspolitik zu beachten hatten. Die Reichskriegsverfassung hatte das Ziel, das Reich als Rechts- und Friedensordnung – das Reich war kein territorialstaatliches Gebilde und konnte in diesem Sinne gar nicht verteidigt werden – zu schützen und die Reichsstände, ihre Rechte und Territorien gegen Friedensbruch von innen und außen kollektiv zu sichern.[537]

3.1.2.1 Exkurs: Entwicklung der Reichskriegsverfassung

Der Gedanke, dem Reich angesichts des verfallenen und für die Kriegführung schon völlig unbrauchbaren Lehnswesens eine der Zeit und ihrer Möglichkeiten entsprechende Wehrordnung zu geben, tauchte in der Zeit der Hussitenkriege (1419-1437) auf.[538] Auf dem Reichstag zu Nürnberg 1422 einigte man sich erstmals auf eine Matrikel – ein Verzeichnis der Kontingente, die die einzelnen Reichsstände für ein Reichsheer zu stellen hatten. Eine grundsätzliche und beständige Ordnung brachte der Reichstag zu Worms im Jahr 1521. Die Wormser Matrikel setzte das einfache Reichsaufgebot, das „Simplum", auf rund 4000 Reiter und 20.000 Fußknechte fest, deren Gestellung nach einem bestimmten Schlüssel auf die Reichsstände verteilt war. Bei Bedarf

---

535 *Eisenhard* (1760), S. 45.

536 Siehe Seite 112.

537 *Papke* (1983), S. 236f.

538 Zur Entwicklung der Reichskriegsverfassung: *Fiedler,* Kabinettskriege (2002), S. 189ff; *Braubach* (1923), S. 74ff; *Papke* (1983), S. 238ff.

konnte der Reichstag dieses Aufgebot verdoppeln (Duplum), verdreifachen (Triplum) oder noch weiter vervielfachen.

Die auf dem Augsburger Reichstag 1555 beschlossene Reichsexekutivordnung übertrug die Aufbietung der Reichsarmee den zehn Kreisen, in die das Reich eingeteilt war. Die Reichsstände, die einem Reichskreis angehörten, wählten einen ständigen Kreiskriegsoberst, der die Truppen im Fall von Aufruhr oder Kriegsnot mobilisieren konnte. Damit lag die Exekutivgewalt des Reiches dezentralisiert in den Händen der Reichsstände.[539]

Das Ergebnis der letzten Reform der Reichskriegsverfassung war die Reichsdefensionalordnung, die 1681 vom Reichstag gebilligt wurde. Sie erhöhte das Simplum auf 40.000 Mann – 28.000 zu Fuß und 12.000 Reiter – und schrieb eine Verteilung nach der Größe der Kreise vor.

	Simplum	
	Reiter	Fußsoldaten
Bayerischer Reichskreis	800	1.494
Schwäbischer Reichskreis	1.321	2.707
Oberrheinischer Reichskreis	491	2.853
Niederrheinisch-Westfälischer Reichskreis (in dessen Gebiet lag die Landgrafschaft Hessen-Kassel)	1.321	2.708
Fränkischer Reichskreis	980	1.902
Niedersächsischer Reichskreis	1.322	2.707
Burgundischer Reichskreis	1.321	2.708
Österreichischer Reichskreis	2.522	5.507
Obersächsischer Reichskreis	1.322	2.707
Kurrheinischer Reichskreis	600	2.707
Reichsarmee	12.000	28.000
	40.000	

Dazu sollten Kreiskassen für den Unterhalt der Truppen sowie eine Reichskriegskasse für die Entlohnung des Generalstabs und der Artillerie eingerichtet werden. War in früheren Zeiten das Reichsheer einheitlich nach der Wormser Matrikel von 1521 aufgeboten worden, so besaß nach 1681 jeder Reichskreis sein eigenes Corps mit eigener

539 *Fiedler*, Kabinettskriege (2002), S. 189; *Papke* (1983), S. 240.

Kreiskasse, Kreisgeneralität, Kreisverfassung und eigener Kreismatrikel.

3.1.2.2 Reichspflicht

Wenn der Reichstag nach einem entsprechenden Beschluss den Reichskrieg erklärte, waren alle Stände des Reiches verpflichtet, ein Truppenkontingent gemäß der entsprechenden Kreismatrikel für die Kreisaufgebote zu stellen. Diese bildeten dann die Reichsarmee. Wenn ein Stand der Pflicht zur Stellung eines Kontingents nicht nachkam, konnte dieser Verstoß gegen die Reichspflicht die Reichsexekution nach sich ziehen.[540]

Wie alle Aufgaben des Alten Reiches hatte auch die Reichskriegsverfassung dort ihre Schwierigkeiten, wo die Eigeninteressen einflussreicher Reichsstände und des Kaisers ins Spiel kamen.[541] Wo die sogenannten Armierten – die großen Stände, die ein eigenes Stehendes Heer unterhielten – in einem Reichskreis den Ton angaben, entwickelten sich keine Kreiskontingente. Die Armierten ließen es nicht zu, dass ihre wertvollen Stehenden Formationen matrikelgerecht auf die Kreise aufgeteilt wurden. Deshalb stellten sie ihre Truppen nicht über die Kreise sondern direkt.

So traten die Habsburger Kaiser gegenüber den Feinden, gegen die der Reichskrieg geführt wurde, nicht nur in ihrer Eigenschaft als Reichsoberhaupt, sondern immer auch als eigenständige Kriegspartei auf und setzten die kaiserliche Armee – das Stehende Heer der Habsburger Erblande – im eigenen Namen ein. Auch andere große armierte Stände versuchten teilweise gegenüber Reichsfeinden als selbständige Kriegspartei in Erscheinung zu treten und ihre Truppen im eigenen Namen einzusetzen. In den meisten Fällen stellten sie aber ihre Stehenden Regimenter direkt in den Dienst und den Sold des Kaisers. Dann wurden ihre Truppen in die kaiserliche Armee eingegliedert und kämpften im Namen, auf Weisung und unter Kontrolle der Habsburger. Die Armierten stellten dabei dem Kaiser regelmäßig das Mehrfache dessen, wozu Sie nach den Matrikeln verpflichtet waren, zur Verfügung und erhielten dafür Subsidien.[542] Diese Form der Truppenstellung gegen Reichsfeinde war folglich eine Truppenvermietung zwischen Reichsständen.

---

540 *Papke* (1983), S. 255.

541 *Schilling* (1989), S. 121f.

542 *Papke* (1983), S. 245.

Die kleinen Stände ohne Stehendes Heer, die sogenannten Nichtarmierten, die einem Reichskreis angehörten, der von Armierten dominiert wurde, stellten überhaupt keine Truppen, sondern ließen sich von den Armierten vor dem Reich vertreten.[543] Die Kontingente, die die Armierten gegen Reichsfeinde zum Einsatz brachten, beinhalteten auch die Anzahl der Soldaten, die die kleinen Stände nach Kreismatrikel zu stellen hatten. Dafür erhielten die Armierten von den Nichtarmierten entsprechende Vertretungsgelder.

Nur im Südwesten des Reiches, wo die Reichskreise nicht von großen Territorien mit Stehenden Heeren dominiert wurden, sondern sich aus mittleren, nur zeitweise oder teilarmierten und kleinen, nichtarmierten Reichsständen zusammensetzten, stellten diese ihre Kontingente, die sie gemäß der Kreismatrikel aufzubringen hatten, in den Dienst des jeweiligen Kreises. Sie übertrugen ihre Leitungs- und Einwirkungsbefugnisse über diese – meist nur für den jeweiligen Reichskrieg aufgestellten – Verbände auf die zwischenständische Organisation, sodass wir es bei dieser Form der Truppenstellung mit einer Organleihe ohne finanziellen Hintergrund zu tun haben. Insbesondere dem Schwäbischen und dem Fränkischen Reichskreis gelang es, eine sogenannte Kreisarmatur aufzubauen.

Die verschiedenen Kreisarmaturen bildeten dann die Reichsarmee. Eine Reichsarmee, die von allen Reichskreisen zur gleichen Zeit kontingentiert wurde, hat es aber auf Grund der oben genannten Verfahrensweise der Armierten niemals gegeben.[544] Die Schlachten der Reichskriege wurden – von wenigen Ausnahmen abgesehen – von der kaiserlichen Armee mit den integrierten Hilfstruppen einiger Armierter geschlagen. Die Reichsarmee, die sich zumeist nur aus fragmentarisch aufgestellten Kontingenten einiger Kreise zusammensetzte, wurde vor allem für Sicherungsaufgaben eingesetzt.[545]

Inwieweit der selbständige Einsatz eigener Truppen oder Truppenvermietungen an den Kaiser ein rechtmäßiger Ersatz für die Stellung von Truppen zur Reichsarmee war und ein Reichsstand dadurch formal seiner Pflicht gegenüber dem Reich nachkam beziehungsweise diese dadurch rechtmäßig ablösen konnte oder ob die Armierten damit die Regelungen der Reichskriegsverfassung unterliefen, kann für die hiesige Untersuchung dahinstehen. Es gab jedenfalls keinen ernstzu-

---

543 *Schilling* (1989), S. 122.

544 *Papke* (1983), S. 237.

545 *Papke* (1983), S. 253.

nehmenden Widerstand gegen diesen, alle Seiten befriedigenden Weg und er wurde gängige Verfassungspraxis.[546]

3.1.2.3 Verstöße gegen die Reichspflicht

Kaiserlicher Widerstand regte sich aber, wenn ein Reichsstand während eines Reichskrieges seine Truppen anstatt dem Kaiser oder der Reichsarmee einem fremden Kriegsherrn zur Verfügung stellte und auf Grund dessen seiner Pflicht gegenüber dem Reich in keiner der oben aufgezeigten Weisen nachkommen konnte.

Am 21. Juni 1702 schloss das Königreich Großbritannien mit dem Kurfürstentum Braunschweig-Lüneburg-Hannover, das auch Kurhannover genannt wurde, einen Truppenvermietungsvertrag, in dem sich der Kurfürst verpflichtete, 10.000 Mann kurhannoverscher Truppen für den Kampf gegen Frankreich in den Dienst von Großbritannien zu stellen.[547] Am 28. September 1702 erklärte auch der Reichstag den Krieg gegen Frankreich. Der daraus entstehenden Reichspflicht meinte Kurfürst Georg Ludwig indirekt zu genügen. Zum einen kämpften die ihrer Identität nach kurhannoverschen Truppen bereits gegen den Reichsfeind Frankreich und nach der Ansicht des Kurfürsten damit im Interesse des Reiches.[548]

Zum anderen übernahm das Königreich Großbritannien nur einen Teil der Besoldungskosten. Für 3000 Kavalleristen zahlte Großbritannien nur die geringere Infanterielöhnung. Kurhannover musste für einen Teil der Besoldungskosten seiner Truppen im fremden Dienst folglich selbst aufkommen. Diese Sonderaufwendungen leistete der Kurfürst nach seiner Beurteilung der Dinge als Dienst am Reich und in Erfüllung seiner Reichspflicht, sodass sich die zusätzliche Stellung eines Kontingents zur Reichsarmee erübrige.[549] Mit dieser Argumentation und diplomatischer Unterstützung Großbritanniens ersuchte der Kurfürst von Braunschweig-Lüneburg-Hannover die Befreiung von der Stellung eines Kontingents zur Reichsarmee. Der Kaiser lehnte dieses Ersuchen aber ab. Er verwarf den Einwand, dass durch Zuschüsse zur Unterhaltung der eigenen Truppen im großbritannischen Dienst die „Matrikular-Schuldigkeit" abgetragen würde.[550] Kurhannover kam seiner Verpflichtung gegenüber dem Reich schließlich dadurch nach,

---

546 *Braubach* (1923), S. 76f.

547 Siehe dazu Seite 158. Ausführlich zu diesem Vertrag: *Brauer* (1962), S. 31ff.

548 *Brauer* (1962), S. 67.

549 *Brauer* (1962), S. 65.

550 *Brauer* (1962), S. 67.

indem es Truppen der Landgrafschaft Hessen-Darmstadt in seinen Dienst nahm und diese als kurhannoversches Kontingent bis zum Ende des Spanischen Erbfolgekrieges für die Reichsarmee zur Verfügung stellte.[551] Weil die eigenen Truppen vermietet waren, wurden fremde angemietet und in den Dienst des Niedersächsischen Reichskreises gestellt.

Obwohl letztlich nicht jeder Fall dieser Art eine Intervention des Kaisers zur Folge hatte,[552] sah auch die zeitgenössische Staatsrechtsliteratur die Entsendung von Kontingenten zur Reichsarmee als eine primäre Pflicht eines jeden Reichsstandes an, gegen die auf jeden Fall verstoßen wurde, wenn ein Reichsstand keine Kontingente zur Reichsarmee stellen konnte, weil er seine Truppen anderen Staaten außerhalb des Reiches zur Verfügung gestellt hatte. Nur wenn ein Reichsstand mehr Truppen hatte, als er nach der jeweiligen Kreismatrikel zu stellen verpflichtet war, behielt er nach der Auffassung damaliger Staatsrechtslehrer die freie Verfügbarkeit über diese überzähligen Truppenteile und konnte diese während eines Reichskrieges an andere Staaten vermieten:

„Nach den Grundgesetzen von Deutschland ist ein Stand des Reiches verbunden, bey einem entstandenen Reichskriege sein Contingent zu der Reichsarmee, nebst den andern Unkosten, die zu glücklicher Ausführung eines solchen Reichskrieges erfordert werden, herzugeben. [...] Weil nun aber durch die Überlassung von Kriegsvölkern an eine auswärtige Macht, dem deutschen Reiche ebenfalls eine ansehnliche Macht entzogen wird, und über dieses zu befürchten ist, es möge so gar dadurch ein Fürst ausser Stand gesetzet werden, sein behöriges Contingent zu einer Reichsarmee schicken zu können, so scheinet hieraus zu fliessen, daß zu solchen Zeiten, wenn ein Reichskrieg geführet wird, ein Reichsstand seine Kriegsvölker keinem fremden Potentaten überlassen könne, sondern selbige vielmehr zu des Reiches Diensten zu Hause behalten müsse. Allein wenn man dieses alles genauer untersuchet, so wird man finden, daß nichts destoweniger ein Reichsstand in dergleichen Fällen Auswärtigen auch Kriegsvölker überlassen könne. Nach den Reichsgesetzen wird von einem Reichsstande nur erfordert, daß er nach dem gemachten Reichsanschlage sein Contingent zu einer Reichsarmee schicke. Wenn also ein Fürst dieses, was die Reichsgesetze von ihm verlangen, erfüllet hat, so behält er ja die Freyheit, über seine übrigen Kriegsvölker nach Gutbefinden zu ordnen;

551 *Braubach* (1923), S. 83f; *Brauer* (1962), S. 69f.

552 *Braubach* (1923), S. 76f.

und es stehet ihm demnach frey, dieselbe einem fremden oder einem andern Reichsstande zu überlassen."[553]

3.1.2.4 Keine Pflichtenkollision im untersuchten Fall

Wenn der Reichstag den Reichskrieg erklärte, hatte jeder Reichsstand die Pflicht, Truppen zu stellen. Formal mussten die Truppen in den Dienst eines Reichskreises zur Bildung der Reichsarmee gestellt werden; in der Praxis wurden auch Truppenvermietungen an den Kaiser und der Einsatz der Truppen im eigenen Namen akzeptiert.[554] Darauf mussten die Stände des Reiches im Rahmen ihrer eigenen Außen- und Sicherheitspolitik Rücksicht nehmen. Truppenvermietungen an Staaten außerhalb des Reiches während eines Reichskrieges konnten folglich zu Pflichtenkollisionen führen und dementsprechend rechtswidrig sein.[555]

Der Landgraf von Hessen-Kassel stellte auf Grund des hier untersuchten Vertrages dem Königreich Großbritannien seine Truppen von 1776 bis 1783 zur Verfügung. Während dieser Zeit führte das Reich als Corpus keinen Krieg. Es gab somit keine primäre reichsrechtliche Truppenstellungspflicht, die Hessen-Kassel hätte beachten müssen und die mit der Pflicht aus dem Vertrag vom 15. Januar 1776, Großbritannien Truppen zur Verfügung zu stellen, hätte kollidieren können.

3.1.3 Ergebnis

Rechtliche Verpflichtungen gegenüber dem Reich standen der Zurverfügungstellung von Truppen der Landgrafschaft Hessen-Kassel an das Königreich Großbritannien nicht entgegen. Die verbindlichen Belange des Reiches wurden beachtet.

3.2 Vorwurf der Opferung von Landeskindern für fremde Interessen

Weiterhin wird kritisiert, dass Truppenvermietungen dazu geführt hätten, dass die Soldaten dieser Truppen für „fremde Interessen" kämpfen mussten.[556] Dies sei insbesondere dann als Unrecht anzusehen, wenn diese Truppen aus „gepressten Landeskindern" bestan-

---

553 *Eisenhard* (1760), S. 42f.

554 Siehe Seite 139.

555 *Magis* (1965), S. 13; *Canstein, v.* (1989), S. 126.

556 *Lowell* (1884/1901), S. 6.

den hätten.[557] Dadurch wäre „das Volk, ohne um seinen Willen gefragt zu werden, für fremde, nicht selten antinationale Ziele geopfert" worden.[558] Die Landesherren wären aber verpflichtet gewesen, die Kraft der Untertanen nur für den eigenen Staat zu verwenden.[559] „Jene Fürsten hatten nicht das Recht, die Regimenter, die ihnen geschworen, ihnen als den Landesherren, einem fremden Herrscher zu überlassen, während ihr Land oder das Deutsche Reich sich nicht im Kriege mit den Feinden des fremden Herrschers befand, sich nicht im Kriege befinden konnte."[560]

3.2.1 Beschränkungen bei der Entsendung von Wehrpflichtarmeen

Als diese Kritik geäußert wurde, beruhte die Heranziehung von Landeskindern zur Armee in Deutschland auf der Allgemeinen Wehrpflicht, die auf die Heeresreformer Gerhard von Scharnhorst (1755-1813) und Hermann von Boyen (1771-1848) zurückging. Dieser Allgemeinen Wehrpflicht lag die Vorstellung zu Grunde, dass „alle Bewohner des Staates geborene Verteidiger desselben sind."[561] Ihr entsprach damit das Recht, als „freier Mann" für den Staat mit der Waffe einzutreten.[562] Der Bürger wurde so zu einem lebendigen Träger des Staates und die Nation als Gemeinschaft freier Bürger wurde in den Stand gesetzt, sich selbst militärisch und politisch für ihre Existenz zu engagieren. Die Pflicht der waffenfähigen Bürger, das Vaterland zu verteidigen, beruhte folglich auf einer inneren und lebendigen Anteilnahme am Staatsleben dieses Vaterlandes und korrespondierte mit der Wahrnehmung staatsbürgerlicher Rechte.[563] Der Dienst im Rahmen der Allgemeinen Wehrpflicht, durch den letztendlich das eigene Schicksal aktiv mitgestaltet wurde, konnte als eine ehrenvolle Aufgabe angesehen und mit hoher Eigenmotivation abgeleistet werden. Die Heranziehung der Gesamtheit der männlichen, waffenfähigen Bevölkerung zum kriegerischen Einsatz auf Grund der Allgemeinen Wehrpflicht war ideell folglich dadurch legitimiert, dass dieser Einsatz für das eigene politische Sein und damit auch immer im eigenen Interesse der Herangezogenen erfolgte. Die Nation kämpfte für ihre eigene Sache.

---

557 *Braubach* (1923), S. 20.

558 *Kapp* (1874), Vorwort zur 1. Auflage.

559 *Boguslawski, v.* (1885), S. 300.

560 Ebenda.

561 Scharnhorst in einem Schreiben an König Friedrich Wilhelm III. vom 15. März 1808.

562 *Huber* (1943), S. 130.

563 *Schnitter* (1994), S. 37.

Schon zur Zeit des hier untersuchten Vertragsschlusses und damit lange bevor der erste Soldat der französischen Republik deutschen Boden betrat und dadurch von Scharnhorst und von Boyen zu den Reformen veranlasste, war das Ideal einer solchen „Bürgerarmee" von der deutschen Aufklärung formuliert und ausgestaltet worden.[564]

3.2.2 Keine Beschränkungen bei der Entsendung von Stehenden Heeren

Im Staatsrecht dieser Zeit hatte diese Idee aber noch keinen Niederschlag gefunden. Die Verpflichtung von Landeskindern – genauer gesagt der unteren Schichten der Bevölkerung – beruhte nicht auf deren lebendiger Anteilnahme am Staatsleben, sondern auf Zwang. Sie wurden einer dem Staat nützlichen Beschäftigung zugeführt.[565] Nicht das Bewusstsein, das eigene Schicksal aktiv mitzugestalten, sondern die Unterworfenheit unter die unbedingte Herrschaftsgewalt des Landesherrn war der Grund für die Dienstleistung im Stehenden Heer. Folglich wurde der Dienst in der Regel auch nicht als ehrenvolle Aufgabe angesehen und mit eher geringer Eigenmotivation erbracht. Die Heranziehungen wurden widerstrebend hingenommen und nicht selten versuchten die Soldaten, sich ihr durch Desertion zu entziehen. „Nicht durch Ehre, sondern durch Drill und Disziplin wurden die Mannschaften zusammengehalten."[566]

Mit dieser Zwangsmaßnahme, die als Werbung im Innland definiert wurde,[567] korrespondierten keine staatsbürgerlichen Rechte.[568] Die Soldaten erhielten für ihre Dienstleistungen ausschließlich Geld. Der Dienst im Stehenden Heer hatte dementsprechend einen professionellen Charakter und war eben nicht dadurch legitimiert, dass er im eigenen politischen Interesse der Herangezogenen lag. Dies hatte zur Folge, dass die Stehenden Regimenter für eine von dynastischen Interessen bestimmte Haus- und Familienpolitik der Landesherren eingesetzt werden konnten.

Auch wenn sie im Dienst des Landesherrn standen, in dessen Land sie geboren und aufgewachsen waren, kämpften die zum Dienst verpflichteten Landeskinder in den sogenannten Kabinettskriegen nicht für ihr Vaterland oder ihre eigene Sache, sondern für die Sache des

564 *Blastenbrei* (2003), S. 34; *Böhme* (1954), S. 29.

565 Siehe Seite 42.

566 *Huber* (1943), S. 100.

567 Siehe Seite 39.

568 *Huber* (1943), S. 126.

Landesherrn. Die Soldaten der Stehenden Heere – egal ob angeworben oder zum Dienst verpflichtet – marschierten für Erbansprüche, Kurfürstenhüte, Königskronen und Kaiserthrone, wo und wie immer sie auch zu vergeben waren.[569] Auch die Beteiligung deutscher Fürsten an den Kriegen gegen die Türken[570] oder die Expansionspolitik Ludwigs XIV.,[571] die in der Geschichtsschreibung des 19. und frühen 20. Jahrhunderts als „Kampf gegen eine gemeinsame Gefahr"[572] und damit als Kampf im nationalen Interesse interpretiert wurden, beruhten in erster Linie auf dieser Interessenpolitik. Wenn in diesen Kriegen deutsche Regimenter gegen nichtdeutsche Feindkräfte kämpften, war das auch für die Soldaten, die dies im Namen ihres Landesherrn taten, keine aktive Mitgestaltung der Verteidigung ihres Landes, sondern die ohne politische Anteilnahme ausgeführte Erbringung militärischer Dienstleistungen für den Landesherrn.

Von dem nationalen Blickwinkel der Kritiker aus und im Vergleich zu den Wehrpflichtigen des 19. Jahrhunderts, die zumindest von der Konzeption her mit ihrem Einsatz in der Armee das eigene politische Schicksal aktiv mitgestalteten, kämpften die Soldaten der Stehenden Heere grundsätzlich – und nicht nur wenn sie in den Dienst eines anderen Staates gestellt wurden – für fremde Interessen. Dementsprechend standen sie dem Dienst für fremde Landesherren auch nicht unbedingt verständnisloser gegenüber als dem Dienst für ihren eigenen Landesherrn, der sie zum Dienst angeworben oder verpflichtet hatte.[573] Für die Soldaten – egal ob sie dem Stehenden Heer freiwillig oder unfreiwillig beigetreten waren – änderte sich bei Truppenvermietungen lediglich der Leistungsadressat.[574] Die fehlende politische Anteilnahme der Soldaten an den Einsätzen und die rein wirtschaftliche Natur der Gegenleistungen garantierte den Landesherren die unbeschränkte Verfügungsgewalt über ihre Regimenter.[575] Genauso wenig wie die Heranziehung der unteren Schichten der Bevölkerung zum Stehenden Heer für die Herangezogenen die Wahrnehmung staatsbürgerlicher Rechte mit sich brachte, beschränkte diese Form der Heeresaufbringung die Entsende- und Einsatzbefugnis des Landes-

---

569 *Papke* (1983), S. 193.

570 Siehe Seite 151f, 165f und 169f.

571 Siehe Seite 149 und 152ff.

572 *Boguslawski, v.* (1885), S. 299.

573 *Böhme* (1954), S. 20.

574 Siehe Seite 74.

575 *Papke* (1983), S. 212.

herrn auf Einsätze, in denen es um das eigene politische Sein der Herangezogenen ging.

Verfassungsrechtliche Einschränkungen, wie es sie für den Einsatz der früheren Defensionswerke und Miliztruppen[576] und der späteren Wehrpflichtarmeen gab, standen dem Einsatz der Stehenden Heere nicht im Weg. Es stand den Landesherren frei, ihre Truppen – auch wenn sich diese teilweise aus zum Dienst verpflichteten Landeskindern zusammensetzten – einem anderen Herrscher zu überlassen. Stehende Heere konnten in Konflikten eingesetzt werden, an denen der Entsendestaat nicht beteiligt war. Truppenvermietungen waren somit nach dem zur Zeit des hier untersuchten Vertrages gültigen Staatsrecht grundsätzlich zulässig.

3.2.3 Staatenpraxis

Ein Beleg für die grundsätzliche Rechtmäßigkeit von Truppenvermietungen ist auch, dass sie ein fester Bestandteil der Staatenpraxis im Zeitalter des Absolutismus waren.

3.2.3.1 Vorformen – Die Schweizer

Vorformen von Truppenvermietungen lassen sich bereits noch früher nachweisen. Während des 15. und 16. Jahrhunderts gestatteten die Schweizer Orte (Kantone) gegen Zahlung von Pensionen auf ihrem Gebiet nicht nur die Werbung für den Dienst in von Kriegsunternehmern aufgestellten Soldtruppen, die im Auftrag auswärtiger Kriegsherren kämpften, sondern stellten auswärtigen Kriegsherren auch direkt die von ihnen aufgestellten Truppen als geschlossene Kontingente zur Verfügung.[577] Bei den von den Kantonen aufgestellten Truppen handelte es sich noch um keine Stehenden Heere, sondern um Volksaufgebote. Alle Schweizer leisteten in Zeiten äußerer Bedrohung Kriegsdienste auf Grund der unterschiedslosen Heerbannpflicht, die letzten Endes auf die Zeit der Karolinger zurückging.[578] Der Überschuss an einer stets kriegsbereit gehaltenen Bevölkerung in einer wirtschaftlich armen Region war der Grund dafür, dass einzelne Kantone eine Art besoldetes Aufgebot von Freiwilligen entwickelten, wel-

---

576 So war beispielsweise in Hessen-Kassel im großen Vergleich zwischen Ritterschaft und Landgraf vom 2. Oktober 1655 festgelegt worden, dass die Miliz nur in Notfällen außerhalb des Landes eingesetzt werden durfte: *Demandt* (1969), S. 173. Siehe auch Seite 37 und 42.

577 *Jähns* (1885), S. 254; *Papke* (1983), S. 120.

578 *Fiedler*, Landsknechte (2002), S. 30; *Huber* (1943), S. 68.

ches auswärtigen Kriegsherren – insbesondere den Königen von Frankreich – gegen die Übernahme der Besoldung und weiterer Zahlungen zur Verfügung gestellt werden konnte.[579]

Die Schweizer Kantone des 15. und 16. Jahrhunderts waren zwar noch keine frühmodernen Territorialstaaten, die sich in einem institutionellen Organisationsgefüge verwirklichten. Auch stellten ihre Truppenkontingente noch keine Staatsorgane im Sinne der hier zugrundeliegenden Definition[580] dar, die kontinuierlich, koordiniert und kontrolliert Staatsgewalt ausübten und in ein anderes institutionelles Organisationsgefüge eingegliedert werden konnten. Dennoch bestand eine gewisse Parallelität zu den Truppenvermietungen des Absolutismus. Truppen, die direkt von einem Hoheitsträger – und nicht von einem Kriegsunternehmer – aufgestellt wurden und zu diesem in unmittelbarer Beziehung standen, kämpften für einen anderen Hoheitsträger in Konflikten, in denen die Schweizer Kantone als politische Einheiten nicht involviert waren. Dabei behielten diese landsmannschaftlich zusammengehaltenen Truppenkörper stets ihre schweizerische Identität.[581] Auch blieb die Personalhoheit und Jurisdiktion über die Angehörigen dieser Truppen bei den Heimatkantonen, was eine – gemessen an der Zeit – auffallend gute Disziplin, geregelte Verwaltung und geordnete Führungsverhältnisse zur Folge hatte.[582]

Der berühmteste diesbezügliche Vertrag ist der zwischen den Kantonen und König Franz I. von Frankreich aus dem Jahr 1521, mit dem regelmäßige Truppenlieferungen an Frankreich eingeleitet wurden. In diesem wurde unter anderem vereinbart, dass die Schweizer jederzeit mit voller Ausrüstung in die Heimat zurückgerufen werden könnten, wenn diese von einer ausländischen Macht bedroht sein sollte – eine Regelung, die in ähnlicher Form in vielen Truppenvermietungsverträgen des Absolutismus enthalten war. [583]

3.2.3.2 Staatenpraxis im Zeitalter des Absolutismus

Um einen Überblick über die Staatenpraxis in Bezug auf die eigentlichen Truppenvermietungen in der Zeit nach dem Dreißigjährigen Krieg geben zu können, ist es notwendig, kurz die Gesamtzusammenhänge der internationalen Beziehungen dieser Zeit darzustellen.

---

579 *Papke* (1983), S. 120.

580 Siehe Seite 31.

581 *Jähns* (1885), S. 257.

582 *Papke* (1983), S. 120; *Losch* (1933), S. 23.

583 *Fiedler*, Landsknechte (2002), S. 54f.

Die Ablösung der spanischen Vormachtstellung durch die französische, die beim Abschluss des Westfälischen Friedens 1648 bereits sichtbar war – das Königreich Frankreich war eine der Garantiemächte dieses Friedens –, wurde durch den Pyrenäenfrieden von 1659 besiegelt. Auf dem Weg zur neuen Großmacht Europas folgte Frankreichs König Ludwig XIV. den außenpolitischen Zielen, die die Kardinäle Richelieu und Mazarin vorgegeben hatten. Gegen diese Expansions- und Hegemonialpolitik formierte sich ein europäischer Widerstand, aus dem das große mächtepolitische Leitthema erwuchs, welches die europäische Politik bis in die Revolutionsära hinein bestimmte: das Gleichgewicht der Kräfte.

3.2.3.2.1 Erster Raubkrieg Ludwigs XIV.

Die erste Unternehmung Ludwigs XIV. war der Versuch, die Spanischen Niederlande an sich zu reißen. Dagegen formierte sich die sogenannte Tripelallianz aus England, Schweden und den Vereinigten Niederlanden, die Frankreich zum Ersten Aachener Frieden vom 2. Mai 1668 zwang. Im Rahmen dieses ersten französischen Raubkrieges in den Jahren 1667/68, der auch als Devolutionskrieg in die Geschichte einging,[584] mieteten die Vereinigten Niederlande Truppen des Herzogtums Braunschweig-Lüneburg-Hannover. Bereits in diesem Vertrag vom 16. März 1668 ist davon die Rede, „Truppen in den Dienst eines anderen zu geben“:[585]

> Que les Seigneurs Princes de Bronswijck & Lunebourg donneront au service de leurs Hautes Puissances les Seigneurs Etats Generaux des Provinces – Unies le nombre de trois mil hommes de Pied [...].[586]

3.2.3.2.2 Zweiter Raubkrieg Ludwigs XIV.

Ließen sich die Ziele des ersten Raubkrieges Ludwigs XIV. noch aus der für den absolutistischen Staatsgedanken typischen Forderung nach natürlichen Grenzen verstehen, so bedeutete der sogenannte Holländische Krieg der Jahre 1672 bis 1678 mehr. In diesem zweiten Raubkrieg ließ Ludwig XIV. seine Truppen in den Generalstaaten einmarschieren, um sich für deren Widerstand gegen die Expansion Frankreichs zu

---

584 Ludwig XIV. begründete diesen Eroberungsfeldzug mit Ansprüchen als Gatte der Tochter Philips IV. von Spanien aus dem Devolutionsrecht – dem Erbvorrecht von Kindern aus erster Ehe.

585 Abgedruckt bei *Dumont,* Band VII, Teil 1 (1731), S. 79.

586 Artikel 1 des Vertrages vom 16. März 1668, *Dumont,* Band VII, Teil 1 (1731), S. 79.

rächen und einen starken wirtschaftlichen Konkurrenten des Königreichs auszuschalten.[587] Der Angriff war diplomatisch gründlich vorbereitet worden. Gegen die Zahlung von Subsidien hatte sich das Königreich Schweden zur Neutralität und das Königreich England sogar zur Kriegsgenossenschaft mit Frankreich verpflichtet. Dafür traten der Kaiser als Herrscher über das habsburgerische Länderkonglomerat, das Königreich Spanien, das Königreich Dänemark und das Kurfürstentum Brandenburg an die Seite der Niederlande. 1674 wechselte England in die antifranzösische Koalition und der Reichstag erklärte den Reichkrieg, sodass ab dieser Zeit auch das Heilige Römische Reich Deutscher Nation als Corpus an diesem Krieg beteiligt war.

Neben der Stellung von Kontingenten zur Reichsarmee beziehungsweise dem Einsatz von Truppen im eigenen Namen wie im Falle Österreichs oder Kurbrandenburgs vermieteten einige deutsche Territorien Teile ihrer Truppen an die Gegner Frankreichs. Das Herzogtum Celle, das Herzogtum Pfalz-Neuburg, das Herzogtum Braunschweig-Wolfenbüttel und das Bistum Osnabrück schlossen entsprechende Verträge mit dem Königreich Spanien und der Republik der Vereinigten Niederlande ab.[588] Österreich, das als eigenständige Kriegspartei auftrat, nahm Truppen des Bistums Würzburg, des Bistums Bamberg, des Herzogtums Sachsen-Eisenach, des Herzogtums Sachsen-Gotha und der Landgrafschaft Hessen-Darmstadt in seinen Dienst.[589]

Im Rahmen dieses Konflikts kam es auch zum ersten Truppenvermietungsvertrag mit der Landgrafschaft Hessen-Kassel. In den Jahren 1677 und 1678 stellte die Landgrafschaft unter der Regentin Hedwig Sophie dem Königreich Dänemark, das mit Frankreichs Partner Schweden an der gemeinsamen Grenze Krieg führte, Truppen zur Verfügung.[590] Die Landgräfin verpflichtete sich dazu, dass „ihre schickenden völker zu ross und fuess in Schonen übergeführet und daselbst Ihrer Königlichen Majestät commando untergeben und in Dero diensten gebraucht werden".[591]

Im Gegenzug zahlte das Königreich Dänemark Werbegelder und übernahm die Kosten der Verpflegung. Außerdem befreite der Kaiser die Landgrafschaft dafür, dass sie seinen Bündnispartner Dänemark

---

587 *Papke* (1983), S. 187.

588 *Wilson* (1998), S. 49.

589 *Wilson* (1998), S. 53.

590 *Losch* (1933), S. 7; *Schilling* (1989), S. 175. Der diesbezügliche diplomatische Briefwechsel ist abgedruckt bei *Parry*, Band 14 (1969), S. 227-236.

591 Brief vom 26. April 1677, *Parry*, Band 14 (1969), S. 228.

unterstützte, von der Stellung von Winterquartieren für die Koalitionstruppen. Die Fahnen der in dänischen Diensten eingesetzten hessischen Regimenter, die schwedische Kriegsbeute wurden, hängen noch heute in der Riddarholmskirche in Stockholm.

3.2.3.2.3 Großer Türkenkrieg

Der Ansturm der Osmanen im Jahr 1683 führte im Südosten Europas zu einem Krieg, der erst 1699 mit dem Frieden von Karlowitz beendet wurde. 1684 schlossen sich Habsburg, Polen und Venedig gegen die Hohe Pforte zur sogenannten Heiligen Liga zusammen, der 1686 auch Russland beitrat.

Zwar erklärte der Reichstag keinen Reichskrieg, beschloss aber die Aufstellung einer Reichsarmee, die den kaiserlichen Truppen – dem Stehenden Heer der Habsburger Erblande – zu Hilfe kommen sollte. Aber nicht alle Reichsstände stellten Kontingente zur Reichsarmee. Einige vermieteten ihre Truppen direkt an den Kaiser; so auch das Kurfürstentum Bayern, dessen Truppen unter der Führung ihres Kurfürsten im Dienste Habsburgs gegen die Türken kämpften.[592] Der Kurfürst führte seine Truppen nicht als Kriegsherr im eigenen Namen, sondern als Truppenführer unter österreichischem Oberbefehl – er hatte sich quasi selbst mitvermietet.

Auch das Kurfürstentum Sachsen stellte Truppen direkt in den Dienst des Kaisers.[593] Im Rahmen des Großen Türkenkrieges kam es aber nicht nur zu Truppenvermietungen zwischen Reichsständen. Sachsen stellte im Jahr 1685 auch Habsburgs Kriegsgenossen Venedig Truppen zur Verfügung.[594] Im selben Jahr schloss Venedig auch einen Truppenvermietungsvertrag mit dem Herzogtum Braunschweig-Lüneburg-Hannover, 1686 mit der Markgrafschaft Brandenburg-Bayreuth, 1687 mit dem Herzogtum Württemberg und der Landgrafschaft Hessen-Kassel sowie 1688 mit dem Herzogtum Braunschweig-Wolfenbüttel, dem Fürstentum Waldeck und dem Herzogtum Sachsen-Meiningen.[595] Im Vertrag zwischen der Republik Venedig und der Landgrafschaft Hes-

592 *Papke* (1983), S. 222.

593 *Wilson* (1998), S. 70.

594 *Jähns* (1885), S. 284.

595 *Wilson* (1998), S. 78; *Wiebe* (1939), S. 47.

sen-Kassel vom 31. März 1687 verpflichtete sich der Landgraf, ein Infanterieregiment „in den Dienst der Republik zu entsenden“.[596]

> S. A. S. oblige d´ envoyer un Regiment d´ Infanterie au service de la Ser. Republic comosé de mille hommes [...].[597]

3.2.3.2.4 Glorious Revolution / Dritter Raubkrieg Ludwigs XIV.

Die rücksichtslosen Rekatholisierungsmaßnahmen, die der seit 1685 in England herrschende Jakob II. ergriff, hatten das englische Volk zu höchster Erbitterung getrieben und einen scharfen Gegensatz zwischen Krone und Parlament hervorgerufen.[598] Als dem König 1688 ein Sohn geboren wurde, sahen Parlament und einflussreiche Kreise des Adels ihre Rechte durch eine mögliche katholische Dynastie bedroht. König Jakob II. musste nach Frankreich fliehen und das Parlament beschloss, seinem Schwiegersohn, dem calvinistischen Prinzen Wilhelm von Oranien, der seit 1672 Statthalter der Niederlande war, die Krone Englands anzubieten.

Ludwig XIV. von Frankreich ging davon aus, dass dies in England zu einem langjährigen Bürgerkrieg führen müsste, der die Seemächte – England und die Niederlande – in Europa handlungsunfähig machen würde.[599] Zur gleichen Zeit waren die Kräfte Habsburgs durch den Kampf mit den Türken gebunden. Diese scheinbar günstige internationale Konstellation nutzte Ludwig XIV. und eröffnete im September 1688 einen Krieg um die Pfalz. Er gab vor, nach dem Tod des Kurfürsten Karl von der Pfalz das Erbe seiner Schwägerin Elisabeth Charlotte sichern zu wollen – weshalb dieser dritte französische Raubkrieg auch als Pfälzischer Erbfolgekrieg bezeichnet wird. Tatsächlich aber wurde die Pfalz systematisch zerstört, um einen Wüstungsgürtel vor Frankreichs Grenzen zu schaffen, der deutschen Heeren den dortigen Aufenthalt unmöglich machen sollte.[600]

Angesichts der Siege auf dem Balkan und eines türkischen Waffenstillstandsangebots hatte ein möglicher Zweifrontenkrieg für die Wiener Hofburg an Schrecken verloren und der Regierungswechsel in England

---

596 Staatsarchiv Marburg, Bestand A I d, Verträge mit Venedig. Das Regiment wurde extra für diesen Einsatz im April 1687 in Hersfeld aufgestellt: *Atwood* (1980), S. 13.

597 § 1 des Vertrages vom 31. März 1687, Staatsarchiv Marburg, Bestand A I d, Verträge mit Venedig.

598 *Wiebe* (1939), S. 1.

599 *Schilling* (1989), S. 253.

600 *Schilling* (1989), S. 254.

verlief ohne Widerstand. König Wilhelm III. von England und Kaiser Leopold I. fiel es somit leicht, in gemeinsamer Anstrengung die Gegenkräfte gegen Ludwig XIV. zu sammeln, der sich erneut als Aggressor bloßgestellt hatte. Neben den Niederlanden, England und dem Kaiser schlossen sich Spanien, Savoyen und Kurbrandenburg der sogenannten Großen Allianz an. Außerdem erklärte der Reichstag Frankreich den Reichskrieg.

Schon bevor Wilhelm von Oranien nach England aufbrach, nahm er als Statthalter der Niederlande Truppenkontingente einiger deutscher Fürsten in niederländische Dienste. Diese Verbände sollten zur militärischen Sicherung der Generalstaaten eingesetzt werden, während er mit einem Teil seiner niederländischen Truppen nach England übersetzte, um dort die Macht zu übernehmen.[601] Das Kurfürstentum Brandenburg verpflichtete sich im Truppenvermietungsvertrag vom 5. August 1688 zur Bereitstellung von 6000 Mann.[602] Das Herzogtum Celle und das Herzogtum Braunschweig-Wolfenbüttel stellten auf Grund eines Vertrages vom 5. August 1688 gemeinsam insgesamt 4000 Mann in niederländische Dienste.[603] Die Landgrafschaft Hessen-Kassel verpflichtete sich bereits im Juni 1688 zur Überlassung von 1800 Mann[604] und mit dem Herzogtum Württemberg schlossen die Generalstaaten am 4. August 1688 ein Truppenvermietungsvertrag über 1296 Mann.[605]

In seiner Funktion als König von England nahm Wilhelm von Oranien Truppen des Königreichs Dänemark in englische Dienste, um mit diesen gegen Jakob II. vorzugehen. Jener war am 12. März 1689 in Irland gelandet, um mit französischer Hilfe auf den englischen Thron zurückzukehren. Im Vertrag vom 15. August 1689 verpflichtete sich der König von Dänemark, „7000 Mann in den Dienst des Königs von England zu geben":[606]

> Le Roi de Denemarc & de Norvége promet au Roi de la Grand – Bretagne de lui donner 7000 hommes de fes vieilles Troupes aguerries, armes & bagages pourvues de toutes choses

601 *Atwood* (1980), S. 14; *Wiebe* (1939), S. 4; *Wilson* (1998), S. 89.

602 *Wiebe* (1939), S. 21ff; *Wilson* (1998), S. 93.

603 Der Vertag ist abgedruckt bei *Wiebe* (1939), S. 70-72.

604 Der Vertag ist abgedruckt bei *Wiebe* (1939), S. 72-74.

605 Der Vertag ist abgedruckt bei *Wiebe* (1939), S. 74-76.

606 Der Vertag ist abgedruckt bei *Dumont*, Band VII, Teil 2 (1731), S. 237.

> necessaires pour combatre favoir 6000 hommes de pié & 1000 Chevaux [...].[607]

Mit Hilfe dieser Truppen schlug Wilhelm von Oranien das Heer Jakobs II. in der Schlacht am Boyne und vertrieb diesen damit endgültig von den Britischen Inseln.

Aber auch für die direkte Auseinandersetzung mit Ludwig XIV. auf dem Kontinent griff Wilhelm III. auf auswärtige Truppen zurück. Als Statthalter der Niederlande verlängerte er die Truppenvermietungsverträge, die er vor seiner Überfahrt nach England abgeschlossen hatte und vereinbarte darüber hinaus mit einigen Truppenstellern Kontingenterhöhungen.[608] Am 16. Januar 1694 kam beispielsweise folgendes Abkommen zu Stande:

> Vertrag zwischen den Hochmögenden Herren Generalstaaten der Vereinigten Niederlande und dem durchl. Fürsten und Herrn Landgrafen zu Hessen, Fürst zu Hersfeld, über die Beibehaltung seiner Truppen und das Überlassen einiger neuen in den Dienst des Staates.[609]

Außerdem schloss Wilhelm von Oranien noch weitere Truppenvermietungsverträge mit deutschen Fürsten ab – teils in seiner Funktion als Statthalter der Niederlande, teils als König von England. In einigen Fällen wurden auch beide Staaten gemeinsam Partei eines Truppenvermietungsvertrages. Das Herzogtum Sachsen-Gotha stellte auf Grund eines Truppenvermietungsvertrages vom 15. Mai 1689 425 Mann in den Dienst der Niederlande, das Kurfürstentum Köln auf Grund eines Vertrages vom 29. September 1693 456 Mann, das Kurfürstentum Sachsen auf Grund eines Vertrages von 23. Oktober 1693 396 Mann und das Herzogtum Sachsen-Meiningen auf Grund eines Vertrages vom 2. Dezember 1693 348 Mann.[610]

Das Herzogtum Braunschweig-Wolfenbüttel schloss am 19. Januar 1690 und das Herzogtum Schleswig-Holstein-Gottorf am 14. Mai 1696 einen Truppenvermietungsvertrag mit England.[611] Das wolfenbüttelsche Kontingent wurde 1692 mit dem Kontingent vereinigt, das sich bereits seit 1688 in niederländischen Diensten befand, als England dem

607 Artikel 1 des Vertrages vom 15. August 1689, *Dumont*, Band VII, Teil 2 (1731), S. 237.

608 *Wilson* (1998), S. 90.

609 Abgedruckt bei *Bernhardi* (1860), S. 216-220.

610 *Wilson* (1998), S. 93.

611 Ebenda.

Vertrag zwischen dem Herzogtum und der Republik der Niederlande am 5. August 1688 beitrat.

Auch in der vertraglichen Zusicherung der Zurverfügungstellung von Truppen durch das Herzogtum Braunschweig-Lüneburg-Hannover vom 30. Juni 1692 traten England und die Niederlande gemeinsam als Indienstnehmer der Truppen in Erscheinung. In der Überschrift dieses Vertrages ist sogar ausdrücklich davon die Rede, „Truppen in Dienst zu nehmen“:

> Conditions aux quelles Guillaume III. Roi de la Grand Bretagne [...] prenent en service un Corps de sept mille neuf cents & quarante neuf hommes de [...] le Duc de Brunswick – Lunebourg Hannover [...].[612]

All diese Verbände setzte Wilhelm III. während des Krieges gegen die vom Marschall von Luxemburg kommandierten französischen Truppen in Flandern ein. Der Friede von Rijswijk im Jahr 1697, in dem sich Frankreich verpflichten musste, die besetzten rechtsrheinischen Gebiete wieder herauszugeben, beendete diesen dritten Raubkrieg Ludwigs XIV.

3.2.3.2.5 Spanischer Erbfolgekrieg

Das durch diesen Frieden wiederhergestellte Gleichgewicht wurde jedoch bedroht, als Karl II., der letzte Habsburger auf dem spanischen Thron, ohne Nachkommen todkrank darniederlag. Die nächsten Anwärter auf sein Erbe waren einerseits der österreichische Habsburger Karl, ein Sohn Kaiser Leopolds I. und der Bourbone Philipp, ein Enkel Ludwigs XIV.

Um einen ungeteilten Übergang des spanischen Weltreichs auf eine der beiden konkurrierenden Mächte und eine daraus erwachsende Vormachtstellung des Erben zu verhindern, waren im Vorfeld geheime Absprachen über eine Teilung des spanischen Erbes getroffen worden.[613] Als der Erbfall im November 1700 dann aber tatsächlich eintrat und der spanische König auch noch ein Testament hinterließ, das ausschließlich zu Gunsten des französischen Kandidaten ausfiel, entschloss sich Ludwig XIV., seinen Enkel das spanische Erbe ungeteilt antreten zu lassen. Auf diese Weise forderte er das restliche Europa heraus. Am 7. September 1701 schlossen sich der Kaiser, England und die Niederlande zur sogenannten Großen Haager Allianz zusammen,

---

612 Überschrift des Vertrages vom 30. Juni 1692, *Dumont*, Band VII, Teil 2 (1731), S. 316.

613 *Schilling* (1989), S. 258.

um ein Vordringen der Franzosen in die spanischen Besitzungen in Oberitalien und in die südlichen Niederlande zu verhindern. Um Truppen in der Stärke, zu der sich die Bündnispartner verpflichtet hatten, gegen das Königreich Frankreich ins Feld führen zu können, schlossen sie zahlreiche Truppenvermietungsverträge ab.

3.2.3.2.5.1 Verträge mit dem Königreich Dänemark

Die Seemächte – England und die Niederlande – nahmen auf Grund eines Vertrages vom 15. Juni 1701 3000 Reiter, 1000 Dragoner (berittene Infanterie) und 8000 Infanteristen des Königs von Dänemark in ihren gemeinsamen Dienst.[614] Sie zahlten ein Werbegeld von 80 Kronen für jeden Reiter, 60 Kronen für jeden Dragoner sowie 30 Kronen für jeden Infanteristen und übernahmen alle Kosten für Sold, Verpflegung und Transport. Zusätzlich wurde dem König von Dänemark eine jährliche Subsidie in Höhe von 300.000 Kronen gezahlt. Am 4. Juni 1701 schloss auch der Kaiser als Herr der österreichischen Erblande einen Truppenvermietungsvertrag mit dem Königreich Dänemark.[615] Eine 6000 Mann starke dänische Truppe trat daraufhin in österreichische Dienste. Diese Truppe beinhaltete später auch ein Kontingent von Soldaten des Herzogs von Mecklenburg, welches das Königreich Dänemark auf Grund eines Truppenvermietungsvertrages vom 23. April 1703 vom Herzogtum Mecklenburg zur Verfügung gestellt bekam, um seinen Verpflichtungen gegenüber dem Kaiser nachkommen zu können.[616]

3.2.3.2.5.2 Verträge mit dem Königreich Preußen

Auch das Königreich Preußen – der Kurfürst von Brandenburg hatte sich am 18. Januar 1701 in Königsberg zum König in Preußen gekrönt – stellte den Seemächten Truppen zur Verfügung. Ein entsprechender Vertrag über eine Truppe von 3000 Mann wurde am 30. Dezember 1701 vom preußischen Gesandten Schmettau und dem Vertreter der Generalstaaten in Den Haag und am 20. Januar 1702 von dem preußischen Gesandten Spanheim und dem Herzog von Marlborough als Vertreter Englands in London unterzeichnet.[617] Am 28. November 1704 kam es zum Abschluss eines weiteren Truppenvermietungsvertrages

614 *Braubach* (1923), S. 99f.

615 *Bittner* (1903), Nr. 613, S. 117; *Braubach* (1923), S. 101f.

616 *Wilson* (1998), S. 110f.

617 Public Record Office London, SP 108/405. Der Vertrag ist auch abgedruckt bei *Parry*, Band 24 (1969), S. 87-91.

zwischen dem Königreich Preußen und den Seemächten.[618] Der preußische Unterhändler Graf von Wartenberg und der Herzog von Marlborough einigten sich darauf, dass 8000 preußische Soldaten für ein Jahr in den Dienst der Seemächte traten, um in Oberitalien eingesetzt zu werden. Neben der Übernahme der Unterhaltungskosten verpflichteten sich die Seemächte zur Zahlung einer jährlichen Subsidie von 300.000 Kronen. Dieser Vertrag wurde am 3. November 1705 in Berlin[619], am 24. November 1706 in Den Haag[620] und am 19. April 1708 ebenfalls in Den Haag[621] bestätigt. Im Prolongierungsabkommen vom 31. März 1709 wurde eine Erhöhung der Subsidie um weitere 120.000 Kronen vereinbart.[622]

Kurze Zeit später nahm das Königreich Großbritannien[623] als alleiniger Vertragspartner weitere preußische Truppen in seinen Dienst, um die alliierten Truppen in den Niederlanden zu verstärken. Auf Grund des Vertrages vom 12. April 1709 stellte das Königreich Preußen dem Königreich Großbritannien weitere 6200 Mann zur Verfügung.[624]

3.2.3.2.5.3 Verträge mit dem Kurfürstentum Sachsen

Das Kurfürstentum Sachsen stellte während des Spanischen Erbfolgekrieges ebenfalls starke Truppenkontingente in den Dienst der Mitglieder der Großen Haager Allianz.

Am 16. Januar 1702 unterzeichneten der sächsische Minister Beichlingen und der kaiserliche Gesandte Graf von Strattmann in Warschau einen Vertrag, in dem sich Sachsen verpflichtete, dem Kaiser eine Truppe mit einer Stärke von 8000 Mann zur Verfügung zu stellen.[625] Die Teilnahme Augusts des Starken am parallel verlaufenden Großen Nordischen Krieg (1700-1721) führte aber dazu, dass erst am 1. November 1702 die Indienstnahme von nur 5000 Mann durchgeführt werden konnte. Als sich die militärische Lage Augusts des Starken verschlechterte, hatte er entsprechenden Eigenbedarf an Truppen und

---

618 Public Record Office London, SP 108/405. Dazu auch: *Braubach* (1923), S.114.

619 Public Record Office London, SP 108/405.

620 Public Record Office London, SP 108/406.

621 Public Record Office London, SP 108/407.

622 Public Record Office London, SP 108/408.

623 Mit dem Act of Union, der am 1. Mai 1707 in Kraft trat, wurde durch die Vereinigung des Königreichs England mit dem Königreich Schottland das Königreich Großbritannien geschaffen.

624 Public Record Office London, SP 108/409.

625 *Wilson* (1998), S. 110; *Braubach* (1923), S. 127.

rief seine sächsischen Regimenter im September 1703 aus kaiserlichen Diensten zurück.

Nachdem August der Starke im Frieden von Altranstädt, der am 24. September 1706 geschlossen wurde, aus dem Krieg im Norden ausgeschieden war, stand der Vermietung seiner Truppen in den Westen kein Hindernis mehr im Weg. Am 20. April 1707 schloss das Kurfürstentum Sachsen einen Truppenvermietungsvertrag mit den Seemächten.[626] Darin verpflichtete sich Sachsen zur Indienststellung einer Truppe von 4639 Mann, die Seemächte zur Übernahme der Kosten für Sold und Verpflegung sowie zur Zahlung von 75.000 Talern Werbegeld.

Mit dem Vertrag vom 22. Februar 1709 wurde das kursächsische Kontingent um weitere 4000 Mann erhöht.[627] Diese Verträge wurden am 7. Mai 1710[628], am 24. März 1711[629] und am 24. März 1712[630] für jeweils ein Jahr verlängert.

3.2.3.2.5.4 Verträge mit dem Kurfürstentum Braunschweig-Lüneburg-Hannover

Bereits am 23. April 1701 kam es zum Abschluss eines Truppenvermietungsvertrages zwischen den Niederlanden auf der einen und dem Kurfürstentum Braunschweig-Lüneburg-Hannover sowie dem Herzogtum Celle auf der anderen Seite.[631] Zum Schutz der Niederlande vor einem etwaigen französischen Überfall nahmen die Generalstaaten 6000 Soldaten der beiden Fürsten in ihren Dienst und Sold und zahlten ein Werbegeld von 125.240 holländischen Talern.

Kurhannover, das durch die Garantie der protestantischen und damit hannoveranischen Thronfolge in Großbritannien eng mit England verbunden war, stellte auch Truppen in dessen Dienst. Ein entsprechender Vertrag, in dem sich der Welfenfürst verpflichtete, der Königin von England 10.000 Mann zur Verfügung zu stellen, wurde am 21. Juni 1702 unterzeichnet.[632] Die zur Verfügung zu stellenden Verbände werden in Artikel III des Vertrages ausdrücklich als „Hilfstruppen"

626 *Braubach* (1923), S. 130; *Magis* (1965), S. 60.

627 Public Record Office London, SP 108/240.

628 Public Record Office London, SP 108/244.

629 Public Record Office London, SP 108/247.

630 Public Record Office London, SP 108/251.

631 *Braubach* (1923), S. 134.

632 Public Record Office London, SP 108/220. Der Vertrag ist auch abgedruckt bei *Parry*, Band 24 (1969), S. 229-235. Siehe dazu auch Seite 141.

bezeichnet und zur Eidesleistung auf die Königin von England verpflichtet.

> Ces Troupes Auxiliaires seront recuês par le Commissaire de Sa Majesté, sur la Frontiere des Etats Généraux & lui prêteront alors e Serment.[633]

Damit kommt klar zum Ausdruck, dass die Kommandogewalt über die Soldaten dieser Verbände auf die Königin von England überging und diese „Hilfstruppe" nicht im Namen von Kurhannover, sondern im Namen von England zum Einsatz kam. Das Königreich England übernahm die Kosten für Sold und Verpflegung; die Zahlung einer Subsidie wurde nicht vereinbart.

Verlängerungsabkommen wurden am 16. November 1702[634], am 24. Dezember 1703[635] und am 30. Dezember 1704[636] abgeschlossen. In den Prolongierungsverträgen vom 8. Dezember 1705[637], 18. November 1706[638], 14. April 1708[639], 14. Januar 1709[640], 15. Oktober 1710[641] und 28. Dezember 1711[642] verpflichtete sich England beziehungsweise Großbritannien auch zur Übernahme der Kosten für die Rekrutierung des Personalersatzes.

3.2.3.2.5.5 Verträge mit dem Kurfürstentum Pfalz

Auf Grund des Vertrages vom 27. Mai 1701 nahmen die Niederlande je vier Regimenter zu Fuß und zu Pferd mit insgesamt 4400 Mann des Kurfürsten von der Pfalz in ihren Dienst.[643] Am 17. Mai 1703 wurde die Erhöhung der Truppenstärke um weitere 2600 Mann beschlossen. Außerdem wurde auch England Vertragspartei, sodass seit dieser Zeit eine ihrer Identität nach kurpfälzische Truppe von 7000 Mann im gemeinsamen Dienst der Seemächte stand.[644] Eine weitere Verstärkung

633 Artikel 3 des Vertrages vom 21. Juni 1702, *Parry*, Band 24 (1969), S. 229.

634 Public Record Office London, SP 108/224.

635 Public Record Office London, SP 108/231.

636 Public Record Office London, SP 108/231.

637 Public Record Office London, SP 108/232.

638 Public Record Office London, SP 108/235.

639 Public Record Office London, SP 108/238.

640 Public Record Office London, SP 108/239.

641 Public Record Office London, SP 108/245.

642 Public Record Office London, SP 108/248.

643 *Bittner* (1903), Nr. 615, S. 117; *Wilson* (1998), S. 108; *Braubach* (1923), S. 137f.

644 Public Record Office London, SP 108/228.

erfolgte im Jahr 1706. Gemäß einer Konvention vom 26. Mai jenen Jahres nahmen die Seemächte weitere 3000 Kurpfälzer Soldaten in ihren Dienst.[645]

Der Kurfürst von der Pfalz vermietete auch Truppen an den Kaiser. Am 24. Mai 1705 wurde ein Vertrag über die Indienstnahme von 4100 Mann zwischen dem Kaiser und der Kurpfalz abgeschlossen.[646] Neben der Übernahme der Unterhaltskosten verpflichtete sich Habsburg zur Zahlung einer jährlichen Subsidie von 150.000 Gulden. Nachdem dieser erste Vertrag 1707 ausgelaufen war, kam es am 22. März 1709 zum Abschluss eines weiteren Truppenvermietungsvertrages zwischen Wien und dem Kurfürstentum.[647] Wiederum traten gegen eine jährliche Subsidienzahlung von 150.000 Gulden 4100 Soldaten der Kurpfalz in den Dienst und den Sold des Kaisers. Außerdem wurde dem Kurfürsten die Oberpfalz und die Grafschaft Cham zugesprochen.

3.2.3.2.5.6 Verträge mit der Landgrafschaft Hessen-Kassel

Auch Truppen der Landgrafschaft Hessen-Kassel kämpften während des Spanischen Erbfolgekrieges im Dienst auswärtiger Kriegsherren. Spätestens seit dieser Zeit setzten sich diese Truppen auch aus zum Dienst verpflichteten Landeskindern zusammen.[648] Aber auch die Söhne des Landgrafen teilten die Gefahren des Krieges mit ihren Untertanen. Sie führten als Offiziere einige dieser Truppen an.[649]

Am 24. April 1701 schloss die Landgrafschaft Hessen-Kassel zwei Truppenvermietungsverträge über je ein Regiment in der Stärke von 1000 Mann mit der Republik der Niederlande.[650] Im Vertrag über das erste Regiment wird die Zurverfügungstellung des Staatsorgans folgendermaßen beschrieben:

> Erstens soll dieses Regiment unter dem Commando Dessen geliebten zweiten Sohnes, Seiner Durchlaucht des Prinzen Karl von Hessen, in den Etat Ihrer Hochmögenden aufgenommen werden und sowohl im Frieden wie im Kriege beibehalten werden, auch keiner Auflösung unterworfen sein, und es soll

645 Public Record Office London, SP 108/234.

646 *Braubach* (1923), S. 140f; *Wilson* (1998), S. 111.

647 *Bittner* (1903), Nr. 673, S. 128; *Braubach* (1923), S. 143.

648 *Hollenberg* (1984), S. 107.

649 *Atwood* (1980), S. 14.

650 Abgedruckt bei *Bernhardi* (1860), S.221-226.

> allezeit durch einen Prinzen des Fürstlichen Hauses von Hessen-Kassel kommandiert werden.[651]

Im zweiten Vertrag ist ausdrücklich von einer rückübertragenden „Indienstnahme" die Rede:

> Siebentens, die genannten Truppen sollen ohne Zustimmung Seiner Hochf. Durchl. nicht länger als ein Jahr im Dienst behalten werden, und wenn die Herren Generalstaaten dieselben vor Ablauf des Jahres entlassen wollen, so sollen dieselben Seiner Hochf. Durchl. zwei Monate vorher Kenntniß davon geben, um die Truppen wieder in seinen Dienst nehmen zu können; und wenn ihm dies beliebt, sollen Ihre Hochmögenden gehalten sein, dem Regiment in diesem Falle einen Monatssold zum Rückmarsch auszuzahlen.[652]

Eine Aufstockung dieser Truppen um sechs Kompanien erfolgte auf Grund des Vertrages vom 5. Januar 1702.[653] Weitere 492 hessische Soldaten traten in den Sold der Niederlande.

Am 7. Februar 1702 unterzeichneten die Deputierten der Generalstaaten und die Bevollmächtigten des Landgrafen von Hessen-Kassel in Den Haag und am 13. Februar 1702 der Herzog von Marlborough als Vertreter Englands in London einen Vertrag, demzufolge die Landgrafschaft Hessen-Kassel den Seemächten ein Corps von 9000 Mann zur Verfügung zu stellen hatte.[654] Für 6000 dieser 9000 Mann übernahmen England und die Niederlande gemeinsam die Kosten für Sold, Verpflegung und Rekrutierung. Die anderen 3000 Mann stellte der Landgraf auf eigene Kosten, die Seemächte hatten lediglich auf den Feldzügen Munition und Verpflegung zu liefern. Außerdem wurde dem Landgrafen von Hessen-Kassel die Zahlung einer jährlichen Subsidie von 100.000 Kronen zugesichert. Auf Grund eines Truppenvermietungsvertrages vom 31. März 1703 bekamen die Seemächte ein weiteres hessisches Infanterieregiment mit 900 Mann zur Verfügung gestellt.[655] Die Seemächte verpflichteten sich, den Unterhalt für diesen Verband zu übernehmen und für jeden Mann ein Werbegeld von 25 Kronen zu zahlen. In diesem Vertrag wird die Zurverfügungstellung

---

651 § 1 des ersten Vertrages vom 24. April 1701, *Bernhardi* (1860), S. 221.

652 § 7 des zweiten Vertrages vom 24. April 1701, *Bernhardi* (1860), S. 225.

653 Abgedruckt bei *Bernhardi* (1860), S. 226-228.

654 Public Record Office London, SP 108/214. Dazu auch: *Brauer* (1962), S. 40f; *Braubach* (1923), S. 151f; *Losch* (1933), S. 9.

655 Abgedruckt bei *Bernhardi* (1860), S. 228-230.

der Truppe schlicht als „Lieferung eines Infanterieregiments" beschrieben:

> Premièrement Son Altesse Sér. fournira á la dite Reine et aux dits Seigneurs États Généraux un vieux régiment d' infanterie, [...].[656]

Das knapp 10.000 Mann umfassende hessische Corps im gemeinsamen Dienst der Seemächte, welches von Erbprinz Friedrich von Hessen-Kassel (1676-1751) befehligt wurde, kämpfte in den folgenden Jahren unter dem alliierten Oberkommando des Herzogs von Marlborough am Niederrhein und in Belgien.

Im Vertrag, den die Landgrafschaft Hessen-Kassel am 20. Mai 1706 mit den Seemächten abschloss, erklärte sich der Landgraf damit einverstanden, dass seine Truppen auch auf dem italienischen Kriegsschauplatz eingesetzt werden könnten.[657] Außerdem wurde vereinbart, dass zur Verstärkung des Corps weitere hessische Truppen mit insgesamt 1200 Mann in den gemeinsamen Dienst der Seemächte gestellt werden sollten. Die Besoldung dieser neu zur Verfügung gestellten Verbände behielt der Landgraf bei, dafür wurde jedoch die jährliche Subsidie um 50.000 Kronen erhöht. Dieses auf ein Jahr geschlossene Abkommen wurde durch die Verträge vom 7. und 25. März 1707 um ein weiteres Jahr verlängert.[658]

Nach der Rückkehr der hessischen Truppen aus Italien traten, bestätigt durch den Vertrag vom 17. April 1708[659], die Verträge vom 7. Februar 1702 und vom 31. März 1703 wieder in Kraft.

3.2.3.2.5.7 Verträge mit kleineren weltlichen Reichsständen

Auch viele der kleineren Reichsstände stellten Truppen in den Dienst der Mitglieder der Großen Haager Allianz.

Der Herzog von Württemberg stellte einen Teil seiner Truppen den Niederlanden zur Verfügung. Im Truppenvermietungsvertrag vom 31. März 1704 verpflichtete er sich, für die Dauer des gesamten Krieges 4000 Mann in den Dienst der Generalstaaten zu geben, wofür ihm die jährliche Zahlung einer Subsidie von 150.000 Taler zugesichert wurde.[660]

---

656 § 1 des Vertrages vom 31. März 1703, *Bernhardi* (1860), S. 228.

657 Abgedruckt bei *Bernhardi* (1860), S. 230-234.

658 Abgedruckt bei *Bernhardi* (1860), S. 236-240 und 240-244.

659 Abgedruckt bei *Bernhardi* (1860), S. 245-246.

660 *Wilson* (1998), S. 109; *Braubach* (1923), S. 162.

Das Herzogtum Braunschweig-Wolfenbüttel überließ dem Kaiser im Jahr 1705 ein Regiment für den Feldzug in Italien. Den Unterhalt für dieses Regiment übernahm Habsburg.[661] Anfang des Jahres 1708 kehrte dieser Verband nach Deutschland zurück, wo er durch kaiserliche Kommissare von dem auf den Kaiser geleisteten Eid entbunden wurde. Daraufhin schloss das Herzogtum am 25. Februar 1709 einen Truppenvermietungsvertrag mit den Niederlanden ab.[662] 1500 Wolfenbütteler Soldaten traten daraufhin bis zum Ende des Krieges in den Dienst und den Sold der Generalstaaten.

Am 27. März 1703 wurde ein Truppenvermietungsvertrag zwischen den Seemächten und dem Herzogtum Sachsen-Gotha zum Abschluss gebracht.[663] Der Herzog von Sachsen-Gotha stellte seinen Vertragspartnern zwei Regimenter zu Fuß und zwei Regimenter Dragoner mit zusammen 2600 Mann zur Verfügung. Die Seemächte übernahmen die Kosten für Sold und Verpflegung und zahlten ein Werbegeld von 70 Kronen für jeden Dragoner sowie 25 Kronen für jeden Infanteristen.

Das Herzogtum Schleswig-Holstein-Gottorf verpflichtete sich im Vertrag vom 15. März 1703, eine 2884 Mann umfassende Truppe in den gemeinsamen Dienst der Seemächte zu stellen.[664] Im Gegenzug versprachen die Niederlande und England die Übernahme der Kosten für Sold und Verpflegung sowie die einmalige Zahlung von 100.000 Kronen.

Der Herzog von Mecklenburg stellte den Niederlanden bereits auf Grund eines Truppenvermietungsvertrages vom 27. März 1701 einen Truppenverband mit 1680 Mann zur Verfügung.[665] Für jeden Soldaten zahlten die Generalstaaten ein Werbegeld von 25 Kronen. Ein Truppenvermietungsvertrag zwischen dem Herzogtum Mecklenburg und dem Kaiser kam am 15. Oktober 1705 zu Stande.[666]

Am 29. März 1701 schlossen die Niederlande auch mit der Markgrafschaft Brandenburg-Ansbach einen Truppenvermietungsvertrag und nahmen daraufhin eine 2200 Mann starke Truppe der Markgrafschaft in ihren Dienst.[667]

---

661 *Braubach* (1923), S. 163.

662 *Wilson* (1998), S. 109; *Braubach* (1923), S. 164.

663 Public Record Office London, SP 108/227.

664 *Wilson* (1998), S. 109; *Braubach* (1923), S. 167.

665 *Keubke/Köbke* (2003), S. 5; *Braubach* (1923), S. 168.

666 *Bittner* (1903), Nr. 657, S. 125.

667 *Wilson* (1998), S. 108; *Braubach* (1923), S. 168.

Die Markgrafschaft Brandenburg-Bayreuth stellte während des Spanischen Erbfolgekrieges 3100 Mann in den Dienst des Kaisers. Der entsprechende Vertrag wurde am 18. Januar 1701 geschlossen.[668]

3.2.3.2.5.8 Verträge mit den Bistümern Münster und Osnabrück

Von den geistlichen Reichsständen stellte das Bistum Münster die meisten Truppen in den Dienst der Haager Alliierten. Zunächst vermietete Münster auf Grund eines Abkommens, welches am 1. Oktober 1701 unterzeichnet wurde, 2000 Mann an die Niederlande.[669] Die Niederlande verpflichteten sich zu Übernahme der Unterhaltskosten und sicherten dem Bischof eine jährliche Subsidie in Höhe von 40.000 Kronen zu. Am 13. März 1703 wurde die Aufstockung des Münsteraner Kontingents auf 4400 Mann beschlossen.[670] Dieser neue Vertrag wurde auch im Namen von England abgeschlossen, sodass die Münsteraner Truppen seit diesem Zeitpunkt im gemeinsamen Dienst der Seemächte standen. Die Kosten für den Unterhalt der weiteren 2400 Mann wurden von England und den Niederlanden zu gleichen Teilen getragen.

Auch das benachbarte Bistum Osnabrück schloss am 13. März 1703 einen Truppenvermietungsvertrag mit den Seemächten ab.[671]

3.2.3.2.5.9 Verträge mit dem Bistum Würzburg

Der Fürstbischof von Würzburg vermietete eine 4000 Mann starke Truppe an den Kaiser. Ein entsprechender Vertrag wurde am 27. Juli 1701 in Wien unterzeichnet.[672] Für die Zurverfügungstellung dieses Kontingents verpflichtete sich der Kaiser zur Zahlung einer jährlichen Subsidie von 380.000 Gulden. Der Truppenvermietungsvertrag zwischen Würzburg und Habsburg wurde durch die Abkommen vom 23. Juli 1705 und vom 24. Dezember 1706 erneuert.[673]

3.2.3.2.5.10 Verträge mit den geistlichen Kurfürstentümern

Ebenfalls im Dienst des Kaisers stand ein kurmainzisches Dragonerregiment, welches diesem auf der Grundlage eines Truppenvermie-

668 *Wilson* (1998), S. 110.

669 *Braubach* (1923), S. 165f; *Wilson* (1998), S. 108.

670 Public Record Office London, SP 108/225.

671 *Braubach* (1923), S. 169; *Wilson* (1998), S. 109.

672 *Bittner* (1903), Nr. 614, S. 117; *Wilson* (1998), S. 110; *Braubach* (1923), S. 160.

673 *Bittner* (1903), Nr. 662, S. 126; *Braubach* (1923), S. 160f.

tungsvertrages vom 5. August 1706 durch den Kurfürsten und Bischof von Mainz zur Verfügung gestellt worden war.[674]

Auch der Kurfürst und Bischof von Trier vermietete während des Spanischen Erbfolgekrieges Truppen. Er stellte eines seiner Regimenter in den Dienst Englands.[675]

Beendet wurde dieser Krieg schließlich durch mehrere Friedensschlüsse, in denen die Teilung des spanischen Erbes festgelegt wurde. Die Seemächte schlossen im April 1713 in Utrecht einen Friedensvertrag mit Frankreich, der Kaiser im März 1714 in Rastatt. Um auch das Reich in den Frieden aufzunehmen - Ende 1702 war Frankreich der Reichskrieg erklärt worden - wurde in Baden im Aargau ein Kongress abgehalten, der im September 1714 einen Friedensvertrag annahm.

3.2.3.2.6 Venezianisch-Österreichischer Türkenkrieg

Im Jahr 1714 versuchte aber auch das wieder erstarkte Osmanische Reich die Bedingungen des Friedens von Karlowitz[676] zu revidieren und erklärte der Republik Venedig den Krieg. 1716 trat Habsburg auf der Seite Venedigs in den Krieg ein. Unter der Führung des Prinzen Eugen von Savoyen gelangen den Truppen, die im Namen des Kaisers kämpften, weitreichende Eroberungen. Diese Gebietsgewinne ließ sich Habsburg im Frieden von Passarowitz, der am 21. Juli 1718 geschlossen wurde, bestätigen.

Neben den Stehenden Regimentern der Habsburger Erblande kamen auch verschiedene Kontingente zum Einsatz, die andere deutsche Landesherren dem Kaiser zur Verfügung gestellt hatten. Die Wiener Hofburg hatte den Krieg gegen die Hohe Pforte gut vorbereitet und bereits vor dem Eintritt in den Krieg auswärtige Truppen in Habsburgs Dienste genommen.

Am 17. August 1715 schloss der Kaiser einen Truppenvermietungsvertrag über ein Kontingent von 4600 Mann mit dem Kurfürstentum Trier ab.[677] Die Markgrafschaft Baden-Durlach verpflichtete sich in einem Vertrag vom 15. Oktober 1715, eine Truppe von 2300 Mann in den Dienst des Kaisers zu stellen.[678]

---

674 *Bittner* (1903), Nr. 659, S. 125; *Wilson* (1998), S. 111; *Braubach* (1923), S. 168f.

675 *Magis* (1965), S. 62; *Braubach* (1923), S. 169.

676 Siehe Seite 151.

677 *Wilson* (1998), S. 216.

678 Ebenda.

Nach dem Ende des Krieges übertrugen die beiden Landesherren sämtliche verbliebenen Befugnisse über die Truppen auf den Kaiser, sodass diese Verbände nicht nur aus ihrem Kontroll-, sondern aus ihrem gesamten Hoheitsbereich ausschieden und vollständig in die kaiserliche Armee integriert wurden.[679]

Auch der Herzog von Württemberg stellte dem Kaiser einen Teil seiner Truppen für die Feldzüge gegen die Türken zur Verfügung. Der Truppenvermietungsvertrag zwischen Württemberg und Habsburg über ein 2300 Mann starkes Kontingent wurde am 24. Dezember 1715 abgeschlossen.[680] Die württembergischen Truppen kehrten nach dem Krieg aber wieder zurück in den Dienst des Herzogs.

Während des Krieges verstärkte der Kaiser seine Armee durch die Indienstnahme von Truppen der Markgrafschaft Brandenburg-Ansbach. Am 17. März 1717 wurde ein Truppenvermietungsvertrag über 2300 Mann Infanterie abgeschlossen; am 28. Januar 1718 verpflichtete sich der Markgraf von Brandenburg-Ansbach, dem Kaiser auch die Kommandogewalt über ein von ihm aufgestelltes Dragonerregiment mit insgesamt 800 Mann zu übertragen.[681]

Auch Truppen der Landgrafschaft Hessen-Kassel kämpften während dieses Krieges im Dienst und im Namen Habsburgs gegen die Türken. Auf Grund des Truppenvermietungsvertrags vom 15. März 1717 trat ein hessisches Regiment mit 2300 Soldaten für drei Jahre in den Dienst des Kaisers.[682] Neben der Übernahme der Besoldung garantierte der Kaiser auch die Zahlung von Werbegeld für die ursprünglichen 2300 Mann und die zu rekrutierenden Ersatzmannschaften.

Im Truppenvermietungsvertrag, den Habsburg am 7. Juni 1717 mit dem Kurfürstentum Bayern schloss, wurde die Indienstnahme einer 5000 Mann starken Truppe mit folgendem Wortlaut vereinbart:[683]

> Erstlichen überlassen an Ihre Kayserliche und Catholische Mayestät Ihre Churfürstliche Durchlaucht in Bayrn drey Regimenter zu fueß [...].[684]

679 Zu Truppenverkäufen siehe Seite 77.

680 *Wilson* (1998), S. 216.

681 *Bittner* (1903), Nr. 702, S. 133; *Wilson* (1998), S. 216.

682 *Losch* (1933), S. 10.

683 Der Vertrag ist abgedruckt bei *Parry*, Band 30 (1969), S. 95-98.

684 Artikel 1 des Vertrages vom 7. Juni 1717, *Parry*, Band 30 (1969), S. 95.

> Andertens werden dise Gesambte Trouppen drey Jahr in Kayserlichen Diensten verbleiben, und gegen den Erbfeindt christlichen Namens gebraucht werden [...].[685]

Am 18. April 1718 schloss auch der Kurfürst von Sachsen einen Truppenvermietungsvertrag mit dem Kaiser. Das Kurfürstentum vermietete drei sächsische Regimenter mit insgesamt 5900 Mann an Habsburg.[686] Da der Krieg aber kurze Zeit später endete, kehrten diese schon nach einem Jahr nach Sachsen zurück.

Während des gesamten Konflikts hatte der Kaiser folglich Hilfstruppen mit einer Gesamtstärke von über 25.000 Mann in seinen Diensten.

3.2.3.2.7 Europäische Krise der Jahre 1725/1726

Durch die Friedensverträge von Utrecht und Rastatt waren die südlichen Niederlande unter die Herrschaft Habsburgs gelangt und wurden seitdem als Österreichische Niederlande bezeichnet. Dort gründeten die Habsburger im Dezember 1722 die neue Ostindische Kompanie. Diese Gesellschaft betrieb in Indien bald darauf sehr erfolgreich Handel und entwickelte sich zu einem starken Konkurrenten für die Gesellschaften Frankreichs, Großbritanniens und die der Niederlande. Angesichts dieser wirtschaftlichen Interessengegensätze schlossen sich die einstigen Rivalen Frankreich und Großbritannien im Jahre 1725 zu einem Bündnis gegen Habsburg zusammen, welches sich seinerseits mit dem bisherigen Widersacher Spanien verbunden hatte.

Um für einen sich abzeichnenden Krieg gerüstet zu sein, schloss das Königreich Großbritannien mit der Landgrafschaft Hessen-Kassel am 12. März 1726 einen Vertrag, in dem der Landgraf versprach, ein Truppenkontingent von 12.000 Mann – 8000 Infanteristen und 4000 Kavalleristen – bereitzuhalten. Im Falle eines Krieges sollte dieses Kontingent sofort in den Dienst Großbritanniens gestellt werden.[687] Als Äquivalent dafür, dass die Landgrafschaft Hessen-Kassel diese Truppen aufstellte und das Königreich Großbritannien im Falle eines Krieges sofort eine fertig ausgebildete und ausgerüstete Truppe einsetzen konnte, verpflichtete es sich zur Zahlung eines Werbegeldes von 125.000 Pfund Sterling. Für den Fall eines Krieges und der Indienstnahme der hessischen Truppen durch Großbritannien sollte die Über-

---

685 Artikel 2 des Vertrages vom 7. Juni 1717, *Parry*, Band 30 (1969), S. 95.

686 *Wilson* (1998), S. 216.

687 Public Record Office London, SP 108/256. Siehe auch: *Losch* (1933), S. 10. Eine deutsche Übersetzung des Vertrages ist abgedruckt bei *Frauenholz, v.* (1940), S. 461-463.

nahme der Kosten für Besoldung und Verpflegung in der gleichen Weise erfolgen, wie dies im Truppenvermietungsvertrag vom 7. und 13. Februar 1702 zwischen den beiden Staaten vereinbart worden war.[688]

Die internationale Krise löste sich aber auf diplomatischem Weg und das Kommando über die 12.000 Mann starke hessische Truppe wurde nicht auf den König von Großbritannien übertragen.

3.2.3.2.8 Polnischer Thronfolgekrieg 1733-1735

Als August der Starke, König von Polen und Kurfürst von Sachsen, am 1. Februar 1733 starb, stellten sich Habsburg und Russland hinter die Ansprüche seines Sohnes, des neuen sächsischen Kurfürsten Friedrich August II., auf den polnischen Thron. Frankreich hingegen setzte sich dafür ein, dass Stanislaus Leszczynski, der Schwiegervater des französischen Königs Ludwigs XV., zum König von Polen gewählt wurde.

Als die sächsische Partei nach dem Erscheinen russischer Truppen vor Warschau die Wahl Friedrich Augusts durchsetzen konnte, erklärte Frankreich Habsburg und Russland den Krieg und besetzte Lothringen. Daraufhin wurde Frankreich der Reichskrieg erklärt. Neben der Stellung von Kontingenten zur Reichsarmee kam es auch wieder zu direkten Truppenvermietungen an den Kaiser.

Das Königreich Preußen stellte dem Kaiser in diesem Krieg das größte Truppenkontingent zur Verfügung. Im Truppenvermietungsvertrag vom 30. Dezember 1733 verpflichtete sich Preußen, eine „Hilfstruppe" beziehungsweise ein „Auxiliarcorps" von 10.000 Mann in Habsburgs Dienste zu stellen.[689]

> Seine Königliche Majestät in Preußen versprechen hiedurch und in Kraft dieses [...] solch Auxiliarcorps Ihro Römischen Kaiserlichen und Katholischen Majestät zu Hülfe zu sende.[690]
>
> Wohingegen Ihro Römische Kaiserliche und Katholische Majestät solchen königlich preußischen Hülfsvölkern von dem Tage an, da dieselbe aus Seiner Königlichen Majestät in Preußen Landen nach der kaiserlichen Armee aufbrechen, die Natu-

---

688 Zum Vertrag vom 7./13. Februar 1702 siehe Seite 161.

689 Der Vertrag ist abgedruckt bei *Parry*, Band 34 (1969), S. 145-151.

690 Artikel 1 des Vertrages vom 30. Dezember 1733, *Parry*, Band 34 (1969), S. 146.

> ralien, als Brod, Fourage und so fort [...] ohnentgeltlich verschaffen.[691]

Aber nicht nur durch den Begriff „Hilfstruppe" beziehungsweise „Auxiliarcorps" wurde in diesem Vertrag zum Ausdruck gebracht, dass die dem Kaiser zur Verfügung gestellten, ihrer Identität nach preußischen Truppen nicht als Organ des Staates Preußen in Erscheinung traten. Dass das Verhalten dieser Truppen als Verhalten Habsburgs angesehen wurde und der Kaiser Adressat der Rechte und Pflichten war, die sich aus diesem Verhalten ergaben, lässt sich auch aus Artikel 10 des Vertrages ersehen:

> Die Landplätze und Festungen [...] so durch derselben Hülfe [durch die preußischen Truppen; d. V.] erobert und eingenommen werden, behalten Ihro Kaiserliche Majestät alleine [...].[692]

Auch die Landgrafschaft Hessen-Kassel stellte dem Kaiser während des Polnischen Thronfolgekrieges Truppen zur Verfügung. Im Truppenvermietungsvertrag vom 11. Mai 1733 verpflichtete sich der Landgraf, einen Verband von 3200 Mann in den Dienst des Kaisers zu stellen.[693] Die „Auxiliarvölker" sollten vom Kaiser wie seine eigenen Truppen besoldet werden. Außerdem sicherte der Kaiser dem Landgrafen Unterstützung in der Hanauer Erbfolge und im Streit um Rheinfels zu.

Weitere Truppen mietete der Kaiser vom Herzogtum Württemberg, vom Kurfürstentum Sachsen, vom Bistum Würzburg, vom Herzogtum Sachsen-Gotha, vom Herzogtum Sachsen-Eisenach, vom Herzogtum Braunschweig-Wolfenbüttel und vom Herzogtum Sachsen-Weimar.[694]

3.2.3.2.9 Türkenkrieg 1736-1739

Nachdem der Kaiser 1735 in Wien einen Präliminarfrieden mit Frankreich geschlossen hatte – endgültig beendet wurde der Polnische Thronfolgekrieg 1738 – trat Habsburg im Jahr 1737 an der Seite seines Bündnispartners Russland in den Krieg gegen das Osmanische Reich ein. 1736 hatte das russische Zarenreich die Hohe Pforte angegriffen, um seine Grenze bis an die Küste des Schwarzen Meeres auszudehnen.

---

691 Artikel 2 des Vertrages vom 30. Dezember 1733, *Parry*, Band 34 (1969), S. 146.

692 Artikel 10 des Vertrages vom 30. Dezember 1733, *Parry*, Band 34 (1969), S. 149.

693 *Losch* (1933), S. 10.

694 *Wilson* (1998), S. 229.

Auch für diesen Krieg stellten andere deutsche Landesherren dem Kaiser Teile ihrer Stehenden Truppen zur Verfügung. Im Dienst und im Namen des Kaisers kamen in diesem Krieg, der mit dem Frieden von Belgrad 1739 beendet wurde, Kontingente des Kurfürstentums Sachsen, des Kurfürstentums Bayern, des Kurfürstentums Köln, des Herzogtums Braunschweig-Wolfenbüttel, des Herzogtums Württemberg und des Bistums Würzburg zum Einsatz.[695] Die meisten Soldaten stellte der bayerische Kurfürst dem Kaiser zur Verfügung. Der erste diesbezügliche Truppenvermietungsvertrag zwischen dem Kurfürstentum und der Hofburg wurde am 1. September 1738 geschlossenen.[696] Am 12. Juni 1739 vereinbarten die beiden Parteien die Aufstockung des bayerischen Kontingents.[697]

3.2.3.2.10 Österreichischer Erbfolgekrieg 1740-1748

Am 20. Oktober 1740 starb Kaiser Karl VI. Mit ihm wurde der letzte männliche Habsburger zu Grabe getragen. Als Erbtochter übernahm Maria Theresia gemäss der Pragmatischen Sanktion die Regierung als Königin von Ungarn und Böhmen sowie als Erzherzogin von Österreich und den Nebenländern. Bayern und Sachsen erkannten die weibliche Erbfolge aber nicht an und erklärten ihrerseits Erbansprüche. Friedrich II. von Preußen, der selbst erst am 31. Mai 1740 den Thron bestiegen hatte, beanspruchte Schlesien und marschierte im Dezember 1740 mit seinen Truppen in der österreichischen Provinz ein. Frankreich sah in den Bestrebungen der deutschen Fürsten seine Chance, den alten Rivalen Habsburg durch eine Aufteilung der österreichischen Länder unter den kleinen Territorialstaaten auszuschalten und dadurch eine Vormachtstellung in Europa einzunehmen.[698] 1741 drang ein bayerisch-französisches Heer in den österreichischen Erblanden ein und am 12. Februar 1742 wurde Kurfürst Karl Albrecht von Bayern in Frankfurt als Karl VII. zum deutschen König und Kaiser gewählt. Mit ihm bestieg erstmals seit 1438 wieder ein Nicht-Habsburger den Kaiserthron.

3.2.3.2.10.1 Pragmatische Armee

Großbritannien sah durch diese Entwicklung das Gleichgewicht auf dem Kontinent in Gefahr und griff auf Seiten Maria Theresias aktiv in

---

695 *Wilson* (1998), S. 238.

696 *Bittner* (1903), Nr. 854, S. 162.

697 *Bittner* (1903), Nr. 872, S. 165.

698 *Duchhardt* (1990), S. 34f.

das Kriegsgeschehen ein. Im Mai 1742 landeten britische Truppen in den Österreichischen Niederlanden. Zu diesen stießen verschiedene Kontingente deutscher Territorialstaaten, die auf Grund von Truppenvermietungsverträgen in die Dienste Großbritanniens gestellt worden waren.

Bereits am 9. Mai 1740 hatten der König von Großbritannien und der König von Schweden als Landgraf von Hessen-Kassel[699] einen Vertrag geschlossen, in dem Hessen-Kassel versprach, vom Tag der Unterzeichnung an für vier Jahre ein Truppenkontingent von 1200 Mann Kavallerie und 4800 Mann Infanterie für Großbritannien in Bereitschaft zu halten.[700]

> Sa Majesté le Roy de la Grande Bretagne ayant desiré, que Sa Majesté le Roy de Suede, comme Landgrave de Hesse, voulût tenir en etat un Corps des Ses Troupes Hessiennes pour le Service de Sa Majesté Brittannique [...].[701]

Großbritannien verpflichtete sich, für jeden Reiter ein Werbegeld von 80 Kronen und für jeden Fußsoldaten ein Werbegeld von 30 Kronen zu zahlen. Außerdem wurde der Landgrafschaft eine jährliche Subsidie von 250.000 Kronen zugesichert, solange sich die Truppen noch im Dienst und im Sold des Landgrafen befanden. Von dem Tag an, da die Truppen in den Dienst Großbritanniens traten, sollte die Subsidie auf jährlich 150.000 Kronen herabgesetzt werden. Dieser Fall trat mit dem Eintritt Großbritanniens in den Österreichischen Erbfolgekrieg ein.

Weitere Verstärkung kam in Form eines 16.000 Mann starken kurhannoverschen Kontingents. König Georg II. war in Personalunion König von Großbritannien und Kurfürst von Braunschweig-Lüneburg-Hannover. Am 31. August 1742 schloss er – quasi im Rahmen eines Insichgeschäfts – einen Truppenvermietungsvertrag zwischen beiden Staaten ab.[702] Großbritannien garantierte auch in diesem Vertrag, für jeden Reiter ein Werbegeld von 80 Kronen und für jeden Fußsoldaten ein Werbegeld von 30 Kronen zu zahlen. Eine Subsidienzahlung wurde jedoch nicht vereinbart.

---

699 Friedrich I. (1676-1751), der älteste Sohn von Landgraf Karl, hatte die schwedische Prinzessin Ulrike Eleonore geheiratet und war in Personalunion König von Schweden und Landgraf von Hessen-Kassel.

700 Public Record Office London, SP 108/259. Abgedruckt bei *Frauenholz, v.* (1940), S. 463-467.

701 Artikel 3 des Vertrages vom 9. Mai 1740, *Frauenholz, v.* (1940), S. 464.

702 *Magis* (1965), S. 79; *Brauer* (1962), S. 130ff.

Zusammen bildeten diese Kontingente in Großbritanniens Diensten den britischen Anteil an der sogenannten Pragmatischen Armee, die den Auftrag hatte, die Pragmatische Sanktion und damit den Erbanspruch Maria Theresias zu sichern.

3.2.3.2.10.2 Im Dienst des Wittelsbacher Kaisers

Auch der Kaiser aus dem Hause Wittelsbach, Karl VII., der als Kriegsgenosse Frankreichs gegen Großbritannien und Habsburg kämpfte, nahm Truppen anderer Landesherren in seine Dienste. Neben dem Kurfürsten von der Pfalz stellte ihm auch der Landgraf von Hessen-Kassel Truppen zur Verfügung.[703] Für die Indienstnahme von 3000 Mann sicherte der Kaiser dem Landgrafen von Hessen-Kassel im Truppenvermietungsvertrag vom 2. März 1742 neben der Zahlung von Werbegeldern auch die Erlangung der erstrebten Kurwürde zu.[704] In diesem Vertrag wurde auch vereinbart, dass die hessischen Truppen im Dienst des Kaisers nicht gegen die in britischen Diensten stehenden hessischen Kontingente der Pragmatischen Armee eingesetzt werden sollten. Am 13. Juni 1744 wurde erneut ein Truppenvermietungsvertrag zwischen Kurbayern und Hessen-Kassel geschlossen, auf Grund dessen weitere hessische Regimenter mit insgesamt 6000 Mann in den Dienst des Kaisers traten.[705]

Letztendlich erwiesen sich die Machtmittel der Wittelsbacher aber als zu schwach. Nachdem der politisch überforderte Karl VII. am 20. Januar 1745 verstorben und die Truppen des Bündnispartners Frankreich geschlagen worden waren, erkannte Kurfürst Maximilian III. Josef, der Sohn Kaiser Karls VII., am 22. April 1745 die Pragmatische Sanktion an und verpflichtete sich, bei der bevorstehenden Kaiserwahl für den Gemahl Maria Theresias zu stimmen.[706]

---

703 *Wilson* (1998), S. 257. Die Tatsache, dass die Landgrafschaft Hessen-Kassel zwei miteinander verfeindeten Kriegsparteien Truppen zur Verfügung stellen konnte, ist ein weiterer Beweis dafür, dass Truppenvermieter nicht die Adressaten der Rechte und Pflichten waren, die sich aus dem Verhalten der vermieteten Organe ergaben - denn dann hätte Hessen-Kassel mit sich selber im Krieg gestanden. Als Entsendestaat war die Landgrafschaft Hessen-Kassel aus der völkerrechtlichen Verantwortung in Bezug auf das Verhalten der zur Verfügung gestellten Truppen entlassen.

704 *Losch* (1933), S. 11.

705 Ebenda.

706 *Schilling* (1989), S. 294.

3.2.3.2.10.3 Zweiter Jakobitenaufstand

Da Frankreich – auch nachdem seine Truppen aus Süddeutschland vertrieben worden waren – den Krieg fortsetzte, nahm Großbritannien den Großteil der Truppen, die die Landgrafschaft Hessen-Kassel ursprünglich dem Wittelsbacher Kaiser Karl VII. zur Verfügung gestellt hatte, nun in seinen Dienst. Der dem zu Grunde liegende Truppenvermietungsvertrag zwischen Hessen-Kassel und Großbritannien wurde am 16. Juni 1745 geschlossen.[707]

Im selben Monat landete aber auch der Jakobitische Thronprätendent Charles Edward Stuart (1720-1788), der Enkel des durch die Glorious Revolution abgesetzten Jacob II. von England (1633-1701), mit der logistischen Unterstützung Frankreichs in Schottland, um den englischen Thron für die Stuarts zurückzugewinnen. Nachdem er gelandet war, stellte er aus Stuart-freundlichen schottischen Clans eine Armee auf. Mit dieser sicherte er sich die Vorherrschaft in Schottland und stieß am 8. November 1745 über die Grenze nach England vor.

Dadurch wurde König Georg II. von Großbritannien gezwungen, Truppen, die auf dem Kontinent gegen Frankreich kämpften, abzuziehen und in Britannien einzusetzen. Unter diesen Truppen, die nun gegen die Aufständischen zum Einsatz kamen, waren eben auch jene hessischen Verbände, die Großbritannien kürzlich in seine Dienste genommen hatte. Angeführt von Erbprinz Friedrich, dem späteren Landgraf Friedrich II., in dessen Regierungszeit der hier untersuchte Vertrag abgeschlossen wurde, kämpften die hessischen Regimenter unter dem Oberbefehl des Herzogs von Cumberland, dem dritten Sohn König Georgs II., gegen die Jacobiten.[708] Folglich wurden die dem Königreich Großbritannien von der Landgrafschaft Hessen-Kassel zur Verfügung gestellten Truppen nicht nur in äußeren, sondern auch in „inneren Kriegen“[709] verwendet.

3.2.3.2.10.4 Kampf um die Österreichischen Niederlande

Um die Truppen zu ersetzen, die aus dem Kampf auf dem Kontinent abgezogen worden waren, schlossen das Königreich Großbritannien und die mit ihm verbündete Republik der Niederlande am 21. Juli 1746 einen Truppenvermietungsvertrag mit dem Kurfürstentum Bayern.[710]

---

707 Public Record Office London, SP 108/263. Siehe auch: *Losch* (1933), S. 12.

708 *Stamford, v.* (1883), S. 49ff. An der Entscheidungsschlacht bei Culloden am 16. April 1746, in der der Herzog von Cumberland die Jacobiten vernichtend schlug, waren aber keine hessischen Einheiten beteiligt.

709 Zu diesem Begriff: *Steiger* (2000), S. 121.

Das Kurfürstentum, das bis 1745 noch Kriegsgenosse Frankreichs war, verpflichtete sich, ein Kontingent von 4746 Mann in den Dienst der Seemächte zu stellen. Neben der Übernahme der Besoldungskosten zahlten Großbritannien und die Generalstaaten im Gegenzug pro Mann 25 Kronen Werbegeld und eine jährliche Subsidie von 150.000 Kronen.

Im selben Jahr schlossen die Seemächte auch einen Truppenvermietungsvertrag mit dem Kurfürstentum Sachsen.[711] Der Kurfürst von Sachsen, der in Personalunion auch König von Polen war, verpflichtete sich, auf eigene Kosten ein sächsisches Corps von 12.000 Mann aufzustellen, zu unterhalten und in den gemeinsamen Dienst Großbritanniens und der Niederlande zu stellen.

> S. M. Polonoise, comme Electeur de Saxe, fournira & entretiendra à ses propres fraix & au service commun de S. M. Britannique & de L. H. P., un Corps de 12.000 hommes effectifs de bonnes & vieilles Troupes Saxonnes [...].[712]

Dieses Corps sollte dann unter dem Oberbefehl der von den Seemächten eingesetzten Generalität operieren.

> Le dit Corps sera au service commun de S. M. Britannique & de L. H. P., & sera en tout soumis aux ordres du Général, ou Généraux à qui Sa dite Majesté, ou L. H. P. auront confié le commandement général de leurs Troupes, pour être employé à tout ce que les besoins du service & les raisons de guerre pourront exiger.[713]

Für die Aufstellung des Verbandes wurde dem König von Polen und Kurfürst von Sachen eine Einmalzahlung von 50.000 Kronen zugesichert. Darüber hinaus garantierten die Seemächte die Zahlung einer jährlichen Subsidie von 150.000 Kronen.

Als es den Franzosen bis zum Jahr 1747 aber dennoch gelang, den Großteil der Österreichischen Niederlande – wohin sich die Kriegführung auf dem Kontinent verlagert hatte – einzunehmen und französische Truppen am 17. April 1747 auch in der Republik der Niederlande einmarschierten, nahmen die Generalstaaten noch weitere Truppenkontingente deutscher Landesherren in ihren Dienst. Als alleiniger Vertragspartner schlossen sie Truppenvermietungsverträge mit dem

---

710 Public Record Office London, SP 108/264.

711 Der Vertrag ist abgedruckt bei *Moser* (1780), 19. Buch, 4. Kapitel § 12, S. 114-118.

712 Artikel 1 des Vertrages, *Moser* (1780), 19. Buch, 4. Kapitel § 12, S. 115.

713 Artikel 3 des Vertrages, *Moser* (1780), 19. Buch, 4. Kapitel § 12, S. 116.

Bistum Würzburg, der Landgrafschaft Hessen-Darmstadt und der Landgrafschaft Hessen-Kassel ab.[714] Von letzterer wurde den Niederlanden auf Grund des Vertrages vom 14. Juni 1747 ein Verband mit 3400 Mann zur Verfügung gestellt.[715]

Der Herzog von Braunschweig-Wolfenbüttel stellte seine Truppen in den gemeinsamen Dienst der Seemächte. Im Truppenvermietungsvertrag, der am 1. Februar 1748 in Den Haag geschlossen wurde, verpflichtete sich das Herzogtum, den Seemächten 4800 Mann zur Verfügung zu stellen.[716] Großbritannien und die Niederlande übernahmen die Besoldungskosten und zahlten pro Mann ein Werbegeld von 30 Kronen. Außerdem wurde dem Herzog die jährliche Zahlung einer Subsidie in Höhe von 104.000 Kronen zugesichert. Ausgezahlt wurden aber nur 52.000 Kronen, da der Österreichische Erbfolgekrieg bereits am 18. Oktober 1748 mit dem Frieden von Aachen endete.

In diesem erkannte Frankreich die Pragmatische Sanktion an, womit im Wesentlichen der Status quo ante bestätigt und das Mächtegleichgewicht auf dem Kontinent wiederhergestellt war.[717]

3.2.3.2.11 Zwischen den Kriegen

Der Friedensvertrag war aber keine Basis für eine dauerhafte Waffenruhe. Neben dem Krieg in Europa hatten Frankreich und Großbritannien auch einen Handelskrieg in Nordamerika, Afrika und Indien geführt. Da die Rivalität um die Verteilung des Kolonialbesitzes ungemindert anhielt, waren die folgenden Jahre von eifrigen diplomatischen Aktivitäten und von umfassenden Rüstungsmaßnahmen erfüllt. Das Königreich Großbritannien und die Republik der Niederlande schlossen mehrere Vorverträge bezüglich der Indienstnahme von Truppen ab.

Am 22. August 1750 wurde in Hannover der Vertrag zwischen dem Königreich Großbritannien, der Republik der Niederlande und dem Kurfürstentum Bayern erneuert.[718] Die Seemächte garantierten dem Kurfürstentum für fünf Jahre eine jährliche Subsidie in Höhe von 40.000 Pfund. Im Gegenzug verpflichtete sich der Kurfürst, während dieser Zeit ein Infanteriecorps von 6000 Mann zu unterhalten und dieses den Seemächten im Bedarfsfall zur Verfügung zu stellen.

---

714 *Wilson* (1998), S. 259.

715 *Losch* (1933), S. 12.

716 Public Record Office London, SP 108/266.

717 *Schilling* (1989), S. 296f.

718 Public Record Office London, SP 108/268.

Im Vertrag, den die Seemächte am 13. September 1751 für die Dauer von vier Jahren mit dem Kurfürstentum Sachsen abschlossen, verpflichteten sich Großbritannien und die Niederlande, eine jährliche Subsidie von 48.000 Pfund zu zahlen.[719] Die Gegenleistungspflicht Sachsens bestand darin, in dem Fall, dass eine der beiden Seemächte in einen Krieg in Europa verwickelt würde, keine Truppen an Feinde derselben zu vermieten und bei einem Angriff auf Großbritannien oder die Generalstaaten, ein Infanteriecorps von 6000 Mann in den Dienst des Angegriffenen zu stellen.

Als die Franzosen im Jahre 1754 das Fort Duquesne am Ohio errichteten und die dort lebenden britischen Siedler vertrieben, während die Briten gleichzeitig französische Handelsschiffe auf offener See kaperten, schien der Krieg zwischen dem Königreich Großbritannien und dem Königreich Frankreich unvermeidbar.

Daraufhin bereitete das Königreich Großbritannien die Indienstnahme weiterer Truppen vor und schloss am 18. Juni 1755 mit der Landgrafschaft Hessen-Kassel einen Vertrag, in dem sich die Landgrafschaft verpflichtete, für vier Jahre ein Truppenkontingent von 8000 Mann bereitzuhalten, um es im Falle eines Krieges sofort in den Dienst Großbritanniens zu stellen.[720]

> [...] so ist Seine Durchlaucht gern auf diese Vorschläge eingegangen und hat versprochen und sich kraft dieser Artikel verpflichtet, während vier aufeinanderfolgenden Jahren vom Tag der Unterzeichnung dieses Vertrages an gerechnet zu dessen Dienst ein Corps von 8000 Mann in Bereitschaft zu halten [...]. Das Fussvolk soll für den Dienst Seiner Majestät zwei Monate, nachdem die Aufforderung dazu ergangen ist, marschbereit gehalten werden oder womöglich noch früher, besonders wenn es die unmittelbare Vertheidigung der Königreiche oder der kurfürstlichen Besitzungen Seiner Majestät oder der Niederlande erheischen sollte, in welchem Falle das Fussvolk unmittelbar nach erfolgter Aufforderung marschiren soll [...].
>
> Und die Truppen sollen, unmittelbar nach ihrer ersten Musterung durch einen englischen Bevollmächtigten Seiner Britischen Majestät den Eid der Treue schwören, ohne Nachtheil jedoch für den dem Landgrafen geschworenen Eid. Dazu behält sich Seine Durchlaucht ausserdem die Verfügung über alle etwa frei

---

719 *Magis* (1965), S. 88.

720 Abgedruckt bei *Brunner* (1888), S. 205-213.

werdenden Stellen vor, und ebenso bleibt ihm die Handhabung der Gerichtsbarkeit vorbehalten.[721]

Im Gegenzug versprach Großbritannien die Zahlung von Werbegeld in Höhe von 80 Kronen pro Reiter und 30 Kronen pro Infanteristen sowie einer jährlichen Subsidie von 150.000 Kronen. Mit der Indienstnahme sollte auch die Übernahme der Unterhaltskosten durch Großbritannien erfolgen. Weiterhin wurde im Bedarfsfall die Verstärkung der Truppe um weitere 4000 Mann gegen eine entsprechende Erhöhung der Subsidie in Aussicht gestellt.

3.2.3.2.12 Siebenjähriger Krieg

Zum Schutz seiner Stammlande – König Georg II. war in Personalunion auch Kurfürst von Braunschweig-Lüneburg-Hannover – schloss der König von Großbritannien am 16. Januar 1756 auch ein Abkommen mit dem König von Preußen. In dieser sogenannten Konvention von Westminster garantierten beide, Norddeutschland vor fremden Truppen zu schützen.

Dies wiederum entfremdete Preußen von Frankreich und förderte den seit längerem vorbereiteten Ausgleich Frankreichs mit Habsburg. Am 1. Mai 1756 kam es zum Abschluss eines Defensivbündnisses zwischen dem Königreich Frankreich und dem Hause Habsburg, welches auf diesem Wege die ungestörte Rückeroberung Schlesiens erreichen wollte. Damit war die Umkehr der Bündnisse vollkommen. Nachdem französische Truppen bereits im April 1756 die britische Insel Menorca eingenommen hatten, erklärte Großbritannien Frankreich am 17. Mai 1756 offiziell den Krieg.

Auf dem Kontinent begann der Siebenjährige Krieg damit, dass Friedrich der Große einem Angriff seiner Gegner zuvorkam und am 29. August 1756 in Sachsen einmarschierte.

3.2.3.2.12.1 Observationsarmee

Die Sicherung Kurhannovers und damit der Westflanke Friedrichs des Großen übernahm die im Namen Großbritanniens agierende Observationsarmee, deren erster Oberbefehlshaber der Herzog von Cumberland, der dritte Sohn König Georgs II., war.[722] In dieser Armee waren neben britischen Verbänden all diejenigen Truppenkontingente verei-

---

721 Artikel 3 des Vertrages vom 18. Juni 1755, *Brunner* (1888), S. 206f.

722 *Papke* (1983), S. 192.

nigt, die deutsche Landesherren dem Königreich Großbritannien während des Siebenjährigen Krieges zur Verfügung stellten.

Das war zunächst das 12.000 Mann starke Corps, dessen Indienststellung der Landgraf von Hessen-Kassel dem Königreich Großbritannien im Vertrag vom 18. Juni 1755 zugesichert hatte. Dieser auf vier Jahre geschlossene Vertrag wurde durch das Abkommen vom 17. Januar 1759 um weitere vier Jahre verlängert.[723] In diesem wurde außerdem die Bereitstellung weiterer 6992 Mann durch die Landgrafschaft vereinbart. Am 9. November 1759[724] und am 1. April 1760[725] wurden diese Abmachungen erneuert und dahingehend ergänzt, dass Großbritannien sich dazu verpflichtete, die Unterhaltskosten und die Subsidie auch im ersten Nachkriegsjahr weiter zu bezahlen.

Das größte Kontingent für „His Britannic Majesty's Army in Germany" stellte Kurhannover.[726] In seiner Funktion als Kurfürst von Braunschweig-Lüneburg-Hannover fügte der in Personalunion regierende König Georg II. von Großbritannien die kurhannoverschen Truppen in die im Namen Großbritanniens agierende Armee ein, deren Aufgabe der Schutz des Kurfürstentums vor dem Zugriff Frankreichs war. Ihrer Identität nach kurhannoversche Verbände verteidigten im Namen Großbritanniens Kurhannover. Der erste von mehreren diesbezüglichen Truppenvermietungsverträgen zwischen dem Königreich Großbritannien und dem Kurfürstentum Braunschweig-Lüneburg-Hannover wurde am 8. Mai 1756 geschlossen.[727]

Die Grafschaft Schaumburg-Lippe und das Herzogtum Sachsen-Gotha vermieteten während des Siebenjährigen Krieges jeweils ein Truppenkontingent von 800 Mann an das Königreich Großbritannien. Der Truppenvermietungsvertrag mit Schaumburg-Lippe wurde am 28. August 1756 geschlossen und im Dezember 1758 verlängert; der Vertrag mit Sachsen-Gotha wurde am 17. November 1756 unterzeichnet.[728]

In einem am 19. Februar 1757 geschlossenen aber auf den 5. Oktober 1756 zurückdatierten Truppenvermietungsvertrag verpflichtete sich das Herzogtum Braunschweig-Wolfenbüttel, 6.200 Mann für die Ob-

723 Abgedruckt bei *Moser* (1780), 19. Buch, 4. Kapitel § 14b, S. 121-124. Siehe dazu auch Seite 85.

724 *Losch* (1933), S. 12; *Magis* (1965), S. 95.

725 Public Record Office London, SP 108/273.

726 *Atwood* (1980), S. 18.

727 *Wilson* (1998), S. 267.

728 Ebenda.

servationsarmee abzustellen.[729] In zwei am 14. Januar 1760 geschlossenen Zusatzabkommen[730] sicherte der Herzog von Braunschweig-Wolfenbüttel dem König von Großbritannien zusätzliche 3.300 Mann und im Zusatzvertrag vom 10. August 1761[731] weitere 360 Mann zu. Neben der Übernahme der Unterhaltskosten garantierte das Königreich im Gegenzug auch die Zahlung einer jährlichen Subsidie.

3.2.3.2.12.2 Truppenvermietungen an Frankreich und Habsburg

Im Januar 1757 beschloss der Reichstag in Regensburg die Reichsexekution gegen Friedrich den Großen, da dieser mit dem Einmarsch in Sachsen den Landfrieden gebrochen und den Kurfürsten in seinen Rechten verletzt hatte. Neben der Stellung von Kontingenten zur Reichsexekutionsarmee, bei der naturgemäß die Kontingente Preußens und der Staaten, die Truppen zur Observationsarmee gesandt hatten, fehlten, stellten Landesherren aus dem Südwesten Deutschlands Truppen auch direkt in den Dienst Habsburgs und dessen Verbündeten Frankreich.

Bereits am 16. September 1756 war ein Truppenvermietungsvertrag zwischen Österreich und dem Bistum Würzburg zu Stande gekommen.[732] Am 27. September 1756 schloss die Hofburg einen solchen Vertrag mit dem geistlichen Kurfürstentum Mainz.[733] Das 2000 Mann starke Kontingent aus Würzburg und das 3728 Mann starke Kontingent aus Mainz stellte Kaiser Franz I. als das offizielle österreichische Kontingent zur Reichsexekutionsarmee ab.[734]

Habsburg nahm aber auch Truppen italienischer Landesherren in seinen Dienst. In einem am 15. Dezember 1756 mit Österreich geschlossenen Vertrag verpflichtete sich das Herzogtum Modena zur Stellung einer Hilfstruppe und bekam dafür die Zahlung einer Subsidie zugesichert.[735]

Das Kurfürstentum Bayern stellte seine Truppen in den Dienst des Königreichs Frankreich. Ein erster Truppenvermietungsvertrag zwi-

---

729 Ebenda.

730 Public Record Office London, SP 108/272.

731 Public Record Office London, SP 108/275.

732 *Bittner* (1903), Nr. 1060, S. 196.

733 *Bittner* (1903), Nr. 1062, S. 196.

734 *Wilson* (1998), S. 269.

735 *Bittner* (1903), Nr. 1064, S. 196.

schen dem Kurfürstentum und dem Königreich wurde am 1. März 1757 abgeschlossen.[736] Schon am 31. Juli kam ein weiterer Vertag zu Stande, in dem sich der Kurfürst bereiterklärte, ein 2800 Mann starkes „neues Hilfscorps zu liefern, das im Auftrag und im Dienst des Königs eingesetzt werden sollte".[737]

> Le nouveau corps auxiliaire de vieillés troupes que le Electeur de Bavière s'engage de fournir au Roi très chrétien pour être employé sur sa réquisition et á son service ou á celui des alliés, tant présens qu' á venir partout ou le besoin l' exigera, consistera en quatre bataillons, savoir, aux Gardes, Duc Clément, Minucci et Morawizky.
>
> Formant ensemble deux mille huit cents hommes, bien habillés, armés et équipés, pourvus du nombre d' officiers de tous grades, suivant l' usage des troupes bavaroises et de deux pièces de canon de campagne par chaque bataillon avec l' équipage complet pour le service de la dite artillerie.[738]

In der Hoffnung, die Unterstützung der französisch-österreichischen Koalition würde ihm die Erlangung der Kurwürde ermöglichen, schloss auch der Herzog von Württemberg am 30. März 1757 einen Truppenvermietungsvertrag mit Frankreich.[739] Auf Grund dieses auf zwei Jahre befristeten Vertrages stellte er dem Königreich während dieser Zeit ein Kontingent von 6000 Mann zur Verfügung. Nach Ablauf des ersten Vertrages wurde am 9. Februar 1759 ein zweiter Truppenvermietungsvertrag zwischen dem Herzogtum Württemberg und dem Königreich Frankreich abgeschlossen.[740] In diesem wurde die Indienstnahme von 2000 Soldaten des Herzogs bis ins Jahr 1760 vereinbart. Zusatzabkommen ließen die Zahl der zur Verfügung gestellten Soldaten auf über 8.000 Mann anwachsen.

Nach Ablauf des zweiten mit Frankreich geschlossenen Truppenvermietungsvertrages vermietete das Herzogtum Württemberg ein 11.000 Mann umfassendes Truppenkontingent an das Haus Habsburg. Der dem zu Grunde liegende Vertrag wurde am 23. Juli 1760 unterzeichnet.[741]

---

736 *Wilson* (1998), S. 268.

737 Abgedruckt bei *Parry*, Band 41 (1969), S. 77-81.

738 Artikel 1 des Vertrages vom 31. Juli 1757, *Parry*, Band 41 (1969), S. 77f.

739 *Wilson* (1998), S. 268f.

740 *Wilson* (1998), S. 268.

741 Ebenda.

Auch die Markgrafschaft Brandenburg-Ansbach stellte Truppen in den Dienst Österreichs. Am 2. April 1757 kam ein Vertrag zu Stande, in dem sich der Markgraf verpflichtete eine Hilfstruppe von 300 Mann zu stellen, wofür ihm die Zahlung von Subsidien versprochen wurde.[742]

Der Kurfürst von der Pfalz schloss zu Beginn des Siebenjährigen Krieges einen Truppenvermietungsvertrag mit dem Königreich Frankreich. In dem am 16. April 1757 unterzeichneten Abkommen sicherte das Kurfürstentum die Stellung von 6.000 Mann zu.[743]

In ihren gemeinsamen Dienst nahmen die Kriegsgenossen Österreich und Frankreich Truppen aus Kursachsen. Am 11. März 1758 wurde in Wien ein Vertrag zwischen dem König von Frankreich und der Kaiserin als Herrscherin über die Habsburger Erblande auf der einen und dem König von Polen als Kurfürst von Sachsen auf der anderen Seite geschlossen.[744] Darin vermietete König August III., dem es gelungen war, sich beim Angriff der Preußen nach Warschau abzusetzen, seine verbliebenen kursächsischen Regimenter an die Alliierten.

Mit dem Pariser Frieden vom 10. Februar 1763 beendeten Großbritannien und Frankreich die Kampfhandlungen und damit den Siebenjährigen Krieg in Übersee. Kurz darauf beendete der am 15. Februar 1763 geschlossene Frieden von Hubertusburg den Krieg auch in Europa. Während in Europa der Status quo ante bestätigt wurde, verlor Frankreich alle kolonialen Besitzungen in Nordamerika und Indien.

3.2.3.2.13 Amerikanischer Unabhängigkeitskrieg

Das durch den Krieg hoch verschuldete Großbritannien versuchte nun das gewonnene Kolonialreich zur Sanierung seiner Staatsfinanzen heranzuziehen und löste damit letztendlich die Unabhängigkeitsbestrebungen der nordamerikanischen Kolonisten aus. Um den sich daraus entwickelnden Aufstand niederschlagen zu können, nahm Großbritannien Truppen deutscher Landesherren in seinen Dienst.

Am 9. Januar 1776 wurde ein Truppenvermietungsvertrag zwischen dem Königreich Großbritannien und dem Herzogtum Braunschweig-Wolfenbüttel unterzeichnet. In diesem verpflichtete sich der Herzog, „seiner britannischen Majestät 3964 Mann Infanterie zu überlassen".[745]

---

742 *Bittner* (1903), Nr. 1073, S. 198.

743 *Wilson* (1998), S. 268.

744 *Bittner* (1903), Nr. 1090, S. 201.

745 Public Record Office London, SP 108/276. Abgedruckt bei *Davenport/Paullin* (1937), S. 112-117.

> Le serenissime Duc de Brunsvic cede à sa Majesté Brittannique un corps de trois mille neuf cent soixante quatre hommes d' infanterie de ses trouppes, ce corps sera a la disposition entiere du Roi tant en Europe qu' en Amerique.[746]

Die Gegenleistungspflicht Großbritanniens bestand in der Zahlung von Werbegeld und einer jährlichen Subsidie in Höhe von 64.000 deutschen Kronen.

Das größte Truppenkontingent nahm Großbritannien während des Amerikanischen Unabhängigkeitskrieges von der Landgrafschaft Hessen-Kassel auf Grund des hier untersuchten Truppenvermietungsvertrages in seinen Dienst. In einem Vertrag vom 11. Dezember 1776 wurde die Aufstockung des ursprünglich 12.000 Mann starken hessischen Kontingents um weitere 800 Jäger (leichte Infanterie) beschlossen.[747]

Auch der Erbprinz von Hessen-Kassel, der zu dieser Zeit als selbständiger Graf von Hessen-Hanau regierte, stellte Großbritannien Truppen zur Verfügung. Im Truppenvermietungsvertrag zwischen der Grafschaft Hessen-Hanau und dem Königreich Großbritannien vom 5. Februar 1776 wird die Indienstnahme von 668 Infanteristen ebenfalls als „Überlassung" beschrieben.[748]

> Le dit Serenissime Prince cede à sa Majesté Brittannique un corps de six cent soixante huit hommes d' infanterie qui sera a la disposition entiere du Roi de Grande Bretagne.[749]

Im Gegenzug sicherte Großbritannien in diesem Vertrag die Zahlung von Werbegeld und einer jährlichen Subsidie in Höhe von 25.050 Kronen Banco zu. Verstärkt wurde das Hanauer Kontingent durch die 128 Mann starke Artillerieabteilung der Grafschaft, deren Indienststellung im Vertrag vom 5. April 1776[750] vereinbart wurde und durch einen 412 Mann starken Jägerverband, der auf Grund des Truppenvermietungsvertrages vom 10. Februar 1777[751] in den Dienst des Königreichs ge-

---

746 Artikel 1 des Vertrages vom 7. Januar 1776, *Davenport/Paullin* (1937), S. 112.

747 Public Record Office London, SP 108/278. Abgedruckt bei *Davenport/Paullin* (1937), S. 129.

748 Public Record Office London, SP 108/277. Abgedruckt bei *Davenport/Paullin* (1937), S. 123-124.

749 Artikel 1 des Vertrages vom 5. Februar 1776, *Davenport/Paullin* (1937), S. 123.

750 Public Record Office London, SP 108/277. Abgedruckt bei *Davenport/Paullin* (1937), S. 127-128.

751 Abgedruckt bei *Davenport/Paullin* (1937), S. 132-134.

stellt wurde. Die Subsidie wurde proportional zu den Truppenerhöhungen aufgestockt.

Zwischen dem Fürstentum Waldeck und dem Königreich Großbritannien kam am 20. April 1776 ein Truppenvermietungsvertrag zu Stande.[752] Der Fürst „überließ" dem König von Großbritannien ein Regiment mit 670 Mann und erhielt dafür Werbegeld und eine jährliche Subsidie von 25.050 Kronen Banco.

> Le dit Serenissime Prince cede à sa Majesté Britannique un corps de six cent soixante et dix hommes d' infanterie, qui sera a la disposition entière du Roi de la Grande Bretagne pour l' employer à son service sur le même pied que les autres trouppes Allemandes et en Europe et dans l' Amerique Septentrionale.[753]

Der Markgraf von Brandenburg-Ansbach und Brandenburg-Bayreuth[754] vermietete 1200 Mann Infanterie an Großbritannien. Im Vertrag vom 1. Februar 1777 findet sich ebenfalls die Formulierung, dass der Markgraf „seiner britannischen Majestät ein Infanteriecorps überlässt."[755]

> Le Sérénissime Margrave de Brandebourg cede à sa Majesté Britannique un corps de douze cent hommes d' infanterie, qui sera composé de deux regiments avec une compagnie de chasseurs, tous gens de métier, selon les listes annexées au présent traité. Ce corps sera à la disposition entiere du Roi de la Grande Bretagne, pourvû qu' on ne l' envoie pas aux Indes Orientales.[756]

Dem Markgrafen wurde dafür neben dem Werbegeld eine jährliche Subsidie von 45.000 Kronen Banco gezahlt.

Das Fürstentum Anhalt-Zerbst stellte dem Königreich Großbritannien 600 Mann Infanterie für die Kämpfe in Amerika zur Verfügung. Der dem zu Grunde liegende Vertag wurde am 23. April 1778 unterzeichnet [757] und beschreibt die Leistungspflicht des Fürstentums wie folgt:

---

752 Public Record Office London, SP 108/281. Abgedruckt bei *Davenport/Paullin* (1937), S. 125-126. Ausführlich dazu: *Canstein, v.* (1989).

753 Artikel 1 des Vertrages vom 20. April 1776, *Davenport/Paullin* (1937), S. 125.

754 Seit 1769 wurden die beiden Markgrafschaften in Personalunion regiert.

755 Public Record Office London, SP 108/283. Abgedruckt bei *Davenport/Paullin* (1937), S. 130-131.

756 Artikel 1 des Vertrages vom 1. Februar 1777, *Davenport/Paullin* (1937), S. 130.

757 Abgedruckt bei *Davenport/Paullin* (1937), S. 142-144.

> Le Serenissime Prince d' Anhalt Zerbst cede à sa Majesté Britannique un corps de six cents hommes d' infanterie, selon la liste annexée, qui sera à la disposition entiere du Roi, avec l' unique exeption qu' il ne sera pas employé, contre l' Empereur et l' Empire de l' Allemagne.[758]

Die jährliche Subsidie, die Großbritannien neben einem einmaligen Werbegeld zahlte, wurde auf 22.500 Kronen Banco festgelegt.

3.2.3.2.14 Erster Revolutionskrieg

Die kostspielige Beteiligung Frankreichs am Amerikanischen Unabhängigkeitskrieg war einer der Gründe für den drohenden Staatsbankrott des Landes und damit letztendlich auch mit ein Anlass für die 1789 beginnende Französische Revolution. Nach der Verhaftung des französischen Königs Ludwig XVI. am 21. Juni 1791 entschlossen sich Preußen und Österreich zu einem gemeinsamen Vorgehen gegen die Revolutionäre. In der Pillnitzer Deklaration vom 17. August 1791 drohten sie, mit Waffengewalt einzugreifen, um die Monarchie in Frankreich zu festigen. Die Auseinandersetzungen begannen aber erst, nachdem die gesetzgebende Versammlung Frankreichs ihrerseits dem Habsburger Kaiser am 20. April 1792 den Krieg erklärte. Daraufhin verbündeten sich das Königreich Preußen und das Königreich Sardinien mit Österreich. Auch die Landgrafschaft Hessen-Kassel setzte als Alliierter Preußens Teile ihrer Truppen im eigenen Namen gegen das Revolutionsheer Frankreichs ein.[759] Nach der Hinrichtung Ludwigs XVI. am 21. Januar 1793 traten auch das Königreich Großbritannien, das Königreich Spanien, das Königreich Neapel und die Republik der Niederlande der antifranzösischen Koalition bei.

Im Rahmen der Koalitionstruppen kamen auch Verbände zum Einsatz, die den einzelnen Kriegsgenossen von anderen Landesherren zur Verfügung gestellt worden waren.

3.2.3.2.14.1 Im Dienst der Niederlande

Der Statthalter der Niederlande hatte bereits Anfang 1788 seine Armee mit auswärtigen Truppen verstärkt, nachdem er den Aufstand der niederländischen Patriotenpartei im Jahr 1787 nur mit der Hilfe Preußens niederschlagen konnte.

---

758 Artikel 1 des Vertrages vom 23. April 1778, *Davenport/Paullin* (1937), S. 142.

759 *Demandt* (1972/1980), S. 287; *Fiedler*, Revolutionskriege (2002), S. 99f.

Dazu hatte er am 22. Februar 1788 einen Truppenvermietungsvertrag mit dem Herzogtum Braunschweig-Wolfenbüttel abgeschlossen.[760] In diesem Vertrag verpflichtete sich der Herzog von Braunschweig-Wolfenbüttel, den Generalstaaten ein 3.000 Mann starkes Kontingent zu „überlassen", wofür ihm Werbegeld und eine jährliche Subsidie zugesichert wurde.

> Le Sérénissime Duc de Brunswic céde aux Seigneurs Etats – Géneraux des Provinces – Unies un Corps de ses troupes, [...],de trois mille hommes [...].[761]

Im Dienst der Niederlande stand auch eine 1.345 Mann starke Truppe des Markgrafen von Brandenburg-Ansbach und Brandenburg-Bayreuth. Der entsprechende Truppenvermietungsvertrag kam am 6. März 1788 zu Stande.[762]

Das Herzogtum Mecklenburg vermietete drei Infanteriebataillone mit insgesamt 1000 Mann an die Niederlande. Im Truppenvermietungsvertrag, der am 5. Mai 1788 geschlossen wurde,[763] sagten die Niederlande zu, dem Herzogtum für die „Überlassung" der drei Bataillone ein Werbegeld von 30 Talern pro Mann und eine jährliche Subsidie von 30.000 Talern zu zahlen.

> Le dit Sérénissime Duc cede aux Seigneurs Etats – Géneraux des Provinces – Unies trois Bataillons d' infanterie, faisant mille hommes [...].[764]

3.2.3.2.14.2 Im Dienst Großbritanniens

Bereits am 28. September 1787 hatte sich die Landgrafschaft Hessen-Kassel vertraglich verpflichtet, 12.000 Mann „in Bereitschaft zu halten", um diese bei Bedarf in den Dienst des Königreichs Großbritannien zu stellen.[765]

> The King of Great Britain having desired for his service in Europe a body of the Landgrave' s troops in case the welfare of his dominion should require such succour; and his Highness having the strongest attachment of his Majesty, engages by this Article to hold in readiness for that purpose, during the space

---

760 Abgedruckt bei *Parry*, Band 50 (1969), S. 291-299.

761 Artikel 1 des Vertrages vom 22. Februar 1788, *Parry*, Band 50 (1969), S. 292.

762 *Wilson* (1998), S. 311.

763 Abgedruckt bei *Parry*, Band 50 (1969), S. 323-332. Deutsche Übersetzung bei *Keubke/Köbke* (2003), S. 90-93.

764 Artikel 1 des Vertrages vom 5. Mai 1788, *Parry*, Band 50 (1969), S. 323.

765 Abgedruckt bei *Parry*, Band 50 (1969), S. 235-241.

> of four years from the day of the signing of thisTreaty, a body of 12.000 men, [...].[766]

Im Gegenzug versprach Großbritannien, neben Werbegeld auch eine jährliche Subsidie von 150.000 Kronen Banco zu zahlen. Nach der Anforderung der Truppen sollte die Subsidie erhöht werden. Da dieser Vertrag aber nur auf vier Jahre angelegt war und Großbritannien erst Anfang 1793 in den Krieg gegen Frankreich eintrat, lief diese Übereinkunft aus, ohne dass Großbritannien die Indienststellung der 12.000 hessischen Soldaten verlangte.

Nachdem das Königreich Kriegspartei geworden war, schloss es am 4. März 1793 einen Truppenvermietungsvertrag mit dem von König Georg III. in Personalunion regierten Kurfürstentum Braunschweig-Lüneburg-Hannover ab und nahm 1.300 kurhannoversche Soldaten in seinen Dienst.[767]

Am selben Tag wurde auch ein Truppenvermietungsvertrag mit dem Herzogtum Braunschweig-Wolfenbüttel unterzeichnet. Laut dieses Vertrages sollten dem Königreich 20.263 Mann zur Verfügung gestellt werden.[768] Diese Abmachung wurde jedoch nie umgesetzt.[769] Nachdem aber die Regimenter, die der Herzog 1788 an die Niederlande vermietet hatte, zurückgekehrt waren, kam es am 8. November 1794 zum Abschluss eines neuen Truppenvermietungsvertrages. Dieser war dann die Grundlage dafür, dass das Herzogtum Großbritannien schließlich 2.200 Mann zur Verfügung stellte.[770]

Bei der Indienstnahme von Truppen griff das Königreich Großbritannien auch wieder auf die Landgrafschaft Hessen-Kassel zurück. Am 10. April 1793 wurde ein Vertrag unterzeichnet, in dem sich Hessen-Kassel verpflichtete, dem Königreich eine 8000 Mann starke Truppe zur Seite zu stellen.[771] Dafür zahlte Großbritannien Werbegeld und eine jährliche Subsidie von 225.000 Kronen Banco. Am 23. August 1793 wurde die Aufstockung des hessischen Kontingents um weitere 4000 Mann vereinbart.[772]

---

766 Artikel 3 des Vertrages vom 28. Sepember 1787, *Parry*, Band 50 (1969), S. 236.

767 *Wilson* (1998), S. 312.

768 *Preser* (1900), S. 29.

769 *Wilson* (1998), S. 312.

770 Ebenda.

771 *Losch* (1933), S. 13. Deutsche Übersetzung des Vertrages bei *Ditfurth, v.* (1839), S. 217-227.

772 *Losch* (1933), S. 13f. Deutsche Übersetzung des Vertrages bei *Ditfurth, v.* (1839), S. 227-229.

So kamen hessische Truppen im Jahr 1793 an zwei verschiedenen Fronten zum Einsatz. In Flandern stritten hessische Verbände im Namen des Königreichs Großbritannien als dessen Hilfstruppen und am Oberrhein kämpften andere Regimenter des Landgrafen im Namen und damit als eigenes Exekutivorgan der Landgrafschaft Hessen-Kassel, die dort als selbständige Kriegspartei und Kriegsgenosse Preußens in Erscheinung trat.

Auf Grund eines Vertrages vom 23. März 1794 nahm Großbritannien schließlich auch noch zwei hessische Artilleriebrigaden mit 535 Mann in seinen Dienst.[773] Da diese Einheiten mit Kanonen ausgerüstet waren, zahlte das Königreich neben einer jährlichen Subsidie und Werbegeld auch noch ein sogenanntes Ausrüstungsgeld von 100.000 Kronen Banco an die Landgrafschaft.

Die Markgrafschaft Baden entsendete ein Grenadierbataillon mit 754 Mann in den Dienst Großbritanniens. Der entsprechende Truppenvermietungsvertrag, in dem Baden die Zahlung von Werbegeld und einer jährlichen Subsidie von 21.200 Kronen Banco zugesichert wurde, wurde am 21. September 1793 abgeschlossen.[774]

Am 5. Oktober 1793 wurde ein Truppenvermietungsvertrag zwischen dem Königreich Großbritannien und der Landgrafschaft Hessen-Darmstadt unterzeichnet.[775] Die Landgrafschaft, die finanziell nicht in der Lage war, ihre Truppen im eigenen Namen und auf eigene Kosten einzusetzen, vermietete 3000 ihrer Soldaten an Großbritannien.[776] Am 10. Juni 1796 wurde dieser auf drei Jahre geschlossene Vertrag erneuert.[777]

3.2.3.2.14.3 Im Dienst Habsburgs

Die anderen 3000 Mann ihres Heeres stellte die Landgrafschaft Hessen-Darmstadt dem Kaiser zur Verfügung. Das diesbezügliche Abkommen

---

773 *Losch* (1933), S. 14. Deutsche Übersetzung des Vertrages bei *Ditfurth, v.* (1840), S. 511-513.

774 *Preser* (1900), S. 28; *Fiedler*, Revolutionskriege (2002), S. 100.

775 Staatsarchiv Darmstadt, Bestand A 6, Signatur 1225. Dieser Vertrag wurde am 17. Oktober 1793 durch Großbritannien ratifiziert.

776 *Demandt* (1972/1980), S. 313; *Fiedler*, Revolutionskriege (2002), S. 100.

777 Staatsarchiv Darmstadt, Bestand A 6, Signatur 1227.

wurde am 17. September 1793 in Wien geschlossen[778] und am 14. Mai 1796 in Wiesbaden verlängert.[779]

Habsburg hatte aber auch schon vor Beginn des Krieges Truppen in seinen Dienst genommen. Im Juni 1790 wurde dem Kaiser ein 2.504 Mann starkes Kontingent aus dem Bistum Würzburg, im Juli 1790 ein 626 Mann umfassender Verband aus dem Bistum Bamberg und im August 1790 eine 449 Mann starke Truppe aus dem Fürstentum Anhalt-Zerbst zur Verfügung gestellt.[780] Den Vertrag über das Würzburger Kontingent schloss der Kaiser am 3. Juni 1790[781] und den Vertrag über das Bamberger Kontingent am 14. Juli 1790[782] mit dem beide Bistümer in Personalunion regierenden Fürstbischof ab.

Auch das geistliche Kurfürstentum Mainz stellte kurz vor seiner Eroberung durch die französische Armee Truppen in den Dienst Habsburgs. Am 14. August 1792 kam ein Truppenvermietungsvertrag über 2069 Mann zwischen dem Kurfürstentum und dem Kaiser zu Stande.[783]

3.2.3.2.15 Zweiter Revolutionskrieg

1797 beendete der Frieden von Campo Formio zwischen Frankreich und dem militärisch geschlagenen Österreich den Ersten Koalitionskrieg. Nach dessen Ende verblieb Großbritannien als einzige europäische Macht mit Frankreich im Kriegszustand. 1799 verbündeten sich Österreich und andere Staaten erneut mit Großbritannien und bildeten die zweite Koalition gegen Frankreich. Während dieses Konflikts kam es letztmalig zur Stellung von Hilfstruppen durch Stände des Reiches. Kurbayern, Württemberg und Kurmainz stellten Habsburg ihre Truppen zur Verfügung und erhielten dafür Subsidien von Großbritannien.[784]

3.2.3.2.16 Ergebnis

Im Zeitalter des Absolutismus waren Truppenvermietungen eine allgemein und beständig angewandte Form landesherrlicher Außenpoli-

---

778 Staatsarchiv Darmstadt, Bestand A 6, Signatur 1441. Siehe auch: *Bittner* (1909), Nr. 1373a, S. 49.

779 Staatsarchiv Darmstadt, Bestand A 6, Signatur 1442.

780 *Wilson* (1998), S. 300.

781 *Bittner* (1909), Nr. 1348, S. 43.

782 *Bittner* (1909), Nr. 1350, S. 43.

783 *Wilson* (1998), S. 306.

784 *Bittner* (1909), Nr. 1418, S. 58; *Fiedler*, Revolutionskriege (2002), S. 214; *Wilson* (1998), S. 326.

tik. Die beteiligten Staaten brachten niemals zum Ausdruck, dass sie die Zurverfügungstellung beziehungsweise Indienstnahme von Truppen, in denen auch Landeskinder des „Vermieters" dienten, die dem Stehenden Heer ihres Landesherrn nicht freiwillig beigetreten waren, als ein rechtlich nicht gebotenes Handeln ansahen. Die Praxis, zum Militärdienst verpflichtete Untertanen eines Landesherrn im Dienst eines anderen Landesherrn zum Einsatz kommen zu lassen, war in der damaligen Staatenwelt allgemein anerkannt.

3.2.4 Zeitgenössische Völkerrechtslehre

Auch in der zeitgenössischen Völkerrechtslehre werden Truppenvermietungen nicht als Unrechtstatbestand dargestellt. Vielmehr werden sie als eine typische und damit prinzipiell zulässige Verfahrensweise beschrieben, deren grundsätzliche Rechtmäßigkeit in keiner Weise in Frage gestellt wird.

In seinem 1752 erschienenen Werk differenziert Johann Jacob Moser bei Truppen, die an der Seite einer Konfliktpartei zum Einsatz kommen können, zwischen solchen, die ein Staat als Kriegsgenosse der Konfliktpartei im eigenen Namen einsetzt und solchen, die ein Staat, ohne Kriegsgenosse zu sein, der Konfliktpartei zur Verfügung stellt und die im Namen des begünstigten Staates zum Einsatz kommen:

„Übrigens heissen nach dem heutigen Völcker-Recht alliirte Völcker diejenigen, deren Souverainen an dem Krieg Antheil nehmen, oder selbigen dem Gegentheil mit erklären. Auxiliar- oder Hülffs-Völker hingegen, die, welche zwar einem Theil zu Hülffe kommen, ohne jedoch daß ihr Souverain an dem Krieg sonst Antheil nähme."[785]

1754 schildert Christian Wolff die Möglichkeit, dass ein Staat einem anderen Truppen zur Verfügung stellen kann, ohne Partei des Krieges zu werden, in dem diese Truppen eingesetzt werden:

„Hülfe, oder auch Hülfstruppen werden diejenigen Truppen, so wohl zu Fuß, als auch zu Pferde genennet, welche ein anderes Volck, das eigentlich jetzt nicht krieget, einem Volcke zusendet, so Krieg führet."[786]

Emer de Vattel schreibt im Jahr 1758 folgendes über Truppenvermietungen:

„Wenn ein Souverän, ohne unmittelbare Teilnahme am Kriege, einem anderen nur Truppen oder Kriegsschiffe zur Verfügung stellt, nennt

785 *Moser* (1752), 3. Buch, 1. Kapitel §§ 37 und 38, S. 201.

786 *Wolff, v.* (1754), § 1179.

man diese Truppen oder Schiffe Hilfstruppen. Die Hilfstruppen stehen nach Maßgabe der Befehle ihres eigenen Souveräns dem anderen Souverän zur Verfügung. Werden sie ohne Vorbehalt und Einschränkung gegeben, so dienen sie sowohl zum Angriff als auch zur Verteidigung und unterstehen in Führung und Einsatz dem Fürsten, dem sie zu Hilfe kommen. Doch kann dieser über sie nicht frei verfügen wie über seine eigenen Untertanen. Sie sind ihm nur für seine eigenen Kriege gewährt, er ist also nicht berechtigt, sie eigenmächtig einer dritten Macht als Hilfstruppen zu überlassen."[787]

Die Zurverfügungstellung beziehungsweise Indienstnahme von Truppen war folglich auch von der zeitgenössischen Völkerrechtslehre anerkannt.

3.2.5 Ergebnis

Truppenvermietungen waren im Zeitalter des Absolutismus ein grundsätzlich rechtmäßiger Vorgang. Die Landesherren hatten das Recht, die von ihnen aufgestellten Truppen, in denen zum Dienst verpflichtete Untertanen dienten, anderen Staaten zur Verfügung zu stellen. Dass ihre Landeskinder dabei nicht für ihre eigenen politischen Interessen kämpften, war typisch für den Einsatz Stehender Heere und schränkte die Verfügungsbefugnis der Landesherren über diese nicht ein. Die politische Anteilnahme der Untertanen war keine Legitimation für ihre Dienstleistungspflicht. Hätte es solche verfassungsrechtlichen Einschränkungen gegeben, wären Truppenvermietungen kein so fester und von der zeitgenössischen Völkerrechtslehre akzeptierter Bestandteil der Staatenpraxis gewesen.

3.3 Vorwurf nur aus pekuniären und nicht aus politischen Gründen zu handeln

Diejenigen Kritiker des hier untersuchten Vertrages, die Truppenvermietungen als grundsätzlich rechtmäßig ansehen, sind der Ansicht, dass entsprechende Verträge nur hätten abgeschlossen werden dürfen, wenn der „Vermieter" damit auch eigene politische Ziele verfolgt hätte. Solange der Zurverfügungstellung von Truppen „die Staatsräson zu Grunde lag" und die vermieteten Regimenter daher „mindestens indirekt [...] für das Interesse ihres Landes kämpften", seien Truppenvermietungen nicht als verwerflich anzusehen.[788] Insbesondere die größeren Territorien innerhalb des Heiligen Römischen Reiches Deut-

---

787 *Vattel* (1758/1959), Buch III § 81.

788 o. V., in: *Poten, v.* (1880), S. 14.

scher Nation hätten durch die Vermietung ihrer Truppen „nicht nur die Zwecke der Subsidiarmacht, sondern vor allen Dingen auch ihre eigene Staatsidee" verfolgt.[789] So wären beispielsweise die Truppen, die das Königreich Preußen den Partnern der Großen Haager Allianz während des Spanischen Erbfolgekrieges zur Verfügung stellte, zur Abwehr einer „gemeinsamen Gefahr" – und damit auch im Interesse des preußischen Staates eingesetzt worden.[790]

Während die „größeren Fürsten" sich beim Abschluss von Truppenvermietungsverträgen von „Landes- oder auch dynastischen Interessen" hätten leiten lassen, wäre „bei den kleineren [...] aber häufig eine Geldspekulation daraus [geworden; d.V.], um die allezeit leeren Kassen zur Bestreitung eines kostspieligen Hofhalts zu füllen".[791] „Die kleineren Fürsten wie Hessen, Braunschweig, Gotha und Andere bedienten sich ihrer Truppen nur, um ihre Einkünfte zu vergrößern und ihren Luxus zu befriedigen. Sobald nur ein Krieg drohte, boten sie den feindlichen Parteien ihre Truppen an."[792] Dabei hätte es sie wenig gekümmert, wem sie Truppen zur Verfügung stellten. In ihrer „Geldgier" hätten sie lediglich auf finanzielle Gesichtspunkte geachtet und politisch wahl- und urteilslos ihre Truppen an den Meistbietenden vermietet.[793]

Dieser „Mangel des Staatsgedankens" unterscheide „berechtigte Subsidienverträge" von dem „berüchtigten Soldatenhandel".[794] „Das ist eben das Charakteristische und Widerwärtige dieses Soldatenhandels, dass er von jeder politischen Idee abstrahiert!"[795]

Auch die Zurverfügungstellung von Truppen mittlerer und kleinerer deutscher Staaten an das Königreich Großbritannien im Rahmen des Amerikanischen Unabhängigkeitskrieges hätte zu dieser Art von Truppenvermietungen ohne jegliche politische Komponente gezählt. Unmittelbar nach dem Beginn des Aufstands hätten diese Staaten ihre Truppen angeboten, ohne dass es dafür politische Gründe gegeben hätte.[796]

---

789 *Jähns* (1885), S. 285.

790 *Boguslawski, v.* (1885), S. 299.

791 *N.* (1884), S. 335.

792 *Kapp* (1874), S. 18.

793 *Braubach* (1923), S. 24.

794 *Jähns* (1885), S. 285f.

795 *Jähns* (1885), S. 286.

796 *Schilling* (1989), S. 176; *Redlich* (1965), S. 97.

3.3.1 Die Staatsräson als Richtschnur für staatliches Handeln

Die Forderung, dass Truppenvermietungen auch im Interesse des Entsendestaates liegen mussten und nicht nur der persönlichen Bereicherung des Landesherrn dienen durften, findet sich nicht nur in der Literatur des 19. und 20. Jahrhunderts.

Im späten 17. und 18. Jahrhundert galt es als selbstverständlich, dass die entscheidende Richtschnur für staatliches Agieren im Inneren und nach Außen das „Staatsinteresse" beziehungsweise die „Staatsräson" war.[797]

Geistesgeschichtlich knüpfte diese Maxime der Politik an die Analyse der amoralisch-egoistischen Triebkräfte in der Politik an, die Niccolo Machiavelli (1469-1527) in seinem 1513 abgefassten, 1532 in Rom publizierten und 1557 auf den päpstlichen Index verbotener Bücher gesetzten Werk „Il Principe" vorgelegt hatte. Zu einer expliziten Theorie verdichtet erschien die neuzeitliche Lehre von den Staatsinteressen in der 1638 in Paris publizierten Schrift „De l' Interest des Princes et des Estats de la Chrestienté" von Herzog Heinrich von Rohan (1574-1638).

Hoheitliches Handeln sollte danach nicht dem Erreichen konfessioneller oder ideeller Ziele dienen, sondern sich ausschließlich daran orientieren, inwieweit es dem rational messbaren Wohl des jeweiligen Staates zu Gute kam. Die primäre Aufgabe der politischen Führung bestand folglich allein darin, zum Nutzen der Herrschaftssubjekte und -objekte umfassenden, politischen Einheit zu handeln. Es kam darauf an, territoriale Größe, politische Macht, rechtlichen Status, wirtschaftliche Stärke und das Ansehen des Herrschaftsverbandes zumindest zu bewahren und bestenfalls zu vergrößern. Folglich gab es nur solche Einschränkungen für außenpolitisches Agieren, die dem Staat von seinen eigenen Interessen nahegelegt wurden.[798] Die entscheidende Handlungsalternative lautete: Nützt eine Maßnahme der politischen Selbstbehauptung und Machterweiterung oder nicht?

Der ausschließliche Einsatz für die „überpersönliche Macht und Wohlfahrt des staatlichen Ganzen" bedeutete aber auch, dass der Landesherr seine persönlichen Belange den Staatsinteressen unterzuordnen hatte.[799] Ein Landesherr, der im Sinne der Staatsräson handelte, durfte folglich nicht auf Grund von Launen, individueller Willkür, religiöser Vorurteile oder dem Streben nach persönlichen Vorteilen zu Werke

797 *Schilling* (1989), S. 38; *Grewe* (1988), S. 198; *Münkler* (1987), S. 262.

798 *Münkler* (1987), S. 169.

799 *Huber* (1943), S. 109f.

gehen, sondern musste stets die allgemeine Wohlfahrt und den guten Zustand des Gemeinwesens im Auge behalten.

Somit war die Staatsräson einerseits das Argument, mit dem sich die Herrscher des späten 17. und 18. Jahrhunderts von konfessionellen, lehensrechtlichen und anderen traditionellen Bindungen dispensierten. Andererseits verpflichtete sie diese Staatsräson auf die Interessen ihres Staates und die waren keineswegs immer identisch mit den ihren.[800]

Dementsprechend findet sich in Bezug auf Truppenvermietungen auch in der zeitgenössischen völkerrechtlichen Literatur folgende Forderung:

„Immer muß aber der Fürst hiebey nicht vergessen, dass es seine erste Pflicht sey, für das Wohl seines Landes zu sorgen. Schließt der Fürst Subsidien-Traktate, um seine Schatzkammer zu füllen, oder um desto besser schwelgen zu können, so handelt er seiner Pflicht zuwider, und der ganze Handel verdient alsdann den entehrenden Namen eines Menschenhandels."[801]

Es gilt zu klären, ob der Abschluss des Truppenvermietungsvertrages vom 15. Januar 1776 dem Wohl des Staates und nicht lediglich der Person des Landgrafen dienlich war – das heißt, ob er der Landgrafschaft Hessen-Kassel realpolitische Vorteile brachte oder zumindest zur Sicherung ihrer Existenzbedingungen beitrug.

3.3.2 Realpolitische Vorteile des Vertrages

3.3.2.1 Politische Unterstützung durch den Indienstnehmer

3.3.2.1.1 Beschränkte Fähigkeit zu eigenständiger Außenpolitik

Kleine aber auch mittlere Reichsstände wie die Landgrafschaft Hessen-Kassel hatten zwar das formale Recht zu selbständiger Kriegführung,[802] waren dazu aber – auch wenn sie ein eigenes Stehendes Heer aufgebaut hatten – aus eigener Kraft nicht in der Lage.[803] Im Gegensatz zu den Großmächten der damaligen Zeit verfügten sie nicht über die dazu erforderlichen Menschen- und Finanzressourcen.[804]

800 *Münkler* (1987), S. 167; *Kotulla* (2008), Rn. 935, S. 238.

801 *Häberlin* (1797), S. 202f.

802 Siehe Seite 109.

803 *Papke* (1983), S. 192.

804 *Schilling* (1989), S. 47; *Aretin, v.* (1993), S. 244.

In einer Zeit, in der Krieg ein nicht weiter hinterfragtes, selbstverständliches Mittel der Politik war und die internationalen Beziehungen vorrangig auf der Ebene Krieg und Friedensschluss angesiedelt waren, bedeutete dies, dass sie zu einer völlig eigenständigen Außenpolitik über das Reich hinaus nicht befähigt waren.[805] Von sich aus konnten diese Territorialstaaten keine militärische Expansionspolitik betreiben, um so ihr Territorium zu erweitern. Es war ihnen auch nicht möglich, als selbständige Akteure mit bewaffneter Hand in die europäischen Verwicklungen einzugreifen und daraus realpolitische Vorteile zu ziehen. Dementsprechend spielten sie auf den europäischen Friedenskongressen, den einzigen Foren, auf denen die rechtliche Ordnung in Europa fixiert und weiterentwickelt wurde, – wenn ihre Vertreter überhaupt zugelassen wurden – nur eine ganz untergeordnete Rolle.[806]

Das militärische Potenzial der kleinen und mittleren Reichsstände reichte nicht einmal aus, um auf sich selbst gestellt das landesherrliche Territorium zu verteidigen und so die staatliche Existenz zu sichern.[807] Die Zugehörigkeit zum Heiligen Römischen Reich Deutscher Nation bot den schwächeren Gliedern desselben auch keinen ausreichenden Schutz.[808] Das zeigt beispielsweise die Bedrohung der Reichsstände im Westen durch die Expansionspolitik Ludwigs XIV. von Frankreich während der gesamten zweiten Hälfte des 17. Jahrhunderts.

Bei ihrem Streben nach Selbstbehauptung und Machterweiterung waren die kleineren und mittleren Territorialstaaten folglich auf Unterstützung angewiesen. Inwieweit sie ihre staatliche Existenz und ihre machtpolitische Position in Europa und im Reich halten beziehungsweise verbessern konnten, hing davon ab, ob es ihnen gelang, sich mit Großmächten zu verbünden, die für ihr Bestehen und ihre außenpolitischen Ziele eintreten konnten.[809] Dementsprechend lag es im Interesse dieser Staaten, mit den Großmächten „politisch ins Geschäft" zu kommen.[810] Es gab aber nur eins, was sie den Großmächten anbieten konnten und diese von ihnen akzeptierten: die Zurverfügungstellung von Truppen.[811] Truppenvermietungen waren für kleinere und mittlere Staaten eine der wenigen Möglichkeiten, Vertragspartner einer Groß-

805 *Schilling* (1989), S. 200; *Aretin, v.* (1993), S. 245.

806 *Duchhardt* (1990), S. 8f.

807 *Papke* (1983), S. 174; *Wilson* (1996), S. 776.

808 *Wilson* (1996), S. 773.

809 *Wilson* (1996), S. 775.

810 *Papke* (1983), S. 192f.

811 *Papke* (1983), S. 193.

macht zu werden und so Unterstützung bei dem Streben nach Selbstbehauptung und Machterweiterung zu gewinnen.

3.3.2.1.2 Politische Zugeständnisse des Indienstnehmers

Zum einen bekam die Großmacht, der Truppen zur Verfügung gestellt wurden, ein grundsätzliches Interesse am Bestand des Staates, der ihr beim nächsten Ausbruch eines Krieges wieder Truppen liefern konnte.[812] Zum anderen machten die großen Staaten ihren Truppenlieferanten auch politische Zugeständnisse und verpflichteten sich, diese diplomatisch zu protegieren. Sie versprachen, sich bei Erbfällen und innerreichischen Rechtsstreitigkeiten für die Durchsetzung der Ansprüche derjenigen einzusetzen, die ihnen Truppen zur Verfügung stellten. Außerdem sagten sie zu, ihren Einfluss auf den Kaiser und andere große Reichsstände geltend zu machen, damit ersterer ihrem Protegé Titel verlieh und territoriale Erweiterungen anerkannte und letztere dem zustimmten.

Wie bereits erwähnt, erreichte beispielsweise das Kurfürstentum Pfalz dadurch, dass es während des Spanischen Erbfolgekrieges Truppen in den Dienst des Kaisers und der Seemächte stellte, dass ihm der Besitz der bis dahin bayerischen Oberpfalz und der Grafschaft Cham zugesprochen wurde.[813] Ein weiteres Beispiel ist das Zugeständnis des Königreichs Frankreich gegenüber dem Herzogtum Württemberg, sich als Gegenleistung für die Überlassung von Truppen während des Siebenjährigen Krieges beim mit Frankreich verbündeten Kaiser dafür stark zu machen, dass Württemberg die Kurwürde erhielt.[814]

3.3.2.1.3 Politische Zugeständnisse an Hessen-Kassel

Auch der Landgrafschaft Hessen-Kassel gelang es, mittels Truppenvermietungen auswärtige Hilfe bei der Verfolgung ihrer politischen Ziele zu bekommen. Seit dem Ende des Dreißigjährigen Krieges befand sich Hessen-Kassel mit der Nebenlinie Hessen-Rotenburg in einer erbrechtlichen Auseinandersetzung um die hessischen Gebiete am Rhein.[815] Durch Truppenvermietungen an die Seemächte während des Spanischen Erbfolgekrieges versuchte Landgraf Karl unter anderem, diplomatische Unterstützung für die Sicherung des hessen-kasselschen Besatzungsrechts in den strategisch wichtigen Rheinfestungen und der

---

812 *Redlich* (1965), S. 89.

813 Siehe Seite 160.

814 Siehe Seite 180.

815 *Demandt* (1972/1980), S. 276.

Niedergrafschaft Katzenellenbogen zu gewinnen.[816] Dieselbe Absicht beeinflusste auch die Entscheidung, den Habsburgern im Jahre 1717 Truppen für den Venezianisch-Österreichischen Türkenkrieg und anno 1733 für den Polnischen Thronfolgekrieg zur Verfügung zu stellen.[817] Diese Truppenlieferungen waren dann auch mit ein Grund dafür, dass Hessen-Kassel seit 1734 das Besatzungsrecht in der Festung Rheinfels mit kaiserlicher Anerkennung ausüben konnte und Kaiser Karl VI. den Hanauer Erbvertrag von 1643 bestätigte.[818]

Als die Hanauer Erbschaft 1736 anfiel und das Haus Habsburg in der Folgezeit – entgegen der Bestätigung des Erbvertrages – Erbansprüche der Landgrafschaft Hessen-Darmstadt unterstützte, stellte die Landgrafschaft Hessen-Kassel im Jahre 1742 dem frisch gewählten Kaiser Karl VII. aus dem Hause Wittelsbach – seit 1438 der erste Nicht-Habsburger auf dem Kaiserthron – Truppen zur Verfügung. Dieser versprach als Gegenleistung den vollen Besitz der Grafschaft Hanau und sogar die Erlangung der Kurwürde.[819] Letztendlich erwiesen sich die Machtmittel der Wittelsbacher aber als zu schwach und das Versprochene konnte nicht eingelöst werden. Nachdem der politisch überforderte Kaiser Karl VII. 1745 starb, kehrte die Habsburger Dynastie auf den Thron zurück.

Der Landgrafschaft Hessen-Kassel gelang es aber wiederum durch Truppenvermietungen, den Rückhalt einer anderen Großmacht wiederzugewinnen. Artikel I des Vertrages vom 18. Juni 1755[820], in dem sich Hessen-Kassel verpflichtete, für vier Jahre ein Truppenkontingent für Großbritannien bereitzuhalten, lautet wie folgt:

> Es soll zwischen S. M. dem Könige von Großbritannien und S. D. dem Landgrafen von Hessen-Kassel, ihren Nachfolgern und Erben, eine enge Freundschaft und eine aufrichtige, feste und dauerhafte Verbindung bestehen; dergestalt dass der eine die Interessen des andern als seine eigenen ansehen und deren Förderung sich aufrichtig angelegen sein lassen und wechselseitig allen Nachtheil und Schaden abhalten soll.[821]

Großbritannien stellte so zwar nicht die Erreichung eines konkreten Ziels in Aussicht, versicherte aber, generell für das Bestehen und die

816 *Braubach* (1923), S. 149.

817 *Wilson* (1996), S. 781.

818 *Wilson* (1996), S. 781. Siehe auch Seite 169.

819 *Demandt* (1972/1980), S. 275. Siehe auch Seite 172.

820 Abgedruckt bei *Brunner* (1888), S. 205-213. Siehe dazu Seite 176.

821 Artikel 1 des Vertrages vom 18. Juni 1755, *Brunner* (1888), S. 206.

außenpolitischen Ziele der Landgrafschaft Hessen-Kassel einzutreten. Diese Zusage findet sich wortgleich in Artikel I des Vertrages vom 17. Januar 1759[822] und in Artikel I des hier untersuchten Vertrages.

Durch den Truppenvermietungsvertrag vom 15. Januar 1776 sicherte sich Hessen-Kassel somit wieder einmal ausdrücklich die Unterstützung Großbritanniens bei seinem Streben nach Selbstbehauptung und Machterweiterung und festigte so seinen Status als Protegé dieser Großmacht. Auf diese Weise hatte die Landgrafschaft zumindest ein „gleichsam geliehenes"[823] außenpolitisches Gewicht und konnte seine außenpolitischen Ziele als „Juniorpartner"[824] beziehungsweise „kleiner Bündnisverwandter"[825] einer Großmacht verfolgen. Truppenvermietungen waren folglich die Koalitionen, mittels derer kleine und mittlere Staaten auf Umwegen ihre Interessen zu forcieren suchten – die „Bündnisse des kleinen Mannes". Indem ihre Soldaten unmittelbar für die Ziele des Staates, dem sie zur Verfügung gestellt worden waren, kämpften, kamen sie mittelbar auch für die Interessen des Entsendestaates zum Einsatz.

Der Abschluss des hier untersuchten Vertrages brachte der Landgrafschaft Hessen-Kassel dementsprechende realpolitische Vorteile und war so dem Wohl des Staates dienlich.

3.3.2.2 Unterstützung bei der Unterhaltung eines Stehenden Heeres

3.3.2.2.1 Politische Notwendigkeit der Unterhaltung eines Stehenden Heeres

Im Interesse des frühmodernen Territorialstaats lag aus innen- aber vor allem auch aus außenpolitischen Gründen die Unterhaltung eines Stehenden Heeres.

3.3.2.2.1.1 Wesensmerkmal außenpolitischer Handlungsfähigkeit

Wie bereits angeführt, waren die internationalen Beziehungen im Zeitalter des Absolutismus vorrangig auf der Ebene Krieg und Friedensschluss angesiedelt. Der permanente „Staatenwettbewerb" um Verän-

---

822 Abgedruckt bei *Moser* (1780), 19. Buch, 4. Kapitel § 14b, S. 121-124. Siehe dazu Seite 85 und Seite 178.

823 *Schilling* (1989), S. 47.

824 *Hollenberg* (1984), S. 105.

825 *Papke* (1983), S. 193.

derung beziehungsweise Erhaltung des Status quo wurde in letzter Instanz auf dem Schlachtfeld entschieden.[826] Da sich keiner der Staaten – auch der mächtigste nicht – allein gegen alle übrigen zu behaupten wusste, waren in dieser Zeit „Kriegsallianzen und Allianzkriege die Grundprinzipien der europäischen Staatenordnung schlechthin".[827] Um sich an diesen beteiligen zu können, benötigten die Staaten ein Stehendes Heer.

Es befähigte die Staaten, die über die entsprechenden Menschen- und Finanzressourcen verfügten, Kriegsgenossenschaften mit Interessengleichen einzugehen und an deren Seite in den Kriegen als selbständige Kriegspartei in eigener Verantwortung direkt für die eigene Selbstbehauptung und Machterweiterung einzutreten. Die Staaten, die zu eigenständiger Kriegführung nicht in der Lage waren, konnten ihre Truppen den Kriegsparteien zur Verfügung stellen und dadurch politische Zugeständnisse gewinnen. So ermöglichten ihnen ihre Truppen im Dienste anderer, ihre politischen Ziele zumindest indirekt als „Juniorpartner" des Indienstnehmers zu verfolgen.[828]

Ein eigenes Stehendes Heer befähigte kleine und mittlere Staaten somit zwar nicht zu einer völlig eigenständigen Außen- und Verteidigungspolitik, eröffnete ihnen aber einen gewissen außenpolitischen und diplomatischen Handlungshorizont und sicherte ihnen zumindest eine Nebenrolle im Theatrum Europaeum. Bereits Landgraf Karl, der Großvater von Landgraf Friedrich II. und Begründer des Stehenden Heeres in Hessen-Kassel, hatte durch die Zurverfügungstellung seiner Truppen die Möglichkeit, „bei allen europäischen Ereignissen mitreden zu können".[829]

Diejenigen Staaten hingegen, die überhaupt keine Truppen unterhielten, hatten im Zeitalter der Kriegsallianzen und Allianzkriege kaum Möglichkeiten, außenpolitisch „ins Geschäft zu kommen".

Das Stehende Heer war folglich das Wesensmerkmal des außenpolitisch handlungs-, weil im weitesten Sinne bündnisfähigen und daher mündigen Territoriums.[830] Mit der Unterhaltung desselben gewann das Recht der Reichsstände, selbständig mit Staaten außerhalb des Reiches in Beziehung treten zu können, erst eine reale Bedeutung.

---

826 *Duchhardt* (1997), S. 40f.

827 *Schilling* (1989), S. 32.

828 Siehe Seite 197.

829 *Braubach* (1923), S. 149.

830 *Kotulla* (2008), Rn. 937, S. 238; *Willoweit* (2005), § 23 II 2, S. 207.

3.3.2.2.1.2 Eigenständigkeit der armierten Reichsstände

Das Stehende Heer war aber nicht nur eine Voraussetzung für den Zugang zum Theatrum Europaeum. Ein mittlerer Reichsstand wie die Landgrafschaft Hessen-Kassel benötigte dieses Organ auch, um gegenüber anderen Reichsständen seine Eigenständigkeit bewahren zu können.

Als Konsequenz der 1681 vom Reichstag gebilligten Reichsdefensionalordnung hatte sich der Usus herausgebildet, dass die größeren Stände einen Teil der kleineren gegenüber dem Reich vertraten, indem die Kontingente, die sie gegen Reichsfeinde zum Einsatz brachten, auch die Anzahl an Soldaten beinhalteten, die die kleinen Stände nach Kreismatrikel zu stellen hatten.[831] Auf diese Weise entstanden zwei Klassen von Territorien – die Armierten, wie die Staaten mit eigenem Stehenden Heer genannt wurden und die Nichtarmierten.

Dieser zunächst nur wehrspezifische Unterschied erlangte aber weit über das Wehrwesen hinaus allgemeine politische Bedeutung. Die Nichtarmierten verpflichteten sich nicht nur zur Zahlung von Vertretungsgeldern und gestatteten in ihrem Territorium die Werbung für das Heer ihres armierten Vertreters; sie traten auf der Reichsbühne auch immer weniger als eigenständige Glieder des Reiches, sondern vielmehr als politische Klientel der Armierten in Erscheinung.[832] Die Reichsstände ohne Stehendes Heer, die sich von armierten Reichsständen vertreten ließen, gerieten folglich immer mehr in deren Abhängigkeit.[833]

Gegen diese Gefahr gab es nur ein Mittel: ein eigenes Stehendes Heer. Dieses war somit nicht nur das Wesensmerkmal des auf der internationalen Bühne handlungsfähigen, sondern auch des auf der Reichsbühne selbständigen Reichsstandes.

3.3.2.2.2 Steuerkraft des Staates reicht nicht aus

Um ein Stehendes Heer unterhalten zu können, stellten die Landesherren sicher, dass sie voll auf die Steuerkraft des Landes zurückgreifen konnten.[834] Die Finanz- und Wirtschaftskraft kleiner und mittlerer Reichsstände war aber begrenzt und reichte für ein größeres Armierungsprojekt, wie es beispielsweise die Landgrafschaft Hessen-Kassel anging, allein nicht aus.[835] Um den langfristigen Unterhalt eines Ste-

831 Siehe Seite 140.

832 *Schilling* (1989), S. 122.

833 *Wilson* (1996), S. 774.

henden Heeres dennoch sicherstellen zu können, waren diese Landesherren folglich auch hier auf auswärtige Unterstützung angewiesen.[836]

3.3.2.2.3 Zahlungen des Mieters kommen primär dem Unterhalt des Heeres zugute

Diese erhielten sie, indem sie ihre Truppen vermieteten. Der Staat, der die Truppen zur Verfügung gestellt bekam, finanzierte im Gegenzug den Unterhalt dieser Truppen. Die Verpflichtung des Indienstnehmers, die Kosten für Verpflegung, Besoldung und Rekrutierung zu übernehmen, war der Kern der Gegenleistungen bei Truppenvermietungen und lässt sich bei allen Verträgen dieser Art nachweisen.[837] Auf diese Weise trug sich das Stehende Heer von selbst.[838] Es blieb von seiner Identität her das Heer des Truppenvermieters, welches im Falle eines Angriffs auf den Entsendestaat oder bei sonstigem Eigenbedarf auch wieder zurückgerufen werden konnte, verursachte diesem aber keine Kosten. So auch im hier untersuchten Fall: Mit der Verordnung vom 30. Juni 1776 setzte der Landgraf für die Dauer des Einsatzes hessischer Truppen in Nordamerika die Erhebung aller zur Kriegskasse fließenden Steuern aus.[839] Die Zahlungen des Mieters kamen folglich immer zunächst einmal dem Unterhalt der vermieteten Truppen zugute. Darüber hinausgehende Gewinne, die für andere Zwecke eingesetzt werden konnten, wurden im hier untersuchten Fall zwar erzielt, waren in der Geschichte der Truppenvermietungen aber eher eine Ausnahme.[840]

Kleine und mittlere Reichsstände vermieteten ihre Truppen in erster Linie folglich nicht, um ihre Einkünfte zu vergrößern, sondern um ein Stehendes Heer unterhalten zu können, das sie aus eigener Kraft so

834 Siehe Seite 33ff.

835 *Duchhardt* (1997), S. 214; *Schilling* (1989), S. 175; *Hollenberg* (1984), S. 104.

836 *Braubach* (1923), S. 23.

837 Siehe Seite 96f.

838 *Papke* (1983), S. 199.

839 Siehe Seite 130.

840 *Wilson* (1996), S. 773. Der in diesem Fall erzielte Gewinn beruhte auf den Umständen des Einzelfalles. Großbritannien brauchte sehr schnell ein großes Truppenkontingent und ging nur von einer kurzen Dauer des Konflikts aus. Deshalb stimmte es neben der Zahlung der Unterhaltskosten auch der Zahlung einer sehr hohen jährlichen Subsidie zu. Als sich der Konflikt dann widererwartend in die Länge zog, summierten sich diese Zahlungen entsprechend. Dies war aber bei Vertragsabschluss noch nicht absehbar. Siehe dazu auch Seite 121.

nicht hätten finanzieren können.[841] Sie wurden so in die Lage versetzt, trotz begrenzter finanzieller Mittel langfristig ihren Zugang zum Theatrum Europaeum zu sichern und dem Kreis der armierten Reichsstände anzugehören.

Der Abschluss des hier untersuchten Vertrages brachte der Landgrafschaft Hessen-Kassel dementsprechend nicht nur das ausdrückliche Zugeständnis einer Großmacht, die Landgrafschaft bei ihrem Streben nach Selbstbehauptung und Machterweiterung direkt zu unterstützen. Hessen-Kassel erhielt zusätzlich noch finanzielle Hilfe bei der Unterhaltung eines Stehenden Heeres, welches wiederum die reichspolitische Eigenständigkeit und internationale Handlungsfähigkeit der Landgrafschaft garantierte. Demzufolge trug das Abkommen auch auf diese Weise mit dazu bei, dass Hessen-Kassel seine Stellung im Reich und in Europa halten und gegebenenfalls verbessern konnte und diente somit dem Wohl des Staates.

3.3.3 Ergebnis

Die hier thematisierte Truppenvermietung war keine willkürliche Bereicherungsaktion eines einzelnen, moralisch dubiosen Fürsten, sondern landesherrliche Außenpolitik im Sinne absolutistischer Staatsräson.

Sie war in ihrer Epoche übliche Staatenpraxis und stand im Einklang mit dem zeitgenössischen Staats- und Völkerrecht. Der Staatsvertrag zwischen dem Königreich Großbritannien und der Landgrafschaft Hessen-Kassel vom 15. Januar 1776 war auch von seinem Inhalt her rechtmäßig.

841 *Keubke/Köbke* (2003), S. 5.

Fazit

Die vorliegende Arbeit hat gezeigt, dass in dem Vertrag, der am 15. Januar 1776 zwischen dem Königreich Großbritannien und der Landgrafschaft Hessen-Kassel zum Abschluss kam, eine völkerrechtliche Organleihe vereinbart wurde. Das Stehende Heer der Landgrafschaft Hessen-Kassel war eine Institution, deren Angehörige kontinuierlich, koordiniert und kontrolliert Staatsgewalt ausübten und somit ein Staatsorgan. Auf Grund des hier untersuchten Vertrages wurde die Kommandogewalt über einen Teil dieses Stehenden Heeres auf den König von Großbritannien übertragen. Dadurch wurden diese Truppen aus dem Kontrollbereich der Landgrafschaft Hessen-Kassel herausgenommen und handelten in Nordamerika im Namen, auf Weisung und unter Kontrolle des britischen Herrschers. Von ihrer Identität her hessische Regimenter nahmen Aufgaben Großbritanniens wahr und wurden so als dessen Staatsorgan tätig.

Weiterhin wurde nachgewiesen, dass das untersuchte Abkommen sowohl formell als auch inhaltlich dem Staats- und Völkerrecht seiner Zeit entsprach. Erst die Bewertung aus einem veränderten Zeitgeist heraus machte aus einem allgemeingültigen Brauch deutscher Militärpolitik einen verabscheuungswürdigen Sonderfall, eine Perversion im Rahmen des sterbenden Absolutismus.

Diese Ergebnisse lassen Schlussfolgerungen auf aktuelle völkerrechtliche Fragestellungen zu.

Auch in der heutigen Zeit verstärkter internationaler Verflechtungen kommt es vor, dass Staaten anderen Völkerrechtssubjekten Teile ihrer Exekutivorgane zur Verfügung stellen. Die stetig fortentwickelte polizeiliche Zusammenarbeit in Europa beispielsweise hat dazu geführt, dass auch in unseren Tagen hessische Exekutivkräfte in den Dienst anderer Staaten treten. Auf der Grundlage des Vertrags zwischen der Schweizerischen Eidgenossenschaft und der Bundesrepublik Deutschland über die grenzüberschreitende polizeiliche und justitielle Zusammenarbeit vom 27. April 1999[842] kam am 12. April 2008 folgendes Abkommen zu Stande:

> Verwaltungsabsprache zur polizeilichen Unterstützungsleistung der Ausrichterstaaten der Fußball-Europameisterschaft 2008 in Österreich und der Schweiz zwischen dem Hessischen Ministerium des Inneren und für Sport und dem Eidgenössi-

842 Abgedruckt im Bundesgesetzblatt 2001, Teil II, S. 946.

> schen Justiz- und Polizeidepartement EJPD sowie den Kantonspolizeien Basel-Stadt, Basel-Landschaft und der Stadtpolizei Zürich[843]

Darin heißt es:

> Die Polizei des Landes Hessen stellt zur Unterstützung der Kantonspolizeien Basel-Stadt, Basel-Landschaft und der Stadtpolizei Zürich die in Anlage 1 dargestellten Kräftekontingente.
>
> Die [...] genannten Unterstützungskräfte werden den Kantonspolizeien Basel-Stadt, Basel-Landschaft und der Stadtpolizei Zürich für die Dauer des Einsatzes [...] unterstellt. Während dieser Unterstellung sind sie zur Wahrnehmung polizeilicher Vollzugsaufgaben einschließlich hoheitlicher Befugnisse gemäß den kantonal bzw. kommunal geltenden Gesetzen, auf deren Hoheitsgebiet der Einsatz stattfindet, ermächtigt. [844]

Auch das Bundesland Baden-Württemberg und die Republik Frankreich stellten den Schweizer Kantonen während der Fußballeuropameisterschaft 2008 Polizeikräfte zur Verfügung. Die Schweiz bezahlte für diese Unterstützungsleistungen aus dem Ausland insgesamt 6,5 Millionen Franken.

Wesentlich häufiger als eine Exekutivorganleihe zwischen Staaten ist der Fall, dass ein Staat Teile seiner Truppen in den Dienst einer Internationalen Organisation stellt, die selbst über keine militärischen Organe verfügt.

Das bekannteste Beispiel dafür sind die sogenannten „Blauhelme“ der Vereinten Nationen. Diese Verbände werden nach Maßgabe eines Mandats des Sicherheitsrates oder der Generalversammlung der Vereinten Nationen zur Friedenssicherung (peacekeeping) eingesetzt und treten im Einsatzland grundsätzlich im Namen, auf Weisung und unter Kontrolle der Vereinten Nationen und damit als deren Organ auf.[845] Sie setzen sich ausschließlich aus Truppenkontingenten zusammen, die den Vereinten Nationen von einzelnen dazu bereiten Mitgliedstaaten zur Verfügung gestellt werden. Entsprechende Abkommen wurden

---

843 Nicht veröffentlicht.

844 TOP 1.2 der Verwaltungsabsprache vom 12. April 2008.

845 Es gibt aber auch Fälle, in denen Truppenkontingente nicht ausschließlich auf Weisung und unter Kontrolle der Vereinten Nationen handeln und mithin auch nicht als deren Organ agieren, da die Befehle des von den Vereinten Nationen ernannten Oberbefehlshabers unter dem Vorbehalt der jederzeitigen Korrektur durch den nationalen Befehlshaber stehen. Siehe dazu: *Ipsen*, in: *ders.* (2004), § 40 Rn. 21, S. 642.

aber nur für die United Nations Emergency Force I (UNEF I)[846], die United Nations Security Force in West New Guinea (UNSF)[847] und die United Nations Peacekeeping Force in Cyprus (UNFICYP)[848] in Form schriftlicher Verträge abgeschlossen und sind ansonsten informell zu Stande gekommen.[849]

Die Blauhelmverbände der frühen Friedenssicherungseinsätze setzten sich vor allem aus Kontingenten westlicher Industriestaaten zusammen.[850] In den neunziger Jahren ließ die Beteiligung dieser Staaten an den Missionen der Vereinten Nationen aber stark nach.[851] So sind es heute vor allem die ärmeren Staaten aus Südasien (Pakistan, Bangladesch, Indien, Sri Lanka, Nepal) und Afrika (Ghana, Nigeria), die den Vereinten Nationen Truppen zur Verfügung stellen.[852] Ein Grund für deren Engagement sind unter anderem die Gelder, die die Vereinten Nationen an die Truppensteller zahlen. Diese Zahlungen gehen über das hinaus, was ärmere Entsendestaaten für die Ausrüstung und Unterhaltung der zur Verfügung gestellten Truppen aufwenden. So befähigen diese Gelder die Entsendestaaten, Streitkräfte in einem Umfang zu unterhalten, den sie aus lokalen strategischen Gründen benötigen, mit Eigenmitteln aber nicht hätten finanzieren können.[853] Die Stellung von Truppen in den Dienst der Vereinten Nationen wird von einigen Staaten somit auch dazu genutzt, die eigenen Streitkräfte durch die Vereinten Nationen subventionieren zu lassen und finanzielle Ge-

---

846 Die Truppenstellungsabkommen für UNEF I sind abgedruckt in United Nations Treaty Series, Band 271, S. 136ff.

847 Die Truppenstellungsabkommen für UNSF sind abgedruckt in United Nations Treaty Series, Band 503, S. 20ff.

848 Die Truppenstellungsabkommen für UNFICYP sind abgedruckt in United Nations Treaty Series, Band 555, S. 120ff.

849 *Lüder* (2004), S. 102f.

850 *United Nations Regional Information Centre for Western Europe* (27. Mai 2008), S. 5.

851 *Polman, Linda*: Blue Helmets as Cannon Fodder, in: The Guardian vom 17. Februar 2005, online im WWW unter URL: http://www.guardian.co.uk/politics/2004/feb/17/usa.world [Stand: 30.09.2011]; *Lynch, Colum*: Providing UN's Peacekeepers, in: Washington Post vom 15. November 2000, online im WWW unter URL: http://www.globalpolicy.org/security/peacekpg/news/2000/1115fair.htm [Stand: 30.09.2011].

852 *United Nations Regional Information Centre for Western Europe* (27. Mai 2008), S. 5.

853 *Bullion* (2005), S. 199.

winne zu erzielen. Deshalb ist es berechtigt, in diesen Fällen von modernen Truppenvermietungen zu sprechen.[854]

Die Rechtsfigur der völkerrechtlichen Exekutivorganleihe – ohne oder mit finanziellen Beweggründen – ist somit auch ein fester Bestandteil der heutigen Staatenpraxis.

In der heutigen Völkerrechtsliteratur wird in diesem Zusammenhang die Ansicht vertreten, dass sich im Hinblick auf die Zurechenbarkeit des Verhaltens eines einem Staat oder einer Internationalen Organisation von einem anderen Staat zur Verfügung gestellten Organs noch kein Gewohnheitsrecht entwickelt habe.[855]

In diesem Kontext zeigt die vorliegende Arbeit aber auf, dass völkerrechtliche Organleihen nicht erst seit dem Einsatz von Blauhelmen vereinbart werden, sondern bereits Staatenpraxis wurden, nachdem sich in der zweiten Hälfte des 17. Jahrhunderts mit den Stehenden Heeren die ersten Staatsorgane etabliert hatten. Schon das Verhalten der Truppen, die kleine und mittlere Staaten während der Kriege des Absolutismus in den Dienst der Großmächte stellten, wurde nicht als Verhalten der Entsendestaaten, sondern als Verhalten der Staaten, denen sie zur Verfügung gestellt worden waren, angesehen. Die Staaten, die anderen Völkerrechtssubjekten ihre Truppen überließen, wurden in der Völkerrechtslehre des 18. Jahrhunderts als „Hilfsmacht" oder „hilfeleistender Teil" beschrieben, der „kein Feind des kriegführenden Theils, gegen welchen er Hülfe leistet,"[856] ist.

Diese Resultate sind Indizien für eine über einen langen Zeitraum allgemein und beständig befolgte Regelung hinsichtlich der völkerrechtlichen Verantwortung für das Verhalten von Organen, die einem

854 Dementsprechend werden diese aktuellen Truppenstellungen in einer ähnlichen Weise kritisiert wie die hier untersuchte. Den beteiligten Entwicklungsländern und den Vereinten Nationen wird vorgeworfen, Friedenssicherungseinsätze zu einem „lukrativen Geschäft" und Blauhelme zu einem „Exportprodukt" gemacht zu haben, die als schlecht ausgerüstetes „Kanonenfutter" in Krisengebieten geopfert würden: *Polman, Linda*: Blue Helmets as Cannon Fodder, in: The Guardian vom 17. Februar 2005, online im WWW unter URL: http://www.guardian.co.uk/politics/2004/feb/17/usa.world [Stand: 30.09.2011].

855 *Ipsen*, in: *ders.* (2004), § 40 Rn. 22, S. 642; *Lüder* (2004), S. 78f. Andere Ansicht: *Dahm/Delbrück/Wolfrum* (2002), § 179 I 3, S. 917. Die Entwicklung von diesbezüglichem Völkergewohnheitsrecht nur für spezielle Fallkonstellationen nicht aber generell bejahend: *Hirsch* (1995), S. 77, 185f.

856 *Moser* (1780), 19. Buch, 5. Kapitel § 1, S. 144.

Völkerrechtssubjekt von einem anderen zur Verfügung gestellt werden. Dies darf bei der Frage, ob sich im Hinblick auf diese Zurechenbarkeitsproblematik Völkergewohnheitsrecht entwickelt hat oder nicht, nicht unberücksichtigt bleiben.

Literaturverzeichnis

Nichtamtliche Vertrags- und Dokumentensammlungen

Bernhardi, Karl (Hrsg.): Subsidienverträge zwischen Hessen, den Vereinigten Niederlanden und England aus den Jahren 1694 bis 1708, in: Zeitschrift für hessische Geschichte und Landeskunde (ZHG), Band 8 (1860), S. 216-246.

Davenport, Frances Gardiner/Paullin, Charles Oscar (Hrsg.): European treaties bearing on the History of the United States and its Dependencies, Band 4. 1716–1815, Washington, D. C., 1937.

Dumont, Jean (Hrsg.): Corps Universel Diplomatique Du Droit Des Gens. Contenant Un Recueil Des Traitez D'Alliance, De Paix, De Treve, De Neutralité, De Commerce, D'Échange, de Protection & de Garantie, de toutes les Conventions, Transactions, Pactes, Concordats, & autres Contrats, qui ont été faits en Europe, depuis le Regne de l'Empereur Charlemagne jusques à présent, Band VII, Teil 1, Amsterdam u.a., 1731.

Dumont, Jean (Hrsg.): Corps Universel Diplomatique Du Droit Des Gens. Contenant Un Recueil Des Traitez D'Alliance, De Paix, De Treve, De Neutralité, De Commerce, D'Échange, de Protection & de Garantie, de toutes les Conventions, Transactions, Pactes, Concordats, & autres Contrats, qui ont été faits en Europe, depuis le Regne de l'Empereur Charlemagne jusques à présent, Band VII, Teil 2, Amsterdam u.a., 1731.

Hollenberg, Günter (Hrsg.): Hessen-Kasselische Landtagsabschiede 1649–1798, Marburg, 1989.

Kohl, Wilhelm (Hrsg.): Akten und Urkunden zur Außenpolitik Christoph Bernhards von Galen (1650 - 1678), Band 1. Vom Antritt der Regierung bis zum Frieden von Kleve (1650 - 1666), Münster in Westfalen, 1980.

Martens, Georg Friedrich von (Hrsg.): Recueil des principaux traités d'alliance, de paix, de trêve, de neutralité, de commerce, de limites, d'échange etc. conclus par les puissances de l'Europe tant entre elles qu'avec les puissances et Etats dans d'autres parties du monde depuis 1761 jusqu'à présent, Band 1. 1761-1778, Göttingen, 1791.

Parry, Clive (Hrsg.): The consolidated treaty series, Band 14. 1675-1679, Dobbs Ferry, N.Y., 1969.

Parry, Clive (Hrsg.): The consolidated treaty series, Band 24. 1701-1703, Dobbs Ferry, N.Y., 1969.

Parry, Clive (Hrsg.): The consolidated treaty series, Band 30. 1716-1718, Dobbs Ferry, N.Y., 1969.

Parry, Clive (Hrsg.): The consolidated treaty series, Band 34. 1732-1737, Dobbs Ferry, N.Y., 1969.

Parry, Clive (Hrsg.): The consolidated treaty series, Band 41. 1757-1760, Dobbs Ferry, N.Y., 1969.

Parry, Clive (Hrsg.): The consolidated treaty series, Band 50. 1786-1790, Dobbs Ferry, N.Y., 1969.

Schrifttum

Aretin, Karl Otmar von: Das Alte Reich 1648–1806, Band 1. Föderalistische oder hierarchische Ordnung (1648-1684), Stuttgart, 1993.

Aretin, Karl Otmar von: Das Alte Reich 1648–1806, Band 2. Kaisertradition und österreichische Großmachtpolitik (1684-1745), Stuttgart, 1997.

Atwood, Rodney: The Hessians. Mercenaries from Hessen-Kassel in the American revolution, Cambridge u.a., 1980.

Auerbach, Inge: Die Hessen in Amerika 1776-1783, Darmstadt, 1996.

Auerbach, Inge: Marburger im amerikanischen Unabhängigkeitskrieg, in: Zeitschrift für hessische Geschichte und Landeskunde (ZHG), Band 87 (1978/1979), S. 321-335.

Bittner, Ludwig: Chronologisches Verzeichnis der österreichischen Staatsverträge, Band 1. Die österreichischen Staatsverträge von 1526 bis 1763, Wien, 1903.

Bittner, Ludwig: Chronologisches Verzeichnis der österreichischen Staatsverträge, Band 2. Die österreichischen Staatsverträge von 1763 bis 1847, Wien, 1909.

Blastenbrei, Peter: Literaten und Soldaten. Die Militärkritik der deutschen Aufklärung (Teil 2), in: Militär und Gesellschaft in der Frühen Neuzeit, Bulletin 7 (2003), Heft 1, S. 27–40.

Böckenförde, Ernst-Wolfgang: Der Westfälische Frieden und das Bündnisrecht der Reichsstände, in: Der Staat, Band 8 (1969), S. 449-478.

Boguslawski, A. von: Soldatenhandel und Subsidienverträge, in: Beihefte zum Militärwochenblatt, 1885, S. 297–304.

Böhme, Hans-Georg: Die Wehrverfassung in Hessen-Kassel im 18. Jahrhundert bis zum Siebenjährigen Kriege, Kassel, 1954.

Bothe, Michael: Streitkräfte internationaler Organisationen. Zugleich ein Beitrag zu völkerrechtlichen Grundfragen der Anwesenheit fremder Truppen, Köln u.a., 1968.

Braubach, Max: Die Bedeutung der Subsidien für die Politik im spanischen Erbfolgekriege, Bonn u.a., 1923.

Brauer, Gert: Die hannoversch-englischen Subsidienverträge. 1702-1748, Aalen, 1962.

Brockhaus Enzyklopädie, Band 17. Schr – Stal, 17. Auflage, Wiesbaden, 1973.

Brunner, Hugo: Die Politik Landgraf Wilhelms VIII. von Hessen vor und nach dem Ausbruche des siebenjährigen Krieges, bis zur Convention von Kloster-Seven einschliesslich, in: Zeitschrift für hessische Geschichte und Landeskunde (ZHG), Band 23 (1888), S. 1-223.

Bullion, Alan James: India, in: Sorenson David S./Wood Pia Christina (Hrsg.): The Politics of Peacekeeping in the Post-Cold War Era, London, 2005, S. 196-212.

Canstein, Benno von: Der Waldeckisch-Englische Subsidienvertrag von 1776. Zustandekommen, Ausgestaltung und Erfüllung, Arolsen, 1989.

Dahm, Georg/Delbrück, Jost/Wolfrum, Rüdiger: Völkerrecht, Band I/3, 2. Auflage, Berlin 2002.

Dean, Sidney: The Hessians are coming, in: Militär & Geschichte, 2008, Heft 38, S. 34-39.

Demandt, Karl Ernst: Die Hessischen Landstände nach dem 30jährigen Krieg, in: Gerhard, Dietrich (Hrsg.): Ständische Vertretungen in Europa im 17. und 18. Jahrhundert, Göttingen, 1969, S. 162-182.

Demandt, Karl Ernst: Geschichte des Landes Hessen, Revidierter Nachdruck der 2. Auflage von 1972, Kassel, 1980.

Ditfurth, Maximilian von: Die Hessen in den Feldzügen von 1793, 1794 und 1795 in Flandern, Brabant, Holland und Westphalen. Ein Beitrag zur hessischen Kriegsgeschichte, Band 1. Geschichte des Feldzugs von 1793 in Flandern, Kassel, 1839.

Ditfurth, Maximilian von: Die Hessen in den Feldzügen von 1793, 1794 und 1795 in Flandern, Brabant, Holland und Westphalen.

Ein Beitrag zur hessischen Kriegsgeschichte, Band 2. Geschichte der Feldzüge von 1794 und 1795, Kassel, 1840.

Duchhardt, Heinz (Hrsg.): Der Westfälische Friede. Diplomatie - politische Zäsur - kulturelles Umfeld – Rezeptionsgeschichte, München, 1998.

Duchhardt, Heinz: Altes Reich und europäische Staatenwelt 1648 – 1806, München, 1990.

Duchhardt, Heinz: Balance of Power und Pentarchie. Internationale Beziehungen 1700-1785, Paderborn u.a., 1997.

Ebel, Friedrich/Thielmann, Georg: Rechtsgeschichte. Von der Römischen Antike bis zur Neuzeit, 3.Auflage, Heidelberg, 2003.

Eelking, Max von: Die deutschen Hülfstruppen im nordamerikanischen Befreiungskriege 1776 bis 1783, Fotomechanischer Nachdruck der Ausgabe von 1863, Kassel, 1976.

Eisenhard, Johann Friedrich: Abhandlung von dem Rechte der Stände des Heiligen Römischen Reichs auswärtigen Mächten Kriegs-Völcker zu überlassen, wie auch von der Ausübung dieses Rechts nach den Reichs-Gesetzen und demjenigen was solchen überlassenen Kriegs-Völkern gebühret, Franckfurt [!] / Leipzig, 1760.

Erhardt, Manfred: Die Befehls- und Kommandogewalt. Begriff, Rechtsnatur und Standort in der Verfassungsordnung der Bundesrepublik Deutschland, Berlin 1969.

Fiedler, Siegfried: Taktik und Strategie der Kabinettskriege. 1650-1792, Lizenzausgabe, Augsburg, 2002. (zit.: Fiedler, Kabinettskriege)

Fiedler, Siegfried: Taktik und Strategie der Landsknechte. 1500–1650, Lizenzausgabe, Augsburg, 2002. (zit.: Fiedler, Landsknechte)

Fiedler, Siegfried: Taktik und Strategie der Revolutionskriege. 1792-1848, Lizenzausgabe, Augsburg, 2002. (zit.: Fiedler, Revolutionskriege)

Foerster, Roland G. (Hrsg.): Die Wehrpflicht. Entstehung, Erscheinungsformen und politisch-militärische Wirkung, München, 1994.

Franz, Eckhart: Landgraf Ludwig IX., der hessische „Soldatenhandel" und das Regiment „Royal Hesse Darmstadt", in: Archiv für hessische Geschichte und Altertumskunde, Neue Folge 35. Band (1977), S. 177-211.

Frauenholz, Eugen von: Das Heerwesen in der Zeit des Absolutismus, München, 1940.

Gerhard, Dietrich (Hrsg.): Ständische Vertretungen in Europa im 17. und 18. Jahrhundert, Göttingen, 1969.

Grewe, Wilhelm: Epochen der Völkerrechtsgeschichte, 2. Auflage, Baden-Baden, 1988.

Häberlin, Karl Friedrich: Handbuch des teutschen Staatsrechts nach dem System des Herrn Geheimen Justizrath Pütter. Zum gemeinnützigen Gebrauch der gebildetern Stände in Teutschland mit Rücksicht auf die neuesten merkwürdigsten Ereignisse, Band 3, Berlin, 1797.

Hamecher, Holger (Hrsg.): Mirabeau, Schlieffen und die nach Amerika verkauften Hessen. Zwei zeitgenössische Pamphlete zum „Soldatenhandel", Kassel, 1991.

Hartung, Fritz: Volk und Staat in der deutschen Geschichte. Gesammelte Abhandlungen, Leipzig, 1940.

Hartwig, Theodor: Der Übertritt des Erbprinzen Friedrich von Hessen-Cassel zum Katholicismus. Ein Beitrag zur Geschichte der katholischen Propaganda aus der Zeit des siebenjährigen Krieges, Kassel, 1870.

Hatschek, Julius: Englische Verfassungsgeschichte bis zum Regierungsantritt der Königin Victoria, 2. Auflage, Aalen, 1978.

Hermes, Georg/Groß, Thomas (Hrsg.): Landesrecht Hessen. Studienbuch, 6. Auflage, Baden-Baden, 2008.

Hintze, Otto: Staatsverfassung und Heeresverfassung. Vortrag gehalten in der Gehe-Stiftung zu Dresden am 17. Februar 1906, Dresden, 1906.

Hirsch, Moshe: The responsibility of international organizations toward third parties. Some basic principles, Dordrecht u. a., 1995.

Hollenberg, Günter: Landstände und Militär in Hessen-Kassel, in: Hessisches Jahrbuch für Landesgeschichte, Band 34 (1984), S. 101-127.

Huber, Ernst Rudolf: Heer und Staat in der deutschen Geschichte, 2. Auflage, Hamburg, 1943.

Ipsen, Knut (Hrsg.): Völkerrecht, 5. Auflage, München 2004. (zit.: Bearbeiter, in: Ipsen)

Jähns, Max: Heeresverfassungen und Völkerleben. Eine Umschau, Berlin, 1885.

Jany, Curt: Geschichte der Preußischen Armee vom 15. Jahrhundert bis 1914, Band 2. Die Armee Friedrichs des Großen 1740 bis 1763, 2. Auflage, Osnabrück, 1967.

Kapp, Friedrich: Der Soldatenhandel deutscher Fürsten nach Amerika. Ein Beitrag zur Kulturgeschichte des achtzehnten Jahrhunderts, 2. Auflage, Berlin, 1874.

Keubke, Klaus-Ulrich/Köbke, Hubertus: Mecklenburg-Schweriner Truppen in den Niederlanden 1788–1795, Schwerin, 2003.

Kipping, Ernst: Die Truppen von Hessen-Kassel im Amerikanischen Unabhängigkeitskrieg 1776-1783, Darmstadt, 1965.

Kisker, Gunter: Kooperation im Bundesstaat. Eine Untersuchung zum kooperativen Förderalismus in der Bundesrepublik Deutschland, Tübingen, 1971.

Kotulla, Michael: Deutsche Verfassungsgeschichte. Vom Alten Reich bis Weimar (1495-1934), Berlin u. a., 2008.

Krüger, Kersten: Die landständische Verfassung, München, 2003.

Kügler, Dietmar: Die deutschen Truppen im amerikanischen Unabhängigkeitskrieg. 1775–1783, Stuttgart, 1980.

Kühn, Hans-Joachim: Deutsche Fremdenregimenter in königlich französischen Diensten, in: Saarländische Familienkunde, 28. Jahrgang (1995), Band 7, Heft 111, S. 439-448.

Kunisch, Johannes (Hrsg.): Staatsverfassung und Heeresverfassung in der europäischen Geschichte der frühen Neuzeit, Berlin, 1986.

Kunisch, Johannes: Der kleine Krieg. Studien zum Heerwesen des Absolutismus, Wiesbaden, 1973.

Kunz, Josef Laurenz: Die Staatenverbindungen, Stuttgart, 1929.

Loewenstein, Karl: Staatsrecht und Staatspraxis von Großbritannien, Band 1. Parlament, Regierung, Parteien, Berlin u. a., 1967.

Losch, Philipp: Soldatenhandel. Mit einem Verzeichnis der Hessen-Kasselischen Subsidienverträge und einer Bibliographie, Fotomechanischer Nachdruck der Ausgabe von 1933, Kassel, 1974.

Lowell, Edward Jackson: The Hessians and the other German auxiliaries of Great Britain in the revolutionary war, New York, 1884, übersetzt in: Verschuer, Otto Christoph von (Hrsg.): Die Hessen und die andern deutschen Hülfstruppen im Kriege Gross-Britanniens gegen Amerika 1776-1783, Braunschweig u.a., 1901.

Lüder, Sascha Rolf: Völkerrechtliche Verantwortlichkeit bei Teilnahme an „Peace-keeping"-Missionen der Vereinten Nationen, Berlin, 2004.

Magis, Helga: Subsidien Englands an deutsche Fürsten (1700 bis 1785). Ein Beitrag zur Geschichte der Außenpolitik mit Geld, Innsbruck, 1965.

Maurer, Hartmut: Allgemeines Verwaltungsrecht, 17. Auflage, München, 2009.

Maurer, Hartmut: Staatsrecht I. Grundlagen, Verfassungsorgane, Staatsfunktionen, 5. Auflage, München, 2007.

Meyers Konversations-Lexikon, Band 15. Sodbrennen – Uralit, 4. Auflage, Leipzig, 1889.

Militärgeschichtliches Forschungsamt (Hrsg.): Deutsche Militärgeschichte in sechs Bänden. 1648-1939, Band 1, Herrsching, 1983.

Mirabeau, Honoré-Gabriel de Riquetti de: Avis aux Hessiois et autres Peuples de l' Allmagne. Vendous par leur Princes a' l' Angleterre, Cleves, 1777, faksimiliert und übersetzt in: Hamecher, Holger (Hrsg.): Mirabeau, Schlieffen und die nach Amerika verkauften Hessen. Zwei zeitgenössische Pamphlete zum „Soldatenhandel", Kassel, 1991, S. 57-80.

Moser, Johann Jacob: Grund-Sätze des jetzt-üblichen Europäischen Völker-Rechts in Fridens-Zeiten, auch anderer unter denen europäischen Souverainen und Nationen zu solcher Zeit fürkommender willkührlicher Handlungen. Zum Gebrauch seiner Staats- und Cantzley-Academie entworffen, Hanau, 1750.

Moser, Johann Jacob: Grund-Säze des Europäischen Völcker-Rechts in Kriegs-Zeiten. Vormahl zum Gebrauch seiner Staats- und Canzley-Academie entworffen, und nun, mit einem Anhang von deme, was in Ansehung des Parthie-Gehens und Völcker-Rechtens ist an das Licht gestellet, Tübingen, 1752.

Moser, Johann Jacob: Versuch des neuesten Europäischen Völker-Rechts in Friedens- und Kriegs-Zeiten, Band 8, Frankfurt am Mayn [!], 1779.

Moser, Johann Jacob: Versuch des neuesten Europäischen Völker-Rechts in Friedens- und Kriegs-Zeiten, Band 10/1, Frankfurt am Mayn [!], 1780.

Muhlack, Ulrich: Absoluter Fürstenstaat und Heeresorganisation in Frankreich im Zeitalter Ludwigs XIV., in: Kunisch, Johannes

(Hrsg.): Staatsverfassung und Heeresverfassung in der europäischen Geschichte der frühen Neuzeit, Berlin, 1986, S. 249-278.

Münkler, Herfried: Die neuen Kriege, Bonn, 2002.

Münkler, Herfried: Im Namen des Staates. Die Begründung der Staatsraison in der Frühen Neuzeit, Frankfurt am Main, 1987.

N., J.: Ueber Soldtruppen, in: Beihefte zum Militärwochenblatt, 1884, S. 331-352.

Neuhaus, Helmut: Heiliges Römisches Reich, Österreich und Brandenburg-Preußen 1493-1790/1792, in: Ploetz, Karl Julius (Begr.): Der große Ploetz. Die Daten-Enzyklopädie der Weltgeschichte, 34. Auflage, Köln, 2005, S. 803-836.

Oestreich, Gerhard: Zur Heeresverfassung der deutschen Territorien von 1500-1800. Ein Versuch vergleichender Betrachtung, in: Dietrich, Richard (Hrsg.): Forschungen zu Staat und Verfassung, Festgabe für Fritz Hartung, Berlin, 1958, S. 419-440.

Papke, Gerhard: Von der Miliz zum stehenden Heer. Wehrwesen im Absolutismus, in: Militärgeschichtliches Forschungsamt (Hrsg.): Deutsche Militärgeschichte in sechs Bänden. 1648-1939, Band 1, Herrsching, 1983, Abschnitt I.

Pernthaler, Peter: Allgemeine Staatslehre und Verfassungslehre, 2. Auflage, Wien u.a., 1996.

Ploetz, Karl Julius (Begr.): Der große Ploetz. Die Daten-Enzyklopädie der Weltgeschichte, 34. Auflage, Köln, 2005.

Poten, Bernhard von (Hrsg.): Handwörterbuch der gesamten Militärwissenschaften, Band 9. Sievershausen bis Zymotische Krankheiten, Bielefeld 1880. (zit.: Bearbeiter, in: Poten, v.)

Preser, Carl: Der Soldatenhandel in Hessen. Versuch einer Abrechnung, Marburg, 1900.

Randelzhofer, Albrecht: Völkerrechtliche Aspekte des Heiligen Römischen Reiches nach 1648, Berlin, 1967.

Redlich, Fritz : The German military enterpriser and his work force. A study in European economic and social history, Teil 1, Wiesbaden, 1964.

Redlich, Fritz : The German military enterpriser and his work force. A study in European economic and social history, Teil 2, Wiesbaden, 1965.

Risse, Horst: Der Einsatz militärischer Kräfte durch die Vereinten Nationen und das Kriegsvölkerrecht, Frankfurt am Main u.a., 1988.

Rösener, Werner (Hrsg.): Staat und Krieg. Vom Mittelalter bis zur Moderne, Göttingen, 2000.

Ruge, Friedrich: Bündnisse in Vergangenheit und Gegenwart unter besonderer Berücksichtigung von UNO, NATO, EWG und Warschauer Pakt, Frankfurt am Main, 1971.

Säcker, Franz Jürgen/Rixecker, Roland (Hrsg.): Münchener Kommentar zum Bürgerlichen Gesetzbuch, Band 4. Schuldrecht, Besonderer Teil II, §§ 611–704 BGB, EFZG, TzBfG, KSchG, 5. Auflage, München, 2009. (zit.: Bearbeiter, in: Säcker/Rixecker)

Schaub, Achim: Arbeitnehmerüberlassung, Göttingen, 2001.

Schilling, Heinz: Höfe und Allianzen. Deutschland 1648-1763, Berlin, 1989.

Schmidt, Hans: Staat und Armee im Zeitalter des „miles perpetuus", in: Kunisch, Johannes (Hrsg.): Staatsverfassung und Heeresverfassung in der europäischen Geschichte der frühen Neuzeit, Berlin, 1986, S. 213-248.

Schnitter, Helmut: Die überlieferte Defensionspflicht. Vorformen der allgemeinen Wehrpflicht in Deutschland, in: Foerster, Roland G. (Hrsg.): Die Wehrpflicht. Entstehung, Erscheinungsformen und politisch-militärische Wirkung, München, 1994, S. 29-37.

Schulte, Albert: Ein englischer Gesandter am Rhein. George Cressener als Bevollmächtigter Gesandter an den Höfen der geistlichen Kurfürsten und beim Niederrheinisch-Westfälischen Kreis 1763–1781, Bonn, 1971.

Sicken, Bernhard: Der Dreißigjährige Krieg als Wendepunkt. Kriegführung und Heeresstruktur im Übergang zum miles perpetuus, in: Duchhardt, Heinz (Hrsg.): Der Westfälische Friede. Diplomatie - politische Zäsur - kulturelles Umfeld – Rezeptionsgeschichte, München, 1998, S. 581–598.

Sorenson David S./Wood Pia Christina (Hrsg.): The Politics of Peacekeeping in the Post-Cold War Era, London, 2005.

Städtler, Erhard: Die Ansbach-Bayreuther Truppen im Amerikanischen Unabhängigkeitskrieg 1977–1783, Nürnberg, 1956.

Stamford, Carl von: Das stehende hessische Heer von 1670-1866. Ein Abriß seiner Geschichte, Teil 1, in: Hessenland, Band 13 (1899), S. 258-273.

Stamford, Carl von: Die Heerfahrt des Prinzen Friedrich von Hessen mit einem Corps hessischer Truppen nach Schottland im Jahre 1746, in: Zeitschrift für hessische Geschichte und Landeskunde (ZHG), Band 20 (1883), S. 49-124.

Steiger, Heinhard: Die Träger des ius belli ac pacis 1648–1806, in: Rösener, Werner (Hrsg.): Staat und Krieg. Vom Mittelalter bis zur Moderne, Göttingen, 2000, S. 115-135.

Steiger, Heinhard: Rechtliche Strukturen der Europäischen Staatenordnung 1648 – 1792, in: Zeitschrift für ausländisches öffentliches Recht und Völkerrecht, Bd. 59 (1999), S. 609-647.

Stern, Klaus: Das Staatsrecht der Bundesrepublik Deutschland, Band 2. Staatsorgane, Staatsfunktionen, Finanz- und Haushaltsverfassung, Notstandsverfassung, München, 1980.

Stolleis, Michael: Die Entstehung des Landes Hessen und seiner Verfassung, in: Hermes, Georg/Groß, Thomas (Hrsg.): Landesrecht Hessen. Studienbuch, 6. Auflage, Baden-Baden, 2008, S. 19-34.

Stolleis, Michael: Geschichte des öffentlichen Rechts in Deutschland, Band 1. Reichspublizistik und Policeywissenschaft 1600 – 1800, München, 1988.

Strupp, Karl/Schlochauer, Hans-Jürgen: Wörterbuch des Völkerrechts, Band 1. Aachener Kongress bis Hussar-Fall, 2. Auflage, Berlin, 1960. (zit.: Bearbeiter, in: Strupp/Schlochauer)

United Nations Regional Information Centre for Western Europe: 60 Jahre Friedenssicherung der Vereinten Nationen, Hintergrundinformation vom 27. Mai 2008, online im WWW unter URL: http://www.unric.org/html/german/pdf/2008/UNRIC_Hintergrund_Peacekeeping.pdf [Stand: 30.09.2011].

Vattel, Emer de: Le droit des gens ou principes de la loi naturelle. Appliqués à la conduite et aux affaires des nations et des souverains, Leiden, 1758, übersetzt in: Euler, Wilhelm: Die Klassiker des Völkerrechts in modernen deutschen Übersetzungen, Band 3, Tübingen, 1959.

Verschuer, Otto Christoph von (Hrsg.): Die Hessen und die andern deutschen Hülfstruppen im Kriege Gross-Britanniens gegen Amerika 1776-1783, Braunschweig u.a., 1901.

W., v.: Rekrutierung und Werbung unter Landgraf Friedrich II., in: Hessenland, Band 13 (1899), S. 315-318.

Wegner, Karl-Hermann: Kurhessens Beitrag für das heutige Hessen, Wiesbaden, 1999.

Wengler, Wilhelm, Völkerrecht, Band 2, Berlin, 1964.

Wiebe, Renate: Untersuchungen über die Hilfeleistung der deutschen Staaten für Wilhelm III. von Oranien im Jahre 1688, Göttingen, 1939.

Willoweit, Dietmar: Deutsche Verfassungsgeschichte. Vom Frankenreich bis zur Wiedervereinigung Deutschlands, 5. Auflage, München, 2005.

Wilson, Peter H.: German armies. War and German politics, 1648–1806, London, 1998.

Wilson, Peter H.: The German ‚Soldier Trade' of the Seventeenth and Eighteenth Centuries. A Reassessment, in: The international history review, 18 (1996), No. 4, S. 757-792.

Wohlfeil, Rainer: Das Heerwesen im Übergang vom Ritter- zum Söldnerheer, in: Kunisch, Johannes (Hrsg.): Staatsverfassung und Heeresverfassung in der europäischen Geschichte der frühen Neuzeit, Berlin, 1986, S. 107-127.

Wolff, Christian von: Grundsätze des Natur- und Völkerrechts worin alle Verbindlichkeiten und alle Rechte aus der Natur des Menschen in einem beständigen Zusammenhange hergeleitet werden, Halle, 1754.

Wolff, Christian von: Ius gentium methodo scientifica pertractatum, in quo ius gentium naturale ab eo, quod voluntarii, pactitii et consuetudinarii est, accurate distinguitur, Halle, 1749.

Woyke, Wichard (Hrsg.): Handwörterbuch Internationale Politik, 8. Auflage, Bonn, 2000. (zit.: Bearbeiter, in: Woyke)

Ziegler, Karl-Heinz: Völkerrechtsgeschichte. Ein Studienbuch, 2. Auflage, München, 2007.

Zischka, Anton: Englands Bündnisse. Sechs Jahrhunderte britischer Kriege mit fremden Waffen, Leipzig, 1940.

Anhang

Abschrift der Ratifikationsurkunde[857]

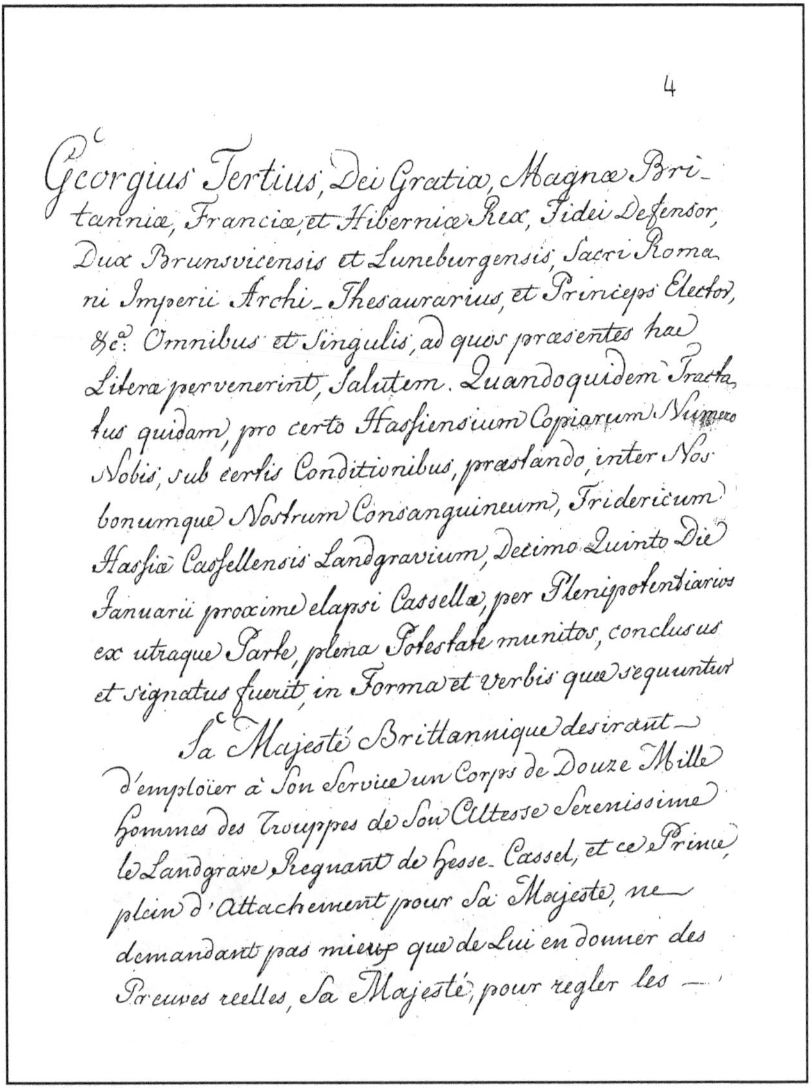
4

Georgius Tertius, Dei Gratia, Magnæ Britanniæ, Franciæ, et Hiberniæ Rex, Fidei Defensor, Dux Brunsvicensis et Luneburgensis, Sacri Romani Imperii Archi-Thesaurarius, et Princeps Elector, &c. Omnibus et Singulis, ad quos præsentes hæ Literæ pervenerint, Salutem. Quandoquidem Tractatus quidam, pro certo Hassiensium Copiarum Numero Nobis, sub certis Conditionibus, præstando, inter Nos bonumque Nostrum Consanguineum, Fridericum Hassiæ Cassellensis Landgravium, Decimo Quinto Die Januarii proxime elapsi Cassellæ, per Plenipotentiarios ex utraque Parte, plena Potestate munitos, conclusus et signatus fuerit, in Forma et Verbis quæ sequuntur:

Sa Majesté Brittannique desirant d'emploïer à Son Service un Corps de Douze Mille hommes des Trouppes de Son Altesse Serenissime le Landgrave Regnant de Hesse-Cassel, et ce Prince plein d'Attachement pour Sa Majesté, ne demandant pas mieux que de Lui en donner des Preuves reelles, Sa Majesté, pour regler les —

[857] Staatsarchiv Marburg, Bestand 4h, Nr. 3613.

Objets relatifs à cette Alliance, a trouvé bon d'envoyer à Cassell Le Sieur William Faucitt Son Ministre Plenipotentiaire, et Colonel à Son Service, et Son Altesse Serenissime a nommé, de Son Coté, pour le meme Sujet, Le Baron Martin Erneste de Schlieffen, Son Ministre d'Etat, Lieutenant Général et Chevalier de Ses Ordres: — Ceux ci, munis de Pleinpouvoirs nécessaires, sont convenus de prendre pour Base du present Traité, les Traités conclus anterieurement entre la Grande Bretagne et la Hesse, d'en adopter ce qui sera applicable aux Circonstances actuelles, ou de determiner, par de nouveaux Articles, les Points qu'il faut regler autrement. Tout ce qui ne sera pas autrement determiné sera censé subsister dans toute sa Vigueur, comme il se trouvera inoncé dans les Traités susdits; et comme il n'est pas possible de specifier chaque Cas particulier, tout ce qu'il ne se trouvera pas determiné, d'une Maniere precise, ni dans le présent Traité, ni dans les Traités anterieurs, doit être reglé avec Equité et bonne Foi, d'aprés les memes Principres, dont on est convenu, de Part et

d'autre

5

d'autre, de se servir pour regler ces Sortes de Cas, soit pendant, soit après la derniére Guerre.

1.

Il y aura donc, en Vertu de ce Traité, entre Sa Majesté Le Roi de la Grande Bretagne, et Son Altesse Serenissime Le Landgrave de Hesse Cassell, Leurs Successeurs et Herétiers, une etroite Amitié et une sincere, ferme et constante Union, en sorte que l'un considerera les Interets de l'autre, comme les siens propres, et s'emploiera de bonne Foi à les avancer au possible, et à prevenir et eloigner mutuellement tout Trouble et Dommage.

2.

A cette Fin, on est convenu, que tous les traités precedens de Garantie principalement, soient censés renouvellés et confirmés par le present Traité, en tous leurs Points, articles et Clauses, seront de la meme Force que s'ils etoient inserés dans celui ci de Mot à Mot, en tant que par le present Traité il n'y est point derogé

3

le Corps de Douze Mille hommes des Trouppes de Hesse, qui doit être emploïé au Service de Sa Majesté Britannique consistera en Quatre Bataillons de Grenadiers, de quatre Compagnies chacun, en Quinze Bataillons d'Infanterie, chacun de cinq Compagnies, et en Deux Compagnies de Chasseurs, le tout pourvu d'Officiers Generaux, et autres Officiers necessaires. – Ce Corps sera complettement equippé, fourni de Tentes, de tout l'Equipage dont il a Besoin, en un Mot, sera mis sur le meilleur Pied possible; et l'on n'y admettra que des Gens capables de servir, reconnus pour tels par le Commissaire de Sa Majesté Britannique. – Autrefois la Signature des Traités a communement precedé de quelque Tems le Terme de la Requisition pour la Marche des Troupes; mais comme dans les Circonstances presentes, il n'y a pas du Tems à perdre, le Jour de la Signature du present Traité est censé être aussi le Terme de la Requisition, et trois Bataillons de Grenadiers, Dix Bataillons d'Infanterie, avec une Compagnie de Chasseurs, seront en Etat de passer en Revue devant le Commissaire

de

6

de Sa Majesté Brittannique le 14. Fevrier, et se mettront en Marche le Jours d'après 15. de Fevrier pour se rendre à l'Endroit de l'Embarquement. Le Reste sera pret Quatre Semaines après, s'il est possible, et marchera de meme. — Le Corps de Trouppes ne sera point separé, a moins que la Raison de Guerre ne l'exige, mais restera sous les Ordres du General, à qui Son Altesse Serenissime en a confié le Commandement, et la seconde Division ne sera conduite qu'aux Lieux où la premiere se trouve, si le Plan des Operations ne s'y oppose pas.

4.

Chaque Bataillon de ce Corps de Trouppes sera pourvu de Deux Pieces d'Artillerie de Campagne, avec les Officiers Canoniers, et autres Gens et Attirail y appartenans, si Sa Majesté le souhaite.

5.

Pour subvenir aux Fraix, auxquels Le Serenissime Landgrave sera engagé, pour armer et mettre en Etat le susdit Corps de Douze Mille Hommes, Sa Majesté Le Roi de la Grande Bretagne promet de payer à Son Altesse Serenissime, pour chaque Fantassin, Trente Ecus de Banque, d'Argent de Levée, tant pour l'Infanterie que pour les Chasseurs, ou pour l'Artillerie, s'il y en a, dont la Somme totale sera determinée d'apres le Nombre d'hommes qui composent ce Corps, et suivant qu'on les a comptés dans des Alliances anterieures.

Sur ces Argents de Levée il sera payé à compte, le 10. de Fevrier, la Somme de Cent quatre Vingt Mille Ecus de Banque, evalués comme ils le sont dans l'Article suivant, et le Reste sera payé quand la seconde Division de ce Corps se mettra en Marche.

6.

Dans tous les Traités anterieurs il se trouve stipulé un certain Nombre d'Annees qu'ils devoient durer, mais dans celui-ci, Sa Majesté Britannique,

aimant

7

aimant mieux ne s'engager que pour le Tems
qu' Elle peut avoir Besoin de ces Trouppes, consent,
au Lieu de cela, que le Subside sera double, depuis le
Jour de la Signature de ce Traité jusqu'à son
Expiration, savoir, qu'il montera, pour ce Corps
de Douze Mille Hommes, à la Somme de Quatre
Cens Cinquante Mille Ecus de Banque par An,
l'Ecu compté à Cinquante Trois Sols de Hollande,
ou à Quatre Schelling $9\frac{3}{4}$ S. Argent d'Angleterre,
que le Subside continuera sur ce Pied, pendant tout
le Tems que ce Corps de Trouppes restera à la Solde
Angloise. – Sa Majesté Brittannique s'engage en
outre d'avertir Le Serenissime Landgrave de sa
Cessation, Douze Mois, ou une Année entiere, avant
qu'elle n'aura Lieu, et que cet Avis ne sera pas même
donné avant que ce Corps de Trouppes ne soit de Retour
et ne se trouve deja dans les Etats de ce Prince, bien
entendu dans la Hesse proprement dite. – Sa Majesté

continuera

continuera egalement à ce Corps la Paie et autres Emolumens pour le Reste du Mois dans lequel il repassera les Frontieres de Hesse; et Son Altesse Serenissime Se reserve, de Son Côté, la Liberté de redemander Ses Trouppes, au Bout de Quatre Ans, si elles ne Lui sont pas renvoyées plûtôt; ou de convenir avec Sa Majesté Brittannique au Bout de ce Tems, pour un autre Terme.

7.

Pour ce qui regarde la Solde et le Traitement tant ordinaires qu'extraordinaires, des dites Trouppes, elles seront mises sur le meme Pied, à tous Egards, que les Trouppes Nationales Brittanniques, et le Departement de la Guerre de Sa Majesté delivrera, sans Delai, à celui de Son Altesse Serenissime, un Etat exact et fidele des Soldes et Traitemens dont jouissent ces Trouppes; lesquelles Soldes et Traitemens, en Consideration que Son Altesse Serenissime n'a pu mettre ce Corps en Etat de marcher

en

8

en si peu de Tems, qu'avec des Fraix extraordinaires, commenceront, pour la premiere Division, au 1er de Fevrier, et pour la seconde, sept Jours avant qu'elle ne se met en Marche et seront payées dans la Caisse Militaire de Hesse, sans aucun Rabais ni Diminution, pour en être distribué selon les Arrangemens qui seront pris pour cet Effet: Et on fera payer d'abord, à compte de cette Solde, la Somme de Vingt Mille Livres Sterling.

8.

S'il arrivoit, par Malheur, que quelques Regimens ou Compagnies du Corps susdit, vinssent à être ruinés ou detruits, soit par des Accidens sur Mer, soit autrement, en tout ou en partie, ou que les Pieces d'Artillerie ou autres Effets, dont il pourra être muni, fussent prises par l'Ennemi, ou perduës sur Mer, Sa Majesté Le Roi de la Grande Bretagne fera païer les Fraix de Recruës nécessaires, de meme que le Prix des dites Pieces de Campagne et Effets, pour remettre promptement l'Artillerie et les Regimens ou les Compagnies en Etat: Et ces Recruës seront reglées pareillement sur le Pied de celles qui ont été fournies aux Officiers Hessois, en Vertu du Traité de 1702. Article 5, afin que le Corps soit toujours conservé et renvoyé un Jour en aussi bon Etat qu'il a été delivré; et les Recruës annuellement nécessaires seront remises au Commissaire Anglois, exercées et complettement equippées, au Lieu de l'Embarquement, au Tems que Sa Majesté Brittannique fixera.

9.

En Europe Sa Majesté se servira de ce Corps de Trouppes sur Terre partout, ou Elle le jugera à propos; mais l'Amerique Septentrionale est la seule Contrée des autres Parties du Globe, ou ce Corps de Trouppes sera employé. Il ne servira point sur Mer; et les Trouppes jouiront en tout, et sans Restriction quelconque, de la meme Payé et Emolumens, dont jouissent les Trouppes Angloises.

10.

9

10.

En Cas que le Serenissime Landgrave se trouvât attaqué ou troublé dans la Possession de Ses Etats, Sa Majesté Britannique promet et s'engage de Lui donner tous les Secours, qu'il sera dans son Pouvoir de Lui donner, lesquels Secours Lui seront continués jusqu'à ce qu'Il aura obtenu une entiere Sureté et juste Dedommagement; comme le Serenissime Landgrave, de Son Côté, promet aussi, qu'en Cas que Sa Majesté le Roi de la Grande Bretagne se trouve attaqué ou troublé dans ses Royaumes, Etats, Terres, Provinces ou Villes, Elle Lui prêtera de meme tout le Secours, qu'il sera dans son Pouvoir de Lui donner, le quel Secours Lui sera pareillement continué jusqu'à ce qu'Elle aura obtenu une bonne et avantageuse Paix.

11.

Pour rendre cette Alliance et Union d'autant plus parfaite, et pour ne laisser aucun Doute aux Parties sur la Certitude du Secours qu'Elles ont à esperer, en Vertu de ce Traité, on est convenu expressement, que, pour juger

à

à l'avenir, si le Cas de cette Alliance et du Secours stipulé, existe, ou non, il suffira que quelqu'une des Parties soit actuellement attaquée par la Force des Armes, sans qu'Elle ait usé auparavant de Force ouverte contre celui qui l'attaque.

12.

Les Malades du Corps Hessois resteront confiés aux Soins de Leurs Medecins, Chirurgiens, et autres Personnes preposées à cela, sous les Ordres du General Commandant le Corps de cette Nation, et il leur sera accordé tout ce que Sa Majesté accorde à Ses propres Trouppes.

13.

Tous les Deserteurs Hessois seront fidelement rendus par tout, où on les decouvre, dans les Endroits qui dependent de Sa Majesté Brittannique, et sur tout on ne permettra pas, autant qu'il est possible, que, qui que ce soit de cette Nation s'etablisse en Amerique, sans l'Agrement de son Souverain.

14.

10

14.

Tous les Transports pour les Trouppes, tant d'hommes que d'Effets, se feront aux Depens de Sa Majesté Brittannique; et tout ce qui appartient au dit Corps ne paiëra pas de Ports de Lettres, en Consideration de l'Eloignement des Lieux.

15.

Le Traité sera ratifié par les hautes Parties Contractantes, et les Ratifications en seront echangées le plûtôt possible.

En Foy de quoi, Nous Soussignés, munis des Pleinpouvoirs de Sa Majesté Le Roi de la Grande Bretagne, d'une Part, et de Son Altesse Serenissime Le Landgrave Regnant de Hesse-Cassell, de l'autre Part, avons signé le present Traité, et y avons fait apposer les Cachets de nos Armes. Fait à Cassell le Quinze de Janvier, l'An Mil Sept Cent Soixante et Seize

(L.S.) William Faucitt. (L.S.) M. de Schlieffen

Nos, viso perpensoque Tractatu supradicto, eundem, in omnibus et singulis ejus Articulis et Clausulis, approbavimus, ratum, gratum, firmumque habuimus, sicut per praesentes, pro Nobis, Haeredibus, et Successoribus Nostris, eundem approbamus, ratum, gratum, firmumque habemus; Spondentes, et in Verbo Regio promittentes, Nos omnia et singula, quae in praedicto Tractatu continentur, sincere et bona Fide praestituros et observaturos; neque passuros unquam, quantum in Nobis est, ut à quopiam violentur, aut ut ullo Modo iisdem in contrarium eatur. In quorum omnium majorem Fidem et Robur, hisce prae sentibus, Manu Nostra Regia signatis, Magnum Nostrum Magnae Britanniae Sigillum appendi fecimus. Quae dabantur in Palatio Nostro Divi Jacobi Duodecimo Die Mensis Februarii, Anno Domini Millesimo Septingentesimo Septuagesimo Sexto. Regnique Nostri Decimo Sexto.

Georgius R

L: S: pens:

Daß vorstehende Abschrift mit dem in hiesigem

[illegible]

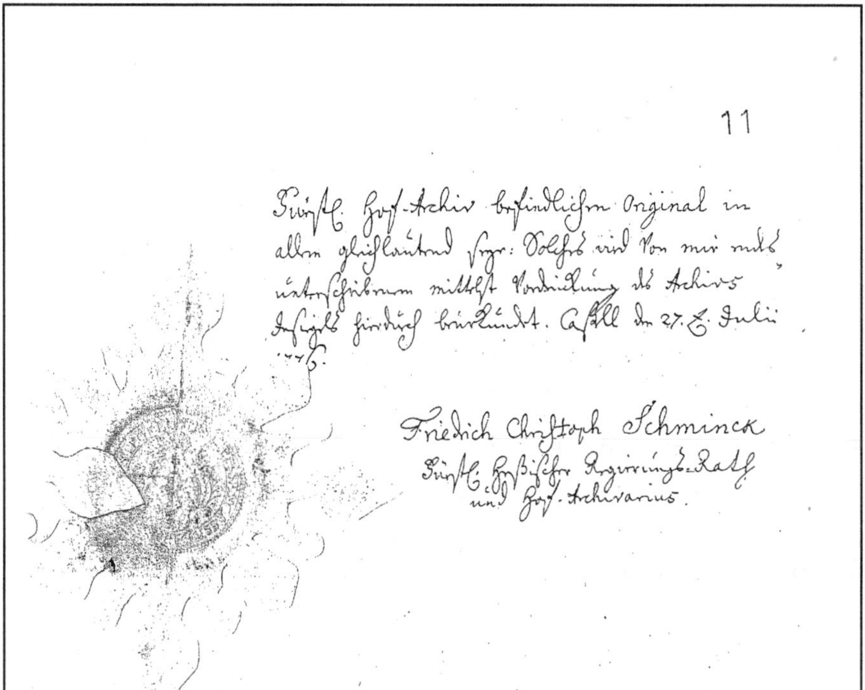

11

Fürstl. Hof-Archiv befindlichen Original in allem gleichlautend seye: Solches wird von mir mit unterschriebenem mittelst Vordrückung des Archivs Insiegels hierdurch beurkundet. Castell den 27. t. Julii 1775.

Friedrich Christoph Schminck
Fürstl. Hessischer Regierungs-Rath
und Hof-Archivarius.

Zeitgenössische Übersetzung[858]

Vertrag zwischen Seiner Großbritannischen Majestät und dem Durchlauchten Landgrafen von Hessen-Cassel

Präambel

Da Seine Großbritannische Majestät Verlangen tragen, ein Corps von 12.000 Mann von den Truppen seiner Durchlaucht des regierenden Landgrafen von Hessen-Cassel in Dero Dienste zu nehmen, und dieser Fürst nichts mehr wünschet, als Beweise der Zuneigung zu geben, die ihn für Seine Majestät erfüllet, so haben Seine Majestät, in der Absicht, die Gegenstände dieser Allianz zu bestimmen, für gut befunden, den Herrn William Faucitt, Dero bevollmächtigten Minister und Obersten in Dero Diensten nach Cassel zu senden, und Seine Durchlaucht haben an Dero Seite, in dieser Absicht, den Freiherrn Herrn Martin Ernst von Schlieffen, Dero Staatsminister, Generallieutennant und Ritter Dero Ordens, ernannt, welche auf gehörige Art bevollmächtigt, übereingekommen sind, daß die ehemals zwischen Großbritannien und Hessen geschlossene Tractaten bei den gegenwärtigen zum Grunde geleget, und von denselben so viel genommen werden sollte, als die jetzigen Umstände erlauben, die Punkte aber, die einer Veränderung bedürfen, durch neue Artikel festgesetzt werden sollten. Eine jede Sache, die nicht abgeändert worden, soll angesehen werden, als wenn sie noch in der völligen Stärke bestünde, die ihr beigelegt zu sein, in den vorher besagten Tractaten erkläret worden: und da es nicht möglich ist, einen jeden besonderen Fall aufzuführen, so soll jede Sache, die weder in den vorigen noch in dem gegenwärtigen Tractat, auf eine bestimmte Art festgesetzt ist, mit Billigkeit und Treu und Glauben, nach den nehmlichen Grundsätzen, über welche man an beiden Seiten, während oder nach dem letzten Kriege, zur Regulirung solcher Fälle, übereingekommen, abgethan werden.

Erster Artikel

Kraft dieses Tractats soll zwischen Seiner Majestät dem Könige von Großbritannien und Seiner Durchlaucht dem Landgrafen von Hessen-Cassel, Ihren Nachfolgern und Erben, eine genaue Freundschaft und eine feste und beständige Einigkeit obwalten, solchergestalt daß der eine den Vortheil [die Interessen; d. V.] des andern als seinen eignen

---

[858] Abgedruckt bei *Preser* (1900), S. 50-56. Eine andere zeitgenössische Übersetzung ist abgedruckt bei *Martens, v.* (1791), S. 545-552.

betrachten und sich treulich bemühen soll, denselben auf das äußerste zu befördern, auch wechselseitig Schaden und Verlust abzuwenden.

Zweiter Artikel

Zu diesem Ende ist man übereingekommen, daß alle vorigen Tractaten, besonders die Garantieleistungen, durch gegenwärtigen Tractat in allen ihren Punkten, Artikeln und Clauseln, als erneuert und bestätigt angesehen werden und von der nehmlichen Kraft sein sollen, als wenn sie hier Wort für Wort eingerücket wären, insofern nehmlich, als von denselben, durch gegenwärtigen Tractat, nichts aufgehoben ist.

Dritter Artikel

Dieses Corps von 12.000 Mann Hessischer Truppen, welches in Seiner Großbritannischen Majestät Diensten gebraucht wird [eingesetzt werde soll; d. V.], soll aus vier Bataillons Grenadiers, jedes Bataillon von vier Compagnien, fünfzehn Bataillons von fünf Compagnien, und aus zwei Compagnien Jägers bestehen, welche alle mit General - und andern nothwendigen Offiziers versorget sind. Dieses Corps soll völlig equippirt und mit Zelten und allen Ausrüstungen, die es bedarf, versorgt sein; es soll, mit einem Wort, auf den bestmöglichen Fuß gesetzet, und niemand darunter aufgenommen werden, als dienstfähige Leute, welche als solche von Seiner Majestät Commissair erkannt sind. Ehemals pflegte die Unterzeichnung der Tractaten, einige Zeit vor dem Termin der Forderung, daß die Truppen nun marschieren sollten, vorauszugehen; da aber bei den jetzigen Umständen keine Zeit verlohren werden darf, so soll der Tag der Unterzeichnung bei dem gegenwärtigen Tractat, als der Termin dieser Forderung angesehen werden, und drei Bataillons Grenadiers, sechs Bataillons Infanterie und eine Compagnie Jäger sollen den vierzehnten Februar im Stande sein, vor Seiner Majestät Commissair die Musterung zu passiren, auch den folgenden Tag als den fünfzehnten Februar ihren Marsch nach dem Ort ihrer Einschiffung antreten. Der übrige Theil soll vier Wochen nachher, wo möglich, fertig sein, und auf gleiche Art marschiren.

Dieses Corps Truppen soll nicht getrennet werden, wenn der Lauf des Krieges es nicht nöthig macht, sondern es soll unter den Befehlen des Generals bleiben, dem Seine Durchlaucht das Kommando anvertraut haben. Die zwote Division soll nach dem nehmlichen Orten geführt werden, woselbst sich die erste befindet, wenn es dem Operationsplan nicht entgegen ist.

Vierter Artikel

Jedes Bataillon dieses Corps Truppen soll mit zwei Feldstücken [Kanonen; d. V.] versorget werden, mit den dazu nöthigen Offiziers, Canoniers, und anderen Personen, auch dem dazugehörigen Train, wenn es Seine Majestät verlangen.

Fünfter Artikel

Um die Unkosten gutzuthun, welche der Durchlauchtigste Landgraf aufwenden muß, besagtes Corps von 12.000 Mann zu bewaffnen, und in marschfertigen Stand zu setzen, verspricht Seine Majestät der König von Großbritannien Seiner Durchlaucht für jeden Soldat zu Fuß 30 Thaler Banco Werbegeld, sowohl für die Infanterie als für die Jäger und Artilleristen, wenn von letzteren welche gegeben werden sollten. Die totale Summe davon soll nach der Zahl der Mannschaft, aus der dieses Corps besteht, und so wie dieselben in den vorigen Allianzen gerechnet worden, berichtiget werden.

Die Summe von 180.000 Thalern Banco nach dem im folgenden Artikel bestimmten Gehalt, soll auf die Rechnung dieser Werbegelder den zehnten Februar bezahlet werden und der Rest, wenn die zwote Division dieses Corps ihren Marsch antritt.

Sechster Artikel

In allen vorigen Tractaten ist eine gewisse Zeit, welche dieselben dauern sollten, bestimmt worden. Aber in dem gegenwärtigen haben Seine Großbritannische Majestät lieber gewollt, sich auf keine längere Zeit verbindlich zu machen, als Dieselbe diese Truppen brauchten. Anstatt desselben willigen Sie ein, daß die Subsidie von dem Tag dieser Unterzeichnung an bis zum Auslauf des Tractats doppelt sein soll, das heißt, daß sie für dieses Corps von 12.000 Mann jährlich auf die Summe von 450.000 Thaler Banco , den Thaler gerechnet zu 35 Sols Holländisch, oder zu vier Schilling, 9 Pence, 3 Farthings Englisch steigen, und die Subsidie auf diesen Fuß die ganze Zeit hindurch fortdauern soll, in welcher dieses Corps Truppen im Großbritannischen Solde bleibt. Seine Großbritannische Majestät verbinden Sich auch, dem Durchlauchtigsten Landgrafen 12 Monat, oder ein ganzes Jahr vorher Nachricht von Dero Entschluß zu geben, ehe derselbe stattfinden soll, welche Nachricht selbst nicht eher gegeben werden soll, bis dieses Corps Truppen, in die Gebiete besagten Fürstens, namentlich Hessen, zurückgekehrt, und wirklich daselbst angekommen ist. Seine Majestät will gleicher Weise diesem Corps die Bezahlung und übrigen eingeräumten Vortheile für den Rest des Monats, in welchem sie die Grenzen von Hessen passiren, zugestehen. Seine Durchlaucht behalten Sich an Dero Seite die Freiheit vor, Dero Truppen nach Verlauf von vier Jahren, wann dieselben alsdann noch nicht zurückgekehret sind, zurückzurufen oder mit Seiner Großbritannischen Majestät nach Verlauf dieser Zeit einen anderen Tractat zu schließen.

Siebter Artikel

Was die Bezahlung und das Tractement sowohl das ordentliche als das außerordentliche besagter Truppen anbetrift, so sollen dieselben in aller Rücksicht, auf den nehmlichen Fuß mit den Britischen Nationaltruppen gesetzt werden und Seinem Majestät Kriegsdepartement soll ohne Aufschub an das Kriegsdepartement Seiner Durchlaucht ein genaues und getreues Verzeichnis von der Bezahlung und dem Tractement, daß die Britischen Truppen genießen, geben. Diese Bezahlung und Tractement soll, in Rücksicht daß seine Durchlaucht dieses Corps nicht ohne außerordentliche Unkosten, in einer so kurzen Zeit in marschfertigen Stand setzen können, für die erste Division vom ersten Februar und für die zwote sieben Tage vorher ehe sie ihren Marsch antritt, anfangen. Es soll dieselbe in die Hessische Kriegskasse, ohne etwas davon zu verkürzen oder abzuziehen, bezahlet werden, damit es nach denen, den Zweck befördernden Absichten ausgetheilet werden könne. Auch soll eine Summe von 20.000 Pfund Sterling sogleich auf die Rechnung besagter Bezahlung voraus bezahlet werden.

Achter Artikel

Sollte es sich unglücklicherweise zutragen, daß von besagtem Corps ein Regiment oder Compagnie verloren ginge oder aufgerieben würde, entweder durch Unglücksfälle auf der See oder auf andere Weise, entweder zum Theil oder völlig, oder daß die Feldstücke und andere Geräthschaften mit welchen dasselbe versorget ist, von dem Feinde genommen würden, oder auf dem Meere verlohren gingen, so werden Seine Majestät der König von Großbritannien Sorge tragen, es zu veranstalten, daß die Ausgaben für die nöthigen Recruten sowohl, als auch der Werth besagter Feldstücke und Geräthschaften bezahlet werde, wiewohl mit der Bedingung, daß die Artillerie und besagte Regimenter und Compagnien wieder hergestellt werden. Besagte Recruten sollen auf demselben Fuß mit denjenigen gestellt werden, welche den Hessischen Offiziers kraft des fünften Artikels des Tractats von 1702 geliefert wurden, in der Absicht, daß das Corps alle Zeit erhalten, und in einem ebenso guten Stande als es überliefert worden, zurückgesendet werden möge. Die Recruten, welche alle Jahre nöthig sind, werden den Englischen Commissairs, disciplinirt und völlig ausgerüstet, nach dem Platze ihrer Einschiffung, in den Zeitpunkten, die Seine Großbritannische Majestät bestimmen werden, geliefert werden.

Neunter Artikel

In Europa können Seine Majestät von diesem Corps Truppen auf dem Lande Gebrauch machen, wo dieselben es zuträglich finden. Aber Nordamerica ist das einzige Land in den anderen Welttheilen, wo selbst dieses Corps Truppen gebraucht werden soll. Sie sollen nicht zur See dienen, und sollen in allen Stücken, ohne alle Einschränkung, sie sei welche sie wolle, die nehmliche Bezahlung und dieselben Vortheile genießen, die die Englischen Truppen genießen.

Zehnter Artikel

Im Fall daß der Durchlauchtigste Landgraf in dem Besitz seiner Staaten angegriffen oder beunruhigt werden sollte, versprechen Seine Großbritannische Majestät, und machen sich anheischig, demselben allen Beistand zu leisten, welchen zu geben in Ihrer Macht ist. Dieser Beistand soll so lange fortgesetzt werden, bis Seine Durchlaucht eine völlige Sicherheit und billige Genugttuung erlangt haben. Der Durchlauchtigste Landgraf verspricht gleichergestalt an Seiner Seite, daß im Falle da Seine Majestät der König von Großbritannien in Dero Königreichen, Gebieten, Ländern, Provinzen oder Städten angegriffen und beunruhigt würden, denselben alle Hilfe zu leisten, welche zu geben in Ihrer Macht ist. Dieser Beistand soll gleichfalls so lange gegeben werden, bis Seine Majestät einen guten und vortheilhaften Frieden erlangt haben.

Elfter Artikel

In der Rücksicht, diese Allianz und Vereinigung vollkommener zu machen und unter den Partheien keinen Zweifel in der Absicht der Gewißheit des Beistandes, welchen sie kraft dieses Tractats zu gewarten haben, zu lassen, so ist man ausdrücklich übereingekommen, daß um künftig beurtheilen zu können, ob der Fall, in welchem diese Allianz und der stipulierte Beistand eintreten müsse, da sei oder nicht, so es hinlänglich sein soll, daß eine von den beiden Partheien wirklich von feindlichen Waffen angegriffen worden, ohne zuerst offenbare Gewalt gegen denjenigen, der ihn angreift, gebraucht zu haben.

Zwölfter Artikel

Die Kranken von dem Hessischen Corps sollen unter der Vorsorge ihrer Ärzte, Chirurgi, und anderer Personen, die zu diesem Zwecke in

Dienst genommen sind, unter dem Commando des Generals, der das Corps dieser Nation anführen wird, bleiben. Ihnen soll alles dasjenige gereichet werden, was Seine Majestät Dero eigenen Truppen reichen lassen.

Dreizehnter Artikel

Alle Hessischen Deserteurs sollen getreulich ausgeliefert werden, wenn dieselben in den Plätzen, die Seiner Großbritannischen Majestät zugestehen, ertappet werden, und besonders soll, so viel möglich, keiner Person von dieser Nation, sie sei welche sie wolle, erlaubt sein, sich in America ohne Bewilligung ihres Souverain festzusetzen.

Vierzehnter Artikel

Alle bei diesen Truppen nöthige Transporte, sowohl der Leute selbst, als ihrer Effecten, sollen auf die Unkosten Seiner Großbritannischen Majestät geschehen, und keiner der zu den besagten Truppen gehöret, soll irgend einiges Postgeld für Briefe bezahlen, in Rücksicht der großen Entfernung der Orte.

Fünfzehnter Artikel

Der Tractat soll von den höchsten contrahirenden Partheien bestätigt [ratifiziert; d. V.] , und diese Bestätigung [Ratifikation; d. V.] desselben so bald als möglich ausgewechselt werden.

In Bezeugung dessen haben wir, Unterzeichnete, mit gehöriger Vollmacht von Seiner Majestät dem König von Großbritannien einer, und von Seiner Durchlaucht dem regierenden Landgrafen von Hessen-Cassel andrer Seits, versehen, gegenwärtigen Tractat unterzeichnet, und Sorge getragen, daß das Siegel unsrer Wappen darunter gesetzet wurde.

Gegeben Cassel, den 15. Januar im Jahre 1776

L(ocus) S(igilli) Faucitt

L(ocus) S(igilli) Von Schlieffen

Waffenstillstandsabkommen vom 18. Oktober 1781[859]

Settled between his Excellency General Washington, Commander-in-Chief of the combined Forces of America and France; his Excellency the Count de Rochambeau, Lieutenant-General of the Armies of the King of France, Great Cross of the royal and military Order of St. Louis, commanding the auxiliary troops of his Most Christian Majesty in America; and his Excellency the Count de Grasse, Lieutenant-General of the Naval Armies of his Most Christian Majesty, Commander of the Order of St. Louis, Commander-in-Chief of the Naval Army of France in the Chesapeake, on the one Part; and the Right Honorable Earl Cornwallis, Lieutenant-General of his Britannic Majesty's Forces, commanding the Garrisons of York and Gloucester; and Thomas Symonds, Esquire, commanding his Britannic Majesty's Naval Forces in York River in Virginia, on the other Part.

Article I.

The garrisons of York and Gloucester, including the officers and seamen of his Britannic Majesty's ships, as well as other mariners, to surrender themselves prisoners of war to the combined forces of America and France. The land troops to remain prisoners to the United States, the navy to the naval army of his Most Christian Majesty.

Article II.

The artillery, arms, accoutrements, military chest, and public stores of every denomination, shall be delivered unimpaired to the heads of departments appointed to receive them.

Article III.

At twelve o'clock this day the two redoubts on the left flank of York to be delivered, the one to a detachment of American infantry, the other to a detachment of French grenadiers.

The garrison of York will march out to a place to be appointed in front of the posts, at two o'clock precisely, with shouldered arms, colors cased, and drums beating a British or German march. They are then to ground their arms, and return to their encampments, where they will

859 Online im WWW unter URL: http://avalon.law.yale.edu/18th_century/art_of_cap_1781.asp [Stand: 30.09.2011].

remain until they are despatched to the places of their destination. Two works on the Gloucester side will be delivered at one o'clock to a detachment of French and American troops appointed to possess them. The garrison will march out at three o'clock in the afternoon; the cavalry with their swords drawn, trumpets sounding, and the infantry in the manner prescribed for the garrison of York. They are likewise to return to their encampments until they can be finally marched off.

Article IV.

Officers are to retain their side-arms. Both officers and soldiers to keep their private property of every kind; and no part of their baggage or papers to be at any time subject to search or inspection. The baggage and papers of officers and soldiers taken during the siege to be likewise preserved for them.

It is understood that any property obviously belonging to the inhabitants of these States, in the possession of the garrison, shall be subject to be reclaimed.

Article V.

The soldiers to be kept in Virginia, Maryland, or Pennsylvania, and as much by regiments as possible, and supplied with the same rations of provisions as are allowed to soldiers in the service of America. A field-officer from each nation, to wit, British, Anspach, and Hessian, and other officers on parole, in the proportion of one to fifty men to be allowed to reside near their respective regiments, to visit them frequently, and be witnesses of their treatment; and that their officers may receive and deliver clothing and other necessaries for them, for which passports are to be granted when applied for.

Article VI.

The general, staff, and other officers not employed as mentioned in the above articles, and who choose it, to be permitted to go on parole to Europe, to New York, or to any other American maritime posts at present in the possession of the British forces, at their own option; and proper vessels to be granted by the Count de Grasse to carry them under flags of truce to New York within ten days from this date, if possible, and they to reside in a district to be agreed upon hereafter, until they embark. The officers of the civil department of the army and navy to be included in this article. Passports to go by land to be granted to those to whom vessels cannot be furnished.

Article VII.

Officers to be allowed to keep soldiers as servants, according to the common practice of the service. Servants not soldiers are not to be considered as prisoners, and are to be allowed to attend their masters.

Article VIII.

The Bonetta sloop-of-war to be equipped, and navigated by its present captain and crew, and left entirely at the disposal of Lord Cornwallis from the hour that the capitulation is signed, to receive an aid-de camp to carry despatches to Sir Henry Clinton; and such soldiers as he may think proper to send to New York, to be permitted to sail without examination. When his despatches are ready, his Lordship engages on his part, that the ship shall be delivered to the order of the Count de Grasse, if she escapes the dangers of the sea. That she shall not carry off any public stores. Any part of the crew that may be deficient on her return, and the soldiers passengers, to be accounted for on her delivery.

Article IX.

The traders are to preserve their property, and to be allowed three months to dispose of or remove them; and those traders are not to be considered as prisoners of war. The traders will be allowed to dispose of their effects, the allied army having the right of preemption. The traders to be considered as prisoners of war upon parole.

Article X.

Natives or inhabitants of different parts of this country, at present in York or Gloucester, are not to be punished on account of having joined the British army.

This article cannot be assented to, being altogether of civil resort.

Article XI.

Proper hospitals to be furnished for the sick and wounded. They are to be attended by their own surgeons on parole; and they are to be furnished with medicines and stores from the American hospitals.

The hospital stores now at York and Gloucester shall be delivered for the use of the British sick and wounded. Passports will be granted for procuring them further supplies from New York, as occasion may require; and proper hospitals will be furnished for the reception of the sick and wounded of the two garrisons.

Article XII.

Wagons to be furnished to carry the baggage of the officers attending the soldiers, and to surgeons when traveling on account of the sick, attending the hospitals at public expense.

They are to be furnished if possible.

Article XIII.

The shipping and boats in the two harbours, with all their stores, guns, tackling, and apparel, shall be delivered up in their present state to an officer of the navy appointed to take possession of them, previously unloading the private property, part of which had been on board for security during the siege.

Article XIV.

No article of capitulation to be infringed on pretence of reprisals; and if there be any doubtful expressions in it, they are to be interpreted according to the common meaning and acceptation of the words.

Done at Yorktown, in Virginia, October 19th, 1781.

Cornwallis, Thomas Symonds.

Done in the Trenches before Yorktown, in Virginia, October 19th, 1781.

George Washington,

Le Comte de Rochambeau,

Le Comte de Barras,

En mon nom & celui du Comte de Grasse.

Friedensvertrag vom 3. September 1783[860]

In the name of the most holy and undivided Trinity.

It having pleased the Divine Providence to dispose the hearts of the most serene and most potent Prince George the Third, by the grace of God, king of Great Britain, France, and Ireland, defender of the faith, duke of Brunswick and Lunebourg, arch-treasurer and prince elector of the Holy Roman Empire etc., and of the United States of America, to forget all past misunderstandings and differences that have unhappily interrupted the good correspondence and friendship which they mutually wish to restore, and to establish such a beneficial and satisfactory intercourse , between the two countries upon the ground of reciprocal advantages and mutual convenience as may promote and secure to both perpetual peace and harmony; and having for this desirable end already laid the foundation of peace and reconciliation by the Provisional Articles signed at Paris on the 30th of November 1782, by the commissioners empowered on each part, which articles were agreed to be inserted in and constitute the Treaty of Peace proposed to be concluded between the Crown of Great Britain and the said United States, but which treaty was not to be concluded until terms of peace should be agreed upon between Great Britain and France and his Britannic Majesty should be ready to conclude such treaty accordingly; and the treaty between Great Britain and France having since been concluded, his Britannic Majesty and the United States of America, in order to carry into full effect the Provisional Articles above mentioned, according to the tenor thereof, have constituted and appointed, that is to say his Britannic Majesty on his part, David Hartley, Esqr., member of the Parliament of Great Britain, and the said United States on their part, John Adams, Esqr., late a commissioner of the United States of America at the court of Versailles, late delegate in Congress from the state of Massachusetts, and chief justice of the said state, and minister plenipotentiary of the said United States to their high mightinesses the States General of the United Netherlands; Benjamin Franklin, Esqr., late delegate in Congress from the state of Pennsylvania, president of the convention of the said state, and minister plenipotentiary from the United States of America at the court of Versailles; John Jay, Esqr., late president of Congress and chief justice of the state of New York, and minister plenipotentiary from the said United States at the court of Madrid; to be plenipotentiaries for the concluding and signing the present definitive treaty; who after having reciprocally communicated

860 Online im WWW unter URL: http://avalon.law.yale.edu/18th_century/paris.asp [Stand: 30.09.2011].

their respective full powers have agreed upon and confirmed the following articles.

Article 1:

His Brittanic Majesty acknowledges the said United States, viz., New Hampshire, Massachusetts Bay, Rhode Island and Providence Plantations, Connecticut, New York, New Jersey, Pennsylvania, Delaware, Maryland, Virginia, North Carolina, South Carolina and Georgia, to be free sovereign and independent states, that he treats with them as such, and for himself, his heirs, and successors, relinquishes all claims to the government, propriety, and territorial rights of the same and every part thereof.

Article 2:

And that all disputes which might arise in future on the subject of the boundaries of the said United States may be prevented, it is hereby agreed and declared, that the following are and shall be their boundaries, viz.; from the northwest angle of Nova Scotia, viz., that angle which is formed by a line drawn due north from the source of St. Croix River to the highlands; along the said highlands which divide those rivers that empty themselves into the river St. Lawrence, from those which fall into the Atlantic Ocean, to the northwesternmost head of Connecticut River; thence down along the middle of that river to the forty-fifth degree of north latitude; from thence by a line due west on said latitude until it strikes the river Iroquois or Cataraquy; thence along the middle of said river into Lake Ontario; through the middle of said lake until it strikes the communication by water between that lake and Lake Erie; thence along the middle of said communication into Lake Erie, through the middle of said lake until it arrives at the water communication between that lake and Lake Huron; thence along the middle of said water communication into Lake Huron, thence through the middle of said lake to the water communication between that lake and Lake Superior; thence through Lake Superior northward of the Isles Royal and Phelipeaux to the Long Lake; thence through the middle of said Long Lake and the water communication between it and the Lake of the Woods, to the said Lake of the Woods; thence through the said lake to the most north-westernmost point thereof, and from thence on a due west course to the river Mississippi; thence by a line to be drawn along the middle of the said river Mississippi until it shall intersect the northernmost part of the thirty-first degree of north latitude, South, by a line to be drawn due east from the determination of the line last mentioned in the latitude of thirty-one degrees of the equator, to the middle of the river Apalachicola or

Catahouche; thence along the middle thereof to its junction with the Flint River, thence straight to the head of Saint Mary's River; and thence down along the middle of Saint Mary's River to the Atlantic Ocean; east, by a line to be drawn along the middle of the river Saint Croix, from its mouth in the Bay of Fundy to its source, and from its source directly north to the aforesaid highlands which divide the rivers that fall into the Atlantic Ocean from those which fall into the river Saint Lawrence; comprehending all islands within twenty leagues of any part of the shores of the United States, and lying between lines to be drawn due east from the points where the aforesaid boundaries between Nova Scotia on the one part and East Florida on the other shall, respectively, touch the Bay of Fundy and the Atlantic Ocean, excepting such islands as now are or heretofore have been within the limits of the said province of Nova Scotia.

Article 3:

It is agreed that the people of the United States shall continue to enjoy unmolested the right to take fish of every kind on the Grand Bank and on all the other banks of Newfoundland, also in the Gulf of Saint Lawrence and at all other places in the sea, where the inhabitants of both countries used at any time heretofore to fish. And also that the inhabitants of the United States shall have liberty to take fish of every kind on such part of the coast of Newfoundland as British fishermen shall use, (but not to dry or cure the same on that island) and also on the coasts, bays and creeks of all other of his Brittanic Majesty's dominions in America; and that the American fishermen shall have liberty to dry and cure fish in any of the unsettled bays, harbors, and creeks of Nova Scotia, Magdalen Islands, and Labrador, so long as the same shall remain unsettled, but so soon as the same or either of them shall be settled, it shall not be lawful for the said fishermen to dry or cure fish at such settlement without a previous agreement for that purpose with the inhabitants, proprietors, or possessors of the ground.

Article 4:

It is agreed that creditors on either side shall meet with no lawful impediment to the recovery of the full value in sterling money of all bona fide debts heretofore contracted.

Article 5:

It is agreed that Congress shall earnestly recommend it to the legislatures of the respective states to provide for the restitution of all estates, rights, and properties, which have been confiscated belonging to real British subjects; and also of the estates, rights, and properties of persons resident in districts in the possession on his Majesty's arms and who have not borne arms against the said United States. And that persons of any other decription shall have free liberty to go to any part or parts of any of the thirteen United States and therein to remain twelve months unmolested in their endeavors to obtain the restitution of such of their estates, rights, and properties as may have been confiscated; and that Congress shall also earnestly recommend to the several states a reconsideration and revision of all acts or laws regarding the premises, so as to render the said laws or acts perfectly consistent not only with justice and equity but with that spirit of conciliation which on the return of the blessings of peace should universally prevail. And that Congress shall also earnestly recommend to the several states that the estates, rights, and properties, of such last mentioned persons shall be restored to them, they refunding to any persons who may be now in possession the bona fide price (where any has been given) which such persons may have paid on purchasing any of the said lands, rights, or properties since the confiscation.

And it is agreed that all persons who have any interest in confiscated lands, either by debts, marriage settlements, or otherwise, shall meet with no lawful impediment in the prosecution of their just rights.

Article 6:

That there shall be no future confiscations made nor any prosecutions commenced against any person or persons for, or by reason of, the part which he or they may have taken in the present war, and that no person shall on that account suffer any future loss or damage, either in his person, liberty, or property; and that those who may be in confinement on such charges at the time of the ratification of the treaty in America shall be immediately set at liberty, and the prosecutions so commenced be discontinued.

Article 7:

There shall be a firm and perpetual peace between his Brittanic Majesty and the said states, and between the subjects of the one and the citizens of the other, wherefore all hostilities both by sea and land shall from henceforth cease. All prisoners on both sides shall be set at liberty, and his Brittanic Majesty shall with all convenient speed, and without causing any destruction, or carrying away any Negroes or other property of the American inhabitants, withdraw all his armies, garrisons, and fleets from the said United States, and from every post, place, and harbor within the same; leaving in all fortifications, the American artilery that may be therein; and shall also order and cause all archives, records, deeds, and papers belonging to any of the said states, or their citizens, which in the course of the war may have fallen into the hands of his officers, to be forthwith restored and delivered to the proper states and persons to whom they belong.

Article 8:

The navigation of the river Mississippi, from its source to the ocean, shall forever remain free and open to the subjects of Great Britain and the citizens of the United States.

Article 9:

In case it should so happen that any place or territory belonging to Great Britain or to the United States should have been conquered by the arms of either from the other before the arrival of the said Provisional Articles in America, it is agreed that the same shall be restored without difficulty and without requiring any compensation.

Article 10:

The solemn ratifications of the present treaty expedited in good and due form shall be exchanged between the contracting parties in the space of six months or sooner, if possible, to be computed from the day of the signatures of the present treaty. In witness whereof we the undersigned, their ministers plenipotentiary, have in their name and in virtue of our full powers, signed with our hands the present definitive treaty and caused the seals of our arms to be affixed thereto.

Done at Paris, this third day of September in the year of our Lord, one thousand seven hundred and eighty-three.

D. HARTLEY (SEAL) GB

JOHN ADAMS (SEAL) USA

B. FRANKLIN (SEAL) USA

JOHN JAY (SEAL) USA

FSC
www.fsc.org
MIX
Papier | Fördert
gute Waldnutzung
FSC® C083411

Kolibri 360 GmbH
Ferdinand-Jühlke-Straße 7
99095 Erfurt, Deutschland
produktsicherheit@kolibri360.de